从 0 到 1：
人工智能赋能商业的秘密

[丹] 詹卢卡·莫罗(Gianluca Mauro) 著
[美] 尼科洛·瓦里基(Nicolò Valigi)

卢苗苗　李轩涯　　　　　译

清华大学出版社

北　京

北京市版权局著作权合同登记号 图字：01-2021-0694

Gianluca Mauro, Nicolò Valigi
Zero to AI: A Nontechnical, Hype-free Guide to Prospering in the AI Era
EISBN: 978-1-61729-606-2

Original English language edition published by Manning Publications, USA © 2020 by Manning Publications. Simplified Chinese-language edition copyright © 2021 by Tsinghua University Press Limited. All rights reserved.

本书封面贴有清华大学出版社防伪标签，无标签者不得销售。
版权所有，侵权必究。举报：010-62782989，beiqinquan@tup.tsinghua.edu.cn。

图书在版编目(CIP)数据

从 0 到 1：人工智能赋能商业的秘密 /(丹)詹卢卡·莫罗(Gianluca Mauro)，(美)尼科洛·瓦里基(Nicolò Valigi)著；卢苗苗，李轩涯 译. —北京：清华大学出版社，2021.4
书名原文：Zero to AI: A Nontechnical, Hype-free Guide to Prospering in the AI Era
ISBN 978-7-302-57765-2

Ⅰ.①从… Ⅱ.①詹… ②尼… ③卢… ④李… Ⅲ.①人工智能—应用—商业技术—研究 Ⅳ.①F716

中国版本图书馆 CIP 数据核字(2021)第 050749 号

责任编辑：王　军
装帧设计：孔祥峰
责任校对：成凤进
责任印制：沈　露

出版发行：清华大学出版社
网　　址：http://www.tup.com.cn，http://www.wqbook.com
地　　址：北京清华大学学研大厦 A 座　　邮　编：100084
社 总 机：010-62770175　　邮　购：010-62786544
投稿与读者服务：010-62776969，c-service@tup.tsinghua.edu.cn
质 量 反 馈：010-62772015，zhiliang@tup.tsinghua.edu.cn
印 装 者：三河市金元印装有限公司
经　　销：全国新华书店
开　　本：148mm×210mm　　印　张：9.75　　字　数：271 千字
版　　次：2021 年 5 月第 1 版　　印　次：2021 年 5 月第 1 次印刷
定　　价：79.80 元

产品编号：088470-01

未来已经来临，只是尚未流行。

——威廉·吉布森

译者序

20世纪50年代，人工智能一词首次被提出；到如今，历经六十多年的演变，人工智能已经变得炙手可热。但是，人工智能的发展历程并非一片坦途——从兴起到经历寒冬，从寒冬再到热潮。人工智能的每一次兴起，都代表了技术的一次飞跃。现在，"人工智能"一词充斥在我们生活的各个角落。

然而，我们对人工智能究竟了解多少？人工智能究竟能做什么？人工智能如何改变我们的生活？作为一本面向非技术人员的指南，本书并不追求炒作和噱头，没有将人工智能捧在一个高不可攀的位置。相反，本书的作者极力推动人工智能的民主化。通过阅读本书，你会了解到，人工智能不再只是大公司的特权，不再只是技术人员的优势，人人都可了解人工智能，并通过人工智能创造价值。

本书结构合理，逻辑清晰，共分为两大部分。第Ⅰ部分介绍人工智能，描述人工智能的发展历程、不同类型的数据以及最适合每种类型的人工智能工具。第Ⅱ部分指导你构建人工智能，详细介绍人工智能项目从想法到实施的诸多过程。本书采用实例与虚拟示例相结合的方式，为人工智能在不同领域的运用创设不同的场景，其中不乏许多已经在我们生活中习以为常的技术应用。

本书的翻译由卢苗苗、李轩涯共同完成。翻译过程中，译者针对书中所列示例认真研究，旨在传达作者的真实意图。人们发明更先进的技术，是为了创造更好的生活。我们需要了解人工智能，因为它期许了我们对美好生活的向往，希望本书的出版，能为人工智能的传播贡献些许价值。引用威廉·吉布森的一句话："未来已来临，只是尚未流行"；人工智的大众化与民主化进程需要我们每个人的努力。

序　言

　　2014 年，我们打开了一封足以改变生活的电子邮件。我们曾获得奖学金，在技术的摇篮——硅谷学习和工作。结果证明，这是见证当代人工智能重生的完美时间和地方。推动 21 世纪第一个十年的人工智能革命的技术正在从学术研究圈子向外迈出第一步。在硅谷，当满怀激情的极客们在公开场合分享知识时，很容易从中一探究竟。

　　对于我们两位作者和硅谷公司而言，显而易见的是，人工智能将颠覆整个行业。然而，当我们回到欧洲时，才意识到，其他商业世界还远没有追上人工智能的步伐。多数商业领袖、专业人士和企业家对人工智能的潜力知之甚少，只有少数有远见的开明人士在努力寻找能够实现愿景所需的工具和技能。

　　看起来，新一轮技术创新浪潮的成果将再次成为硅谷少数派的专属游乐场，而欧洲将再次落伍。这一次，我们决定不再忍受，我们要完成一项任务来传播用人工智能创造价值所需的意识、技能和远见卓识。通过成立一家专注于人工智能教育和战略咨询的公司——人工智能学院(AI Academy)，我们实现了这一目标。在过去几年里，我们有幸指导了数百人，从企业家到医疗保健、能源、消费品和时尚等行业大公司的决策者。我们帮助他们过滤噪声和炒作，引导他们实现自己的愿景，了解人工智能如何帮助他们的企业发展。

　　2018 年夏天，我们意识到，无论我们的业务多么成功，都离实现人工智能民主化的使命甚远。事实上，我们所掌握的知识只对我们能够通过研讨会和辅导接触到的少数公司有用。在此之外，来自世界各地的许多有才华、有灵感的人仍然希望了解更多关于人工智能的知识，并用它做一些令人兴奋的事情。然而，他们所拥有的要么是来自学术界的非常学术化的内容，要么是大众媒体分享的重磅新闻炒作。这些人抱着对于后者的兴奋和对前者的困惑，为自己的企业雄心勃勃地设计了人工智能项目，却不知道如何落地。

本书试着提炼我们掌握的所有指导和咨询经验，来帮助这些有远见卓识的人。当记者们关注标题党文章和企业公关时，我们将展示一些不那么华丽却非常有效的人工智能应用程序，这些应用程序帮助谷歌削减了40%的能源开支，帮助亚马逊提高了35%的销售额，帮助Pinterest提高了30%的用户参与度，帮助Netflix每年节省了10多亿美元，帮助Square在24小时内提供小企业贷款。本书将介绍这些企业是如何做到的，让你对人工智能的原理、优势和当前的局限性有清晰的了解。这些新知识将补充你在当前领域已有的经验，并使你成为人工智能时代的引领者。

你会明白，人工智能并不是一颗灵丹妙药，在产品中使用它(或声称这样做)并不能确保成功。我们将分享来之不易的经验教训：如何设计、构建和管理成功的人工智能产品。读完这本书之前，你已经开始思考这种技术在企业中的实际作用了。

理解人工智能不仅是要了解最新技术，也是从根本上改变企业能够实现目标的关键。回报也是巨大的：充满机遇的蓝海仍在等待开明的人工智能领袖。科技公司已经在用人工智能获益了，通过阅读本书，你也可以参与到这场盛宴中。

致 谢

本书的写作过程非常艰难。在这个互联网鼓励人们重数量轻质量的环境中，我们决定反其道而行之。我们投入了数千小时的时间，倾情奉献出我们认为最好的非技术类指南，让人们了解并开始使用人工智能。

本书工程量巨大，非常感谢写作过程中帮助我们的人。

富布赖特委员会(Fulbright commission)为我们提供了学术奖学金，使我们能够在硅谷相聚并度过难忘的6个月。

感谢在本书的创作过程中，曼宁出版社提供了宝贵意见的各位编辑，其中包括策划编辑莱斯利·特里茨(Lesley Trites)、评审编辑伊万·马丁诺维奇(Ivan Martinović)、技术策划编辑丹尼·文森(Danny Vinson)、技术校对安德鲁·哈默(Andrew Harmor)、项目编辑迪尔德雷·希亚姆(Deirdre Hiam)、文字编辑莎伦·威尔基(Sharon Wilkey)和校对梅洛迪·迪拉布(Melody Dolab)。

同时感谢所有评审员：阿兰·康尼奥特(Alain Couniot)、艾伦·马查姆(Alan Matcham)、安东尼奥·莫罗(Antonio Moro)、阿伦·帕武里(Arun Pavuri)、克莱门斯·巴德尔(Clemens Baader)、戴维德·卡达穆罗(Davide Cadamuro)、弗朗西斯科·卡塔里诺齐(Francesco Catarinozzi)、哈罗·里斯森伯格(Harro Lissenberg)、詹姆斯·格雷(James Gray)、约翰·蒙哥马利(John Montgomery)、丽莎·厄尔特格伦(Lisa Örtegren)、马克·福尔克(Marc Falk)、玛丽安娜·里奇(Marianna Ricci)、马里奥·格拉西(Mario Grassi)、迈克尔·马库斯(Michael Marcus)、迈克尔·摩德内塞(Michael Modenese)、尼尔·克罗尔(Neil Croll)、纳尔逊·王(Nelson Wong)、尼克·巴斯克斯(Nick Vazquez)、彼得·汉普顿(Peter Hampton)、彼得·特雷德曼

(Peter Trydeman)、彼得·怀特(Peter White)、拉维·萨尼尼(Ravi Sajnani)、里特维克·杜比(Ritwik Dubey)、希洛·莫里斯(Shiloh Morris)、苏恩·隆霍尔特(Sune Lomholt)、托德·韦德(Todd Wade)、托马斯·斯特鲁明斯基(Tomasz Struminski)和维托什·多伊诺夫(Vitosh Doynov)。你们的意见使我们非常受益。我们真诚地认为，没有你们的帮助，我们就不会像现在这样为本书感到骄傲。如果初稿有什么不尽如人意的地方，请海涵。

詹卢卡：谢谢你，索菲亚，你是我的灵魂伴侣，也是我的朋友。你对生活的不懈热情非常激励我，因为我知道我在你心中非同寻常。非常感谢家人给予我的支持和无条件的爱，家是我的避风港，我从家人的爱中开始每一次冒险，无论过去、现在，还是未来。

尼科洛：谢谢你，安吉拉，我们性格互补，简直是天作之合。你的精力、热情和奉献精神使我的生活充满了乐观和挑战，激励我成为更好的自己。感谢我的家人，家人为我构筑了稳定的后防堡垒，树立了爱的榜样，培养了我的耐心。

前　　言

本书旨在帮助你了解如何在各种规模的非营利组织中使用人工智能。希望本书能够提供一站式解决方案，让你有信心开始在企业中使用人工智能。为了帮助你实现这一目标，本书分为两大部分，其目标各不相同：

- 第I部分介绍人工智能技术的核心原理，以及公司如何利用人工智能技术制造出神奇的产品。在该部分的最后，你将了解人工智能能做什么和不能做什么，并知道与技术人员有效沟通的方式。
- 第II部分着重介绍如何为企业创造价值，介绍我们在咨询实践中用于选择、设计和构建成功的人工智能产品的策略。

本书读者对象

有三类人从近期人工智能的一连串改进中受益：科技企业家，为创业者提供大量资金的风险投资人，以及为数不多的热门人工智能专家。热门人工智能专家的薪水高达7位数。如果我们5年前就开始写作，就会针对技术类人才撰写一本技术手册。

如今，我们认为技术类人才已经大获成功，是时候让下一代专业人士加入人工智能革命中了。即将到来的人工智能时代的主角们不会为了技术进步而对构建人工智能应用程序感兴趣；他们不是计算机科学或数学大师，而是特定行业的专家，希望将人工智能作为解决现实世界问题的工具。

这些未来的主角中有一些为大公司工作，名片上写的是CEO、经理还是实习生都无所谓。重要的是他们帮助企业在这个快速变化的时代保持竞争力。另一些人在小公司工作，我很希望看到他们成长，创造新的产品和服务。还有一些人是企业家，在寻找"明日之星"。还有别忘了那些想培养独特技能的学生和应届毕业生。

在担当顾问和工程师期间，我们遇到了许多渴望成为人工智能领袖的人(见图0-1)。我们尽最大努力给他们提供所需要的东西：明确理解什么是人工智能，人工智能可以做什么，以及如何利用人工智能为企业创造价值。本书的目的是想让你加入技术革命的队伍。

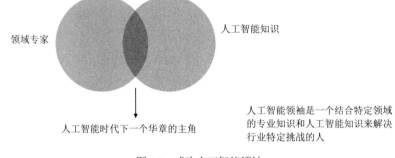

图0-1 成为人工智能领袖

本书组织结构

本书内容共10章，因为你需要掌握两套基本技能以将人工智能带入企业中，所以分为两部分。

第I部分是关于对人工智能的理解。由于当代人工智能建立在数据基础之上，因此该部分的每一章都会介绍不同类型的数据以及最适合每种类型的人工智能工具。

- 第1章简要介绍人工智能的历史和引发21世纪第一个十年人工智能革命的创新。

- 第 2 章是关于核心业务运营产生的数据，以及人工智能如何在其基础上构建独特的产品和服务。
- 第 3 章更深入地研究销售和营销的人工智能应用程序。
- 第 4 章介绍能够理解、生成和转换图像、视频和音频等媒体的人工智能模型。
- 第 5 章介绍理解和生成书面文本的人工智能算法。
- 第 6 章展示向人类推荐个性化内容的模型。

第II部分是关于人工智能的构建。该部分旨在指导你在企业内设计和构建新项目。

- 第 7 章描述一个企业中识别人工智能机会并选择最佳机会的框架。
- 第 8 章讨论构建人工智能项目面临的挑战，从收集正确的数据到招募有效的团队。
- 第 9 章讨论如何实施策略，提出构建或购买技术的权衡，以及最小化风险的精益方法。此外，还包括逐步改进人工智能项目的策略。
- 第 10 章提供一个关于人工智能如何影响社会的最终广泛观点。

建议按顺序阅读这些章节，因为它们都建立在彼此紧密的联系之上，可以让你有全面的了解。

在线资源

读完本书之后，你可能想继续学习两大主要领域的知识。你可能需要加深对第I部分中介绍的人工智能技术方面的知识，并开始构建一些人工智能项目。在这种情况下，你可以从各种在线课程和材料中进行选择。其中最广为人知的两门课程是吴恩达的"机器学习"和"深度学习"课程，可以在 Coursera 上找到。这两项都包括编程任务，并将为你在许多众所周知的算法背后的数学和实现问题上提供坚实的基础。有几所大学也在网上提供一些机器学习在线课程，包括视频讲座和家庭作业。我们推荐斯坦福大学关于计算机视觉应用深度学习的CS231课程和关于基于深度学习的自然语言处理的CS224N课程。与网上第一手材料相比，大学课程通常会更深入地涵盖理论。

如果你有兴趣了解更多关于人工智能实现的业务方面的知识，这方面的推荐会比较少，本书第II部分将对此进行介绍。事实上，这也是我们写本书的主要原因之一。一些优秀书籍可以让你更深入地了解在构建创新产品时应遵循的最佳实践。例如，埃里克·莱斯所写的《精益创业》(*The Lean Startup*)(Crown Business，2011)一书涵盖了第II部分中介绍的许多实验和增量开发技术。史蒂夫·布兰克(Steve Blank)和鲍勃·多夫(Bob Dorf)所著的《创业者手册》(*The Startup Owner's Manual*)(K&S Ranch Publishing，2012)介绍了一个很好的分步蓝图，可用于任何与创新有关的事情，包括人工智能内部和其他方面。

目　　录

第 I 部分　理解人工智能

第 1 章　人工智能概况 3
1.1　当代人工智能发展之路 4
1.2　人工智能革命的引擎：机器学习 7
1.3　人工智能究竟是什么？ 9
1.4　教学方法 12
1.5　本章小结 13

第 2 章　将人工智能应用于核心业务数据 15
2.1　在核心业务数据领域布局人工智能 16
2.2　在核心业务数据中使用人工智能 18
 2.2.1　房地产市场示例 18
 2.2.2　为 FutureHouse 赋予人工智能 21
 2.2.3　机器学习的优势 26
 2.2.4　将人工智能应用于通用核心业务数据 28
2.3　案例研究 30
 2.3.1　谷歌如何利用人工智能削减能源开支 30
 2.3.2　Square 如何利用人工智能向小企业贷款数十亿美元 35
 2.3.3　案例研究课程 39
2.4　评估性能和风险 40
2.5　本章小结 43

第3章 将人工智能应用于营销 45
- 3.1 为什么要用人工智能进行销售和营销？ 45
- 3.2 预测客户流失 47
- 3.3 利用人工智能提高转化率和追加销售 52
- 3.4 执行自动化客户细分 55
  - 3.4.1 无监督学习(或聚类) 56
  - 3.4.2 用于客户细分的无监督学习 61
- 3.5 衡量性能 64
  - 3.5.1 分类算法 64
  - 3.5.2 聚类算法 68
- 3.6 将机器学习标准与业务结果和风险联系起来 69
- 3.7 案例研究 72
  - 3.7.1 改进目标定位的人工智能：Opower 72
  - 3.7.2 运用人工智能预测客户需求：Target 78
- 3.8 本章小结 81

第4章 将人工智能应用于媒体 83
- 4.1 用计算机视觉改进产品 84
- 4.2 将人工智能应用于图像分类 88
- 4.3 使用小数据集的迁移学习 93
- 4.4 人脸识别：教计算机识别人类 95
- 4.5 使用内容生成和风格迁移 98
- 4.6 注意事项 101
- 4.7 人工智能在音频领域的应用 102
- 4.8 案例研究：运用深度学习优化农业 104
  - 4.8.1 案例问题 108
  - 4.8.2 案例讨论 108
- 4.9 本章小结 110

第 5 章　将人工智能应用于自然语言 111
- 5.1　自然语言理解的魅力 112
- 5.2　分解 NLP：衡量复杂性 113
- 5.3　将 NLP 功能应用于企业 117
  - 5.3.1　情感分析 121
  - 5.3.2　从情感分析到文本分类 124
  - 5.3.3　NLP 分类项目范围界定 128
  - 5.3.4　文档检索 130
  - 5.3.5　自然对话 132
  - 5.3.6　设计克服技术限制的产品 136
- 5.4　案例研究：Translated 138
  - 5.4.1　案例问题 142
  - 5.4.2　案例讨论 143
- 5.5　本章小结 145

第 6 章　将人工智能应用于内容管理和社区建设 147
- 6.1　选择的诅咒 148
- 6.2　使用推荐系统驱动参与度 148
  - 6.2.1　基于内容的系统超越简单特征 153
  - 6.2.2　特征和相似性的限制 156
- 6.3　群体智慧：协同过滤 157
- 6.4　推荐错误 160
- 6.5　案例分析：Netflix 每年节省 10 亿美元 162
  - 6.5.1　Netflix 的推荐系统 162
  - 6.5.2　推荐系统和用户体验 165
  - 6.5.3　推荐的业务价值 166
  - 6.5.4　案例问题 167
  - 6.5.5　案例讨论 167
- 6.6　本章小结 168

第Ⅱ部分　构建人工智能

第7章　准备好寻找人工智能机会 173
- 7.1　不要被炒作所迷惑：业务驱动的人工智能创新 174
- 7.2　创造：寻找人工智能机会 179
- 7.3　优先级：评估人工智能项目 183
- 7.4　验证：分析风险 187
- 7.5　解构人工智能产品 191
- 7.6　将人工智能项目翻译成机器学习友好型术语 196
- 7.7　练习 201
  - 7.7.1　提高客户定位 202
  - 7.7.2　工业过程自动化 204
  - 7.7.3　帮助客户选择内容 205
- 7.8　本章小结 207

第8章　设置——准备数据、技术和人员 209
- 8.1　数据策略 210
  - 8.1.1　我从哪里得到数据？ 211
  - 8.1.2　我需要多少数据？ 217
- 8.2　数据质量 221
- 8.3　招募人工智能团队 225
- 8.4　本章小结 230

第9章　实践——人工智能实施策略 231
- 9.1　购买或构建人工智能 231
  - 9.1.1　"购买"选项：一站式解决方案 233
  - 9.1.2　"借用"选项：机器学习平台 235
  - 9.1.3　"构建"选项：大干一场 237
- 9.2　使用精益战略 239
  - 9.2.1　从购买解决方案开始 241

		9.2.2 使用借用解决方案	243

      9.2.3　自己动手：构建解决方案 244
9.3　理解人工智能的良性循环 246
9.4　管理人工智能项目 252
9.5　当人工智能失败时 254
      9.5.1　Anki 255
      9.5.2　Lighthouse AI 255
      9.5.3　应用于肿瘤治疗的 IBM Watson 256
      9.5.4　情感日记 258
      9.5.5　愤怒的电话 259
      9.5.6　销售业绩不佳 260
9.6　本章小结 261

第 10 章　人工智能的未来　263

10.1　人工智能如何威胁社会 264
      10.1.1　偏见与公平 264
      10.1.2　人工智能与就业 267
      10.1.3　人工智能过滤器气泡 270
      10.1.4　当人工智能失败时：边角案例和对抗攻击 272
      10.1.5　当人工看起来真实时：人工智能生成的虚假内容 274
10.2　人工智能在社会中的机遇 275
      10.2.1　技术民主化 275
      10.2.2　可扩展性 277
10.3　人工智能在工业领域的机遇 278
      10.3.1　社交媒体网络 279
      10.3.2　医疗健康 280
      10.3.3　能源 284
      10.3.4　制造业 285
      10.3.5　金融 287

  10.3.6　教育 ·· 288
10.4　通用人工智能 ·· 289
10.5　结语 ··· 290
10.6　本章小结 ··· 291

第I部分

理解人工智能

本部分重点介绍当代人工智能的核心原理。在第I部分结束时,你将了解人工智能可为企业处理的各种数据做什么。或许更重要的是,你还将了解人工智能尚无法完成哪些工作。

当今的人工智能革命通过训练计算机从数据中学习,这就是为什么我们决定根据数据可采用的各种形状和形式来组织本书。每章都专注于一种特定类型的数据,并使用一个简化示例来帮助你学习有关人工智能的关键概念。每一章的最后,你都可以找到真实公司的案例研究,这些公司已经使用我们所讨论的技术和数据取得了令人称奇的结果。

隔离是众多计算模式、资源管理策略和一般会计实务的核心概念,因此很难在一开始就编制一个关于影响面的清单。谁能了解 Linux 容器如何为运行的程序提供隔离机制,以及如何使用 Docker 控制隔离,谁就能实现系统重用、资源增效和系统简化的惊人成就。

学习如何应用容器的最难部分就是了解读者尝试隔离的软件的需求。不同软件有不同的需求。Web 服务不同于文本编辑器、程序包管理器、编译器或数据库。每个程序的容器将需要不同的配置。

本部分介绍容器的配置和操作基础,其中对容器的配置进行了详细讲解,以展示容器的所有功能集。出于这个原因,我们强烈建议读者不要跳过本部分的内容。虽然可能需要一些时间才能看到你关心的具体问题,但我们相信你会在此过程中获得更多启示。

第 1 章

人工智能概况

本章内容包含：
- 人工智能的历史
- 机器学习及其与人工智能的关系
- 人工智能应用程序迅速发展的驱动力

　　人工智能并不是一种新兴技术。数十年来，计算机科学家已经尝试了不同的方法争取获得计算领域的圣杯——智能机器。尽管我们距离复制人类大脑的奇迹甚远，但人工智能应用程序已开始充斥我们的日常生活，从智能手机到家庭报警系统等，它们为各种电子设备提供动力。

　　人工智能应用程序何以发展得如此迅猛？本章将通过介绍当代人工智能的知识(包括其背后的核心原理，如何以及为什么到达现在的状态)来回答这个问题。

1.1 当代人工智能发展之路

生而为人,我们一直试图寻找各种方法来了解周围的世界,并利用自然实现目标。为此,我们一直依靠外部工具增强大脑的能力。

算盘可能是第一个这样的工具。在 5000~6000 年前,人类发明了算盘来帮助计算。尽管现在有很多学校仍在运用算盘帮助孩子们将简单的数学运算进行可视化,但这并没有真正把我们从繁重的工作中解放出来,直到 20 世纪 60 年代才出现了第一台可以自动加减数字的机器。自那时起,计算机已经取得了长足发展,但实质上,它们的功能仍然非常简单:完全按照某些人(专家)的指示执行计算。它们几乎没有"智能"。

1955 年 8 月 31 日,达特茅斯学院的约翰·麦卡锡(John McCarthy)教授、哈佛大学的 M. L. 明斯基(M.L. Minsky)、IBM 的 N·罗彻斯特(N. Rochester)和贝尔电话实验室的 C. E. 香农(C.E. Shannon)共同向洛克菲勒基金会(Rockefeller Foundation)提出了"人工"和"智能"两个词,用于设立一个关于人工智能的夏季科研项目。他们的倡议如下:

我们倡议,1956 年夏天,在新罕布什尔州汉诺威的达特茅斯学院进行为期 2 个月,共有 10 人参与的人工智能研究。本研究将尝试找到如何使机器使用语言,形成概述和概念,解决现在人类所面临的各种问题,并能提高人类自身。我们认为,如果由精心挑选的科学家小组在一个夏天共同研究这个问题,则可以在一个或多个问题上取得重大进展。

研究人员知道,由于技术限制和任务固有的复杂性,从整体上讲,解决智能问题是非常严峻的挑战。研究人员没有解决广泛的智能概念,而是决定专注于解决其子问题,例如语言。后来,这些应用程序被称为狭隘人工智能(narrow AI)。能够匹配或超越人类能力的人工智能被称为通用人工智能(general AI)。也就是说:

- **通用人工智能(或强人工智能)**——一种能处理所提出的各种任务的人工智能程序。这类似于一个足智多谋的人,你可将其视为电影《终结者》中的机器人。
- **狭隘人工智能**——能解决单个定义明确的任务的人工智能程序。它可以非常宽泛(从图片中识别对象),也可以非常具体(预测购买产品 A 的客户也更有可能购买产品 B)。这意味着一次只能完成一项任务,而不能完成其他任何任务。例如,能够识别图像中猫咪的人工智能并不能将英语翻译成意大利语,反之亦然。

通用人工智能距离还很遥远:研究人员仍然不知道我们什么时候能够实现通用人工智能。有人认为我们不可能实现通用人工智能。尽管通用人工智能仍然是一个遥不可及的梦,但当新闻中提到人工智能时,许多人所想到的就是通用人工智能。如果你也持有这样的想法,可能现在对通用人工智能还没有到来感到失望。请不要失望;狭隘人工智能应用程序仍然能够创造巨大价值。例如,能够检测肺癌的人工智能应用范围虽然很窄,但非常有用。

1956 年夏季进行的达特茅斯研究的结果非常有趣,以至于在参与者中刮起了一阵亢奋和希望之风。科学家的热情传到美国政府那里,美国政府开始大量资助特定应用的研究:英语/俄语翻译。冷战期间,要找到值得信赖的俄语翻译绝非易事。

经过最初的几年工作,一个政府委员会发布了臭名昭著的《1966 年 ALPAC 报告》。该文件重点介绍了许多研究人员对人工智能研究现状的看法。大多数人不是很乐观:

> 简单或选定文本的早期机器翻译就像一般科学文本的"机器翻译"一样令人沮丧,……当然,没有人能保证我们不会突然或至少很快达到机器翻译,但是我们觉得这不太可能。
>
> ……没有立即或可预测的有用机器翻译的前景。

ALPAC 报告标志着第一个人工智能寒冬的到来:人工智能研究的公

共资金停止了，人们对人工智能的兴奋劲儿降低了，研究人员将工作重点放在了其他领域。

人们对人工智能失去兴趣，直到 20 世纪 80 年代，IBM 和 Xerox 等私营公司开始对人工智能进行投资，人工智能的春天来临了。一种称为专家系统(expert systems)的技术激发了新的希望：这是一种以精确的 if-then 规则形式编码某个领域的人类专家知识的计算机程序。我们通过一个示例帮助你了解专家系统是如何运作的。

假设你要构建一个可以代替胃肠病专家的人工智能系统，接下来是如何使用专家系统进行操作：你要求医生极其精确地描述他们如何进行诊断。然后，你要求程序员将医生的知识和诊断流程毫不费力地转换为 if-then 规则，然后这些规则可由计算机理解和执行。一个极其简化的版本看起来像这样：

如果患者有胃痛且体温高，则患者有流感。
如果患者胃痛并吃了过期的食物，则患者会中毒。

一旦医生的知识被编码到软件中并且有患者进入该系统，该系统将遵循与医生相同的决策路径，并且(希望)得出相同的诊断结果。这种方法有几个问题：

- **适应性差**——软件改进的唯一方法是与计算机科学家和该领域的专家(在这种情况下为医生)一起从头再来。
- **极度脆弱**——如果系统不是原始设计的一部分，系统将无法正常工作。如果患者胃痛但体温正常且未吃过变质的食物，怎么办？
- **难以维护**——这种系统的复杂性非常高。当成千上万的规则组合在一起时，对其进行改进或更改将变得异常复杂、缓慢且昂贵。你是否曾用过庞大的 Excel 工作表并努力寻找错误的根本原因？想象一下比 Excel 工作表大 100 倍的工作量。

专家系统在商业上非常失败。到 20 世纪 80 年代末，许多开发专家系统的公司都停业了，人工智能的第二个寒冬来临。直到 21 世纪初，随着一个古老的观念——机器学习——再次兴起，下一代人工智能成功出现了。

1.2　人工智能革命的引擎：机器学习

机器学习的首次提出可以追溯到 1959 年，美国人工智能先驱亚瑟·塞缪尔(Arthur Samuel)提到：

机器学习是研究如何使计算机不必明确编程即具有可学习的能力。

这里的关键要素是"学习"以及"不必明确编程"。我们先关注后者。明确编程意味着定义执行特定任务必须遵循的规则和指令。这是软件工程师在编写处理日常任务(如缴税或填写电子表格)的软件时所做的事情。

没有编程经验的人通常会觉得软件工程师是很强大的生物，他们能使机器屈从于自己的意愿。然而，事情并不总是那么容易。在执行一些琐碎动作时，请考虑一下你做出的各种决定：你能解释一下你在看到朋友时认出他们的过程吗？你如何在开车时做出所有瞬间决定？你能否列出谈话时适用的所有英语语法规则？如果你无法准确说明自己的操作方式，则不可能指示计算机执行操作。

塞缪尔提出用"赋予计算机学习能力"，而不是"指导计算机"。想一想，学习(而不是遵循指示)就是人类一直在做的事。父母没有在我们 1 岁的时候让我们看语法书来教我们母语。他们只是自然地与我们说话，我们跟着他们学习，在不知不觉中应用了数千种语法规则。实际上，我们的大脑在学校里还没有具备理性理解语法的能力时，就已经能够自动提取规则了！即便对于我们人类来说，从示例中学习规则似乎更容易。

就像我们从经验中学习一样，机器学习技术使计算机能够从数据中学习。我们通过一个经典的玩具示例来具体阐述：教会计算机从一堆猫的图片中识别狗。如果你必须教一个孩子完成这项任务，那么你不会拿起一本兽医书籍，然后开始阅读有关耳朵形状或皮毛颜色差异的文章。相反，你可能只是给孩子指几张图片，然后让他们的大脑发挥作用。

针对"狗或猫"问题的机器学习解决方案类似于我们的童年学习经历。我们向计算机提供了数千张猫的图像，并告诉它"这些是猫"，然后将数千张狗的图像告诉它"这些都是狗"。最后，计算机自动识别出猫和狗之间的区别。我们不必解释区分狗和猫的关键元素。一个好的机器学习应用程序将从接收到的示例中进行学习，从而弄清楚这一点。图 1-1 显示了传统编程和机器学习之间的区别。

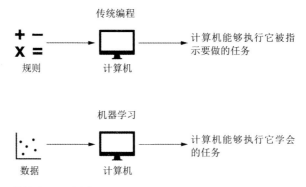

图1-1　传统编程方法与机器学习之间的区别：前者依赖精确的规则和指令，后者依赖数据和学习

你可能会开始明白为什么机器学习在 21 世纪之前不可能开花结果。这套技术的主要成分是数据，互联网使收集数据变得更加容易。机器学习的另一个要素是计算能力：从数据中学习并不是免费的，计算机需要快速的处理器来完成这项任务。得益于云计算和处理能力的提高，访问强大的计算机从未如此简单和便宜。

为让大家了解机器学习在这短短几年中发生了什么变化，我们询问了人工智能语音识别领域的先驱之一，Facebook 人工智能团队首批员工之一 Alex Waibel。他的回答是，20 年前，他可以使用的功能最强大的计算机就像一间公寓一样大，价值几百万美元，而且需要租用来训练模型；

如今，他只需要几千美元就可以在办公桌上操作更多的计算能力。现在的手机比 20 年前的顶级研究人员所用的计算机更强大。

数据的可用性和廉价的计算能力为机器学习的蓬勃发展创造了理想环境。实际上，如今所谓的人工智能中，许多最面向消费者的应用程序都严重依赖机器学习，如 Siri 语音虚拟助手、Google Translate 和自动驾驶汽车等。

回溯人工智能的发展历程，机器学习似乎是推动当今人工智能蓬勃发展的引擎，并最终在 20 世纪 80 年代的最后一个人工智能冬季之后带来了希望。实际上，当代人工智能的成功非常依赖机器学习技术，人们常对两者之间的差异感到困惑。那么，究竟什么是人工智能？让我们一探究竟。

1.3 人工智能究竟是什么？

根据我们作为技术专家、顾问和公共演讲者的经验，我们不断遇到对人工智能、数据科学和机器学习的定义有不同看法的人。尽管许多人持坚定态度，但很少有人能够捍卫自己的立场。确实，找到一个通用的人工智能定义并不容易。

我们可能会尝试通过查找与智能相关的人类特征来定义人工智能。一旦达成共识，可以说任何具有相同功能的计算机就是人工智能。是否很有道理？尽管这是一种常见方法，但即使在简单的情况下，它也无法实现。例如，一个可在瞬间将 13.856 除以 13 计算到小数点后十位的人肯定会被称为聪明人，但如果是一个 2 美元的袖珍计算器计算出来的结果，没人敢称其为人工智能。同时，我们永远不会称呼某人为聪明人，只是因为他能在繁忙的交通中驾驶；而无人驾驶汽车通常被认为是当今技术行业正在研究的最困难的人工智能形式之一。我们不应该惊讶于定义"智能"的难度；毕竟，几个世纪以来，哲学家和科学家一直对此争论不休。

我们不仅有不同的权重来衡量人和机器的智能，而且我们似乎也在迅速改变关于什么是人工智能和什么不是人工智能的看法。以最成功的硅谷创业加速器 Y Combinator 的创始人保罗·格雷厄姆(Paul Graham)为例，可以说他是科技界最具前瞻性的人之一。2002 年，Graham 撰写了一篇文章，提出了一种新的检测垃圾邮件的解决方案。那时，电子邮件才刚起步，垃圾邮件(不需要的电子邮件)是非技术人员广泛使用互联网的最严重威胁之一。现在似乎很难想象这种情况，但在当时，最好的计算机科学家正忙于编写复杂的规则，以使计算机自动对伟哥之类的广告进行分类。

Graham 在其论文中提出一种新的基于机器学习的方法。该方法将通过处理成千上万的"好"邮件和垃圾邮件来学习对电子邮件进行分类。与工程师制定的复杂规则相比，Graham 的简单软件学会更好地识别垃圾邮件。到了现在，自动垃圾邮件检测器已经烂大街了，如果我们敢称其为人工智能，会被嘲笑的。

实际上，人工智能似乎就是在掌握我们设想计算机不应该完成的任务。一旦我们习惯了日常生活中的技术，就会把它从人工智能行列中删除，并开始将其称为计算机软件。这是一个经过充分研究的现象，叫作"人工智能效应"(AI effect)。

由于人工智能效应，所谓的人工智能目标标杆随着技术的进步而不断发展。我们从这些思考中得出的人工智能的定义是"一个临时性标签，是一种在我们适应之前会做一些令人惊奇的事情的软件"。我们不知道你怎么看，但感觉这并不是一个令人满意的定义。

希望以上内容能让大家感到信服，要找到一个使所有人都满意并随着技术的发展而持续有效的定义非常困难。考虑到人工智能效应，我们决定避免对人工智能进行狭隘的定义，即人工智能是"浮夸"的应用程序，热度消散后就将丢弃之。我们采用了更广泛的定义，其中包括较少的浮夸应用程序。这是我们对人工智能的定义：

不需要明确的人工指令即可解决问题的软件。

如你所见，此定义着重于技术的结果，而不是用于构建的特定技术。有人不同意这种观点，因为它几乎等同于本章前面有关机器学习的内容。事实是，学习是一种智能特质，虽然机器学习只是一种工具，却是我们如今称之为人工智能的99%成功应用程序背后的工具。将来这种情况可能会改变，但是我们看不到有任何新方法能像机器学习一样有前景。这就是本书介绍的每个人工智能应用程序都基于机器学习的原因：这简直是对当今和不久的将来人工智能前景的最准确描述。

现在，我们对机器学习是什么有了清晰的了解，对当代人工智能有了切实可行的定义，并且对这些术语的演变有一些看法。还缺少一个大家可能已经听说过的第三个流行词：数据科学。

"数据科学"(DS)是一个广泛的跨学科领域，它使用科学的方法和过程来分析数据并提取见解。机器学习技术是数据科学工具箱中的一些工具。在实践中，当人们提到数据科学项目时，通常认为它们是静态的：从数据中提取见解并作为演示文稿或报告呈现。另一方面，人工智能更常用于实时软件。例如，分析交通数据为城市设计新的城市规划，以最大限度地减少交通拥堵，可能属于数据科学领域。但是，如果你使用相同的数据来实时控制交通，并引导汽车通过不太拥挤的路线，大多数人会说该项目与人工智能有关。在第一种情况下，项目的输出是报告；在第二种情况下，它是全天候运行的"实时"软件。请记住，这种划分通常是常规的：关于什么是人工智能和什么是数据科学，确实没有严格的规则。表 1-1 总结了我们所看到的差异。

表1-1 人工智能与数据科学的主要区别

人工智能	数据科学
根据数据自动完成任务或预测未来事件	基于数据产生洞察
通常是"动态"的：它不断地阐述新的数据和产生答案	通常是"一次性"的：它产生一些洞察，为决策提供依据
通常具有软件的形式	通常具有陈述或报告的形式

希望这些内容有助于大家明白一些通常被误解的术语，并为这些技术创建背景。现在，你可开始学习人工智能的核心原理，了解可用它做什么以及如何将这种变革性技术引入企业中。下一节将说明此过程的步骤，以及本书如何指导你完成这些步骤。

1.4 教学方法

如果你想在工作中高效地使用人工智能，首先需要了解其基本要素。我们注意到，对人工智能缺乏深入了解的非技术人员通常梦想着根本无法构建的项目，或者错过了容易解决的悬而未决的成果。在第I部分之后，你就会知道所有人工智能原理，从而避免走入死胡同，并能充分利用人工智能。

读完第1章后，你就已经了解到，几乎所有当代人工智能应用程序都依赖于机器学习，并且机器学习就是从数据中学习。这就是为什么我们将数据用作了解人工智能的指南。本书第I部分的每一章重点介绍一种特定类型的数据，展示如何在企业中发现这些数据、如何使用它们以及如何将它们融入人工智能的世界。

第I部分的每一章都使用一个玩具示例来介绍你需要了解的机器学习概念。我们发现这是传授机器学习概念的最有效方法，否则这些概念过于枯燥和抽象。我们没有对技术进行深入探讨的原因有如下两个：

- 技术变化如此之快，以至于实施细节很快就会过时。
- 简而言之，你不需要对技术有多么深入的了解。除非你希望将职业生涯转向编写代码，否则我们认为将人工智能添加到你丰富的知识体系中并让其他人以计算机的方式来实现你的愿景具有更大的价值。

这并不意味着你完全不需要了解技术。根据我们作为工程师的经验，技术团队很难与技术门外汉沟通。我们不希望他们与你交谈时遇到麻烦，因此我们确保你能学到人工智能工具最重要的技术方面。团队的其他人也知道这些技术内容，了解这些技术会帮助你计划和管理各项工作。

每章都包含一个或多个有关取得非凡成果的公司的实际业务案例。就我们提到的特定公司、产品或服务而言，请记住我们这样做是因为希望你能建立起对它们的认识，但你不应该觉得自己在任何方面受到限制。在案例研究中，我们与任何一家公司均无任何隶属关系；碰巧的是，他们正在开发出色的产品，我们都可以从中学习。

在介绍案例时，我们遵循了哈佛商学院案例启发法。首先，将以最中立的方式展示案例，并在最后询问你一些开放性问题。此后，就这些问题提出自己的想法，并给出进一步讨论的提示。建议不要立即阅读这些答案，而应尝试根据自己的知识和案例了解如何回答，然后阅读建议。请注意，我们提出的问题并没有独特的解决方案：如果你发现了我们未包含在答案中的有趣观点，那就太好不过了！这意味着你已经了解了所需的知识，并能自行提取洞察(因此，如果真能达到这样的效果，本书就达到想要的效果了)。

1.5 本章小结

- 人工智能跌宕起伏的历史可追溯至 20 世纪 50 年代。
- 通用人工智能是拥有一台全知机器的妄想。我们今天拥有的所有人工智能应用程序都比较狭隘，它们都只专注于特定任务。
- 机器学习是当今实现人工智能的普遍方法，它的基础是让机器从数据中自主学习。
- 数据科学与人工智能和机器学习相关，但与持久智能相比，数据科学更侧重于提取见解。

第 2 章

将人工智能应用于核心业务数据

本章内容包含：
- 从美元密度(dollar density)和业务影响看业务数据
- 使用监督学习预测关键信息
- 将机器学习与传统软件工程进行比较
- 案例研究：使用人工智能创建新的业务线并优化流程

本章介绍"核心业务数据"，即最接近业务价值主张的数据类型。核心业务数据是企业不断发展的秘密。它是由商业运营收集的订单数据、由社交网络跟踪的人际互动信息以及由医疗保健初创公司跟踪的血压测量结果。由于核心业务数据是企业的核心，因此它也是首批人工智能应用程序的最佳选择。对核心业务数据进行人工智能就像作弊：数据非常接近企业的价值创造引擎，成功的项目几乎可以保证产生巨大影响。

为了激发兴趣，简单介绍一下本章末尾的两个案例研究。第一个是关于前谷歌员工 Jim Gao 的一项倡议，他当时负责运营谷歌的数据中心。他查看了从用于冷却谷歌巨型计算机的大型空调系统收集的数据，并考虑使用机器学习来优化其能耗。结果，这家科技巨头的电费削减了 40%。第二个案例是关于 Square 的，这是一家位于旧金山的支付服务公司。Square 一直在为小型企业提供信用卡支付业务，并意识到其收集的所有数据都可用于向小型企业提供定制的低风险贷款。通过使用机器学习模型，Square 创建了一条全新的业务线，为小企业贷款开辟了一片蓝海。Square 的服务质量无与伦比：通过自动执行贷方审查流程，Square 可在提交请求后的一个工作日内将贷款存入客户的银行账户。最后，Square 在 4 年内借出超过 30 亿美元，拖欠率极低，仅为 4%。本章最后介绍这些公司如何使这些改变成为可能。

2.1 在核心业务数据领域布局人工智能

我们将核心业务数据定义为"对企业的顶线或底线有直接影响的数据"。核心数据看起来因企业而异：电子商务操作的购物车历史记录、工程企业的物理测量数据和医疗保健公司的患者行为。不管其形式如何，核心数据都是有价值的，因为它描述了对企业绩效有直接影响的事件和模式，而且很容易给企业增加货币价值。

本章末尾对这两个案例研究进行了具体介绍。下面介绍为什么这两家公司使用的数据是核心业务数据：

- 像谷歌这样的公司依赖大量的数据中心来提供服务(处理网络搜索、存储照片、发送电子邮件等)。谷歌唯一的可变成本可能是保持数据中心计算机冷却的能耗。因此，其冷却设备的数据是谷歌的核心业务，因为它直接关系到谷歌的主要成本之一。
- Square 的核心产品是其销售点(POS)解决方案。通过该产品，Square 处理支付给客户的所有款项。因为 Square 的宗旨是扶持小企业，所以它的交易数据与这一愿景紧密相连，对其客户来说是非常有价值的。

观察数据价值的一个好方法是想出一个被称作"数据的美元密度(dollar density of data)"的指标：数据对企业的顶部或底部有多大影响。核心业务数据具有很高的美元密度：每个电子商务订单、就业机会或金融交易都直接影响收入或利润。当你离开企业的核心价值主张时，所收集到的数据的美元密度会相应降低。记录访问网站的数据可能是有价值的，但不如跟踪订单来得多。对于医院来说，呼叫中心的数据可能是有用的，但没有病人记录那么多。这就是为什么我们决定在本书开篇就用到所有美元密度最高的数据：企业的核心业务数据。

我们经常看到核心业务数据采用结构化形式，就像 Excel 表格中整齐的行和列一样。在工程术语中，我们将这种类型的数据称为结构化数据。其他结构化数据包括天气报告、物理过程的测量、金融交易、大多数市场、供应链和仓储指标。一般来说，你可以在 Excel 中加载的任何内容都可能属于结构化数据。其他类型的数据更难放入整洁的 Excel 列中，例如图片、录音或书中的文本。

重要的是要知道同样的信息可以结构化和非结构化形式同时存在。例如，想一下以下记录医疗诊断的方法：

患者 Gianluca Mauro 的肩关节患有严重炎症，治疗方法是每天服用两片可的松，一连吃 5 天。

同样的信息可以结构化方式记录，如表 2-1 所示。

表 2-1 结构化医疗诊断

患者	症状	部位	药物	频率/(次数/天)	治疗时间/天
Gianluca Mauro	严重的炎症	肩关节	可的松	2	5

两种方式呈现的信息是相同的,但在第一种情况下,它是以非结构化方式(文本)表示的,而在第二种情况下,它是结构化的。对于计算机来说,结构化数据比非结构化数据更容易处理。后续章节将介绍非结构化数据的人工智能技术,包括图像和书面语言。现在,我们继续使用结构化数据,要知道大多数核心业务数据都属于这一类。

2.2 在核心业务数据中使用人工智能

既然已经知道了如何查找和识别核心商业数据,让我们看看人工智能能用这些数据做什么。因为我们相信故事的教学力量,所以创造了一个简化的例子,本书第I部分对此进行介绍。FutureHouse 是一个虚构的企业,它运营着一个在线房地产平台,房主可在这里为自己的房子做广告,希望能吸引感兴趣的买家。FutureHouse 一直将客户服务放在首位,并聘请能提供支持的代理商帮助卖家评估房价。买家利用此网站寻找他们心仪的房子。

我们之所以选择这个例子,是因为很多读者都对此很熟悉,同时也给了我们很多机会去探索人工智能的不同景观。一种优势便是住房市场是机器学习文献中的一个典型例子。如果你决定更深入地研究机器学习的技术细节并编写代码,可以在网络上找到大量的参考资料。

首先解释一下房地产市场是如何运作的,然后介绍机器学习在其中的应用。我们将用这个描述作为介绍关键术语和概念的突破口,并将这些概念扩展到其他更一般的应用程序。

2.2.1 房地产市场示例

房地产经纪人是房地产市场的中心。他们把卖家和买家联系起来,帮助卖家为自己的房产找到合适的价格。图 2-1 显示了典型的房屋买卖交易是如何在房地产经纪人的仔细观察下展开的:

(1) 一个顾客进来想卖掉他的房子。在把房子投放市场之前,需要专业建议,了解房子的价值。

(2) 房地产经纪人会根据房子的面积、年限、电器设备、附近是否有学校和医院等来确定价格。

(3) 房子挂牌了。

(4) 潜在买家找到清单,来看房。一位幸运的买家最终买下了这处房产。

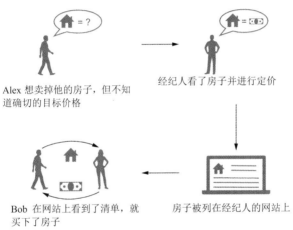

图2-1 在市场挂牌和销售房屋的过程

FutureHouse 在此过程的每一步都要收集数据。以下是其主要数据资产:

- 所有待售房屋的图片
- 房屋的描述(面积、位置等)
- 网站所有用户的网页访问和单击历史记录
- 该地区出售房产的历史记录
- 参观过的人留下的房屋评论
- 经纪人与买方的谈判记录
- 关于该地区即将施工的报纸文章

所有这些数据源的价值并不相同；它们的美元密度不同。例如，报纸上的文章是一个非常通用的数据集，其他公司都可以访问。因此，虽然它可能很有价值，但它不是 FutureHouse 的核心。网站访问、图片和评论可能很重要，因为它们对企业来说是特定和独特的，因此它们的美元密度高于报纸文章。不过，它们对企业的成功并没有直接影响。与所有其他数据源相比，房地产经纪人的历史记录与业务表现的关系要大得多，因为房地产经纪人的传统做法是成功售出房屋，然后收取手续费：这是核心业务数据。

假设我们想利用这些数据构建一个由人工智能驱动的房产评估工具，它可以自动预测在这个平台上列出的房屋的最佳价格。价格估计通常是由对本地区和类似的房屋有丰富经验的房产经纪人完成的。他们过去会监督许多房产的销售，对房产的合理价格非常敏感。这就是我们希望人工智能接管的任务。

在建议销售价格之前，让我们试着列出经纪人可能考虑的更详尽因素：

- 面积
- 楼层数量
- 卧室数量
- 卫生间数量
- 建造年份
- 有游泳池吗？
- 有车库吗？
- 能效
- 位置
- 社区质量
- 公共交通

如果你问经纪人是如何得出价格的，他们可能会说"凭经验"。他们可能会参考标准指南，例如该小区每平方米的平均价格，但他们很难清楚地说明其他因素是如何影响其决定的。如果你不能解释整个思维过程，你甚至不能把它编码成计算机程序。

经纪人通过观察许多房产的销售价格来学习如何估价房屋。机器学习背后的主要思想是，计算机也可做到这一点：可从以前出售的房屋的历史数据中学习如何估价，同时反馈这些房屋的特征(面积、邻里等)和最终销售价格。

这种人工智能可让你和一个有经验的经纪人具备同样的专业知识，以同样的速度、规模、可用性和软件成本，让任何一个房屋卖家都能在瞬间得到他们房产价值的估值。数据可用性和业务价值的结合是基于人工智能的创新圣杯。我们已经确定了一个明确的价值主张，并以正确的数据类型为后盾。

2.2.2 为FutureHouse赋予人工智能

本书的目标之一是让你学会如何与数据科学家和工程师交谈，因此这段是你熟悉行话和技术细节的地方。在构思过程的现阶段，我们决定建立一个自动房价预测引擎。我们相信，这将有助于优化内部流程，为客户提供价值，因为客户可以直接在网上获得房子的报价。我们也有该地区的交易记录，包括房屋的一些重要特征(例如面积和销售价格)。如果你把这些都告诉了一位工程师，下面是一段假设的对话(关键字用斜体突出显示)：

你：我们想在房地产售卖网站上增加一个自动价格预测器。你能帮我们吗？

工程师：很好，这是机器学习的一个标准问题。我很有信心，有一些著名的*机器学习算法*可以产生好的*模型*。我们有什么投入？

你：我们和经纪人谈过了，他们通常会考虑占地面积、卫生间数量、到公共交通站点的距离等。这是一份完整的清单。

工程师：当然，*特征*列表似乎是个好的开始。那你需要从模型中找到什么目标呢？只是预期的*房价*？

你：对，这就是我们所需要的。这个价格将帮助我们在网站上免费提供实时报价。

工程师：很棒。你有什么可用的数据？

你：我们有过去十年该地区所有房屋交易的记录。

工程师：太好了！这些记录是否包含了你之前提到的所有功能？

你：是的，大部分都包含。我们当然有面积之类的特征，但你可能需要考虑公共交通工具这样的特征。

工程师：好的，我可以用它。你们也有标签吗？

你：是的，这些记录包括每套房产的最终售价。

工程师：太棒了。我们说了多少个*例子*？

你：过去五年我们有大约 20 万笔交易。

工程师：太棒了！那就足够*训练模型*了。

让我们回顾一下，重新表述一下刚刚经历的事情。首先，工程师把项目称为机器学习问题。像机器学习这样的领域中，"问题"(problem)这个词并没有否定的含义，用来指有特定目标和已知条件的定义明确的任务。这个项目的目标是建立一个模型：一个自动化计算机程序，可估计特定区域的财产价值。即使它的内部运行无限复杂，一个模型就像一个袖珍计算器：它有一组输入，通过机器学习算法进行处理，然后产生我们关心的目标。很多人还喜欢说模型预测了目标，或者做出了预测(例如，你经常会读到关于模型预测质量的文章)。在示例中，输入的是描述每套房的一组特征：面积、房间数量等。

工程师还询问了示例的数量，也就是说我们记录的过去销售的房屋数量。当我们讨论某个特定示例(房)的输出期望值时，通常称之为标签，就像我们用正确的输出值标记每个示例一样。用 Excel 表格(见图 2-2)很容易将其可视化。

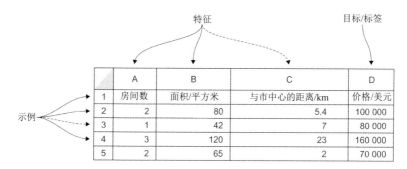

图 2-2 具有几个示例特征和标签的 Excel 表

我们的机器学习工程师要求提供历史数据，因为他们必须指导计算机进行训练。

就像一个有经验的房地产经纪人可以根据他们过去出售房屋的经验来猜测新房价格一样，机器学习算法也可在训练阶段学习如何根据过去的示例预测房价。在初始阶段，工程师编写代码，为模型提供数千个示例。每个示例都包含了特征(要学习的房屋特征)和它们对应的标签(销售价格)，因此算法可以从这些过去的经验中学习。一旦训练结束，我们就有一个独立的计算机程序(模型)，它包含了房价预测的所有能力。因为模型现在嵌入了包含在训练数据集中的知识，我们可以开始独立于训练数据使用它。

任何时候，我们想评估一个新房子时，可以把它的特点提供给模型，并得到它在市场上可能的价格。第二步是推理，使模型对企业有用，因为它正对在平台上市的新房进行估计。一旦这个模型被训练出来，我们就可以要求工程师把它插入 FutureHouse 网站上，在客户进来的时候开始回答他们的问题。

如果训练和推理之间的界线对你来说还是有点模糊，这很正常。毕竟，人类在生活中同时接受新知识的训练和对过去信念的推断：房地产经纪人从职业生涯开始就一直在评估房产，并从每一套同时出售的房产中学习。重要的是,你要意识到这是机器学习世界中两个截然不同的步骤。一旦数据集准备好了,训练只不过是在数据和工程师可能决定测试的不同模型之间进行机械性衔接。当我们可以利用过去的经验做出新的预测时,真正的价值就在推理过程中产生了。训练和推理之间的区别在图 2-3 中用图形表示。

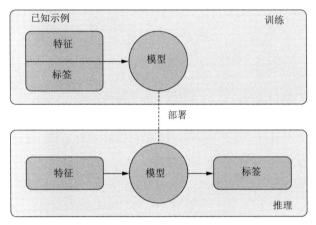

图 2-3　机器学习的两个阶段:训练和推理

截至目前,我们已经设法用一般性术语重新表述了房地产价格预测问题,这将在我们解决其他问题时派上用场。我们要求工程师建立一个模型,可以将输入(又称特征)映射到目标值(房屋价格)。我们还将以一长串示例(过去的销售额)的形式提交一些数据,每个例子都有一些特征(平方米和其他数字)和标签(销售价格)。我们希望该模型能够预测即将上市的新房价格,并以与我们提供的例子一致的方式进行预测。也就是说,我们预计该模型将为纽约翠贝卡社区的一套新的两居室公寓定价,与去年在附近出售的其他两居室类似。

到目前为止,已经介绍了很多抽象概念,回顾一下:
- 机器学习算法——一种使计算机从数据中学习的技术。
- 特征——算法可以学习的对象的一组特征。

- 标签——我们希望算法预测的输出或目标。
- 训练——为机器学习算法输入过去的例子以从中学习的阶段。
- 模型——训练阶段的输出是一套独立的计算机程序,给定一组特征便可预测标签。
- 推理——在推理阶段使用新的示例。

所有这些抽象概念的卓越之处在于,现在可将它们应用于其他问题。例如,假设要预测二手车的价格而不是房屋价格。你能想到会使用什么特征吗？汽车型号和里程数可能是很好的猜测,保养历史也是。但你可以扩展更多:想想政府对低污染汽车的补贴,在谷歌搜索这些车型的数量,等等。通俗来讲,所有我们想根据所掌握的一组信息来预测一个值的问题都是监督学习示例。

监督学习是机器学习中应用最广泛的领域。到目前为止,有一个示例属于这个子集:它使用一组技术,使机器能学习一组称为特征的信息和一个称为标签的目标值之间的映射。监督学习和一般机器学习的优点在于,无论多么复杂,计算机都会自动找到这个公式。一个成功模型将做出与标签一致的预测,从而将嵌入数据集中的经验转移到新案例中。图 2-4 显示了特征和标签在监督学习应用程序中如何交互。

图 2-4　监督学习的核心概念:找到一组特征和一个标签之间的映射

现在,你已经了解了监督学习背后的基本概念。如你所见,这不是多么高深的事情,很容易掌握。其复杂性在于内部运作:机器学习算法是计算机学习的引擎。本书不会深入研究这些算法,除非我们认为它对你来说是有趣和有用的。有了如今的工具和服务,相信你可以为企业创造价值，只要知道足够的知识就可以开发出人工智能产品或服务，并在需要的时候把球传给机器学习工程师。现在你开始知道如何做到这样了，庆祝一下吧！

即使前面的概念看起来很简单，也不要低估你新发现的知识：那些使用你刚学到的简单技术的公司已创造了数十亿美元的价值。那么，机器学习为什么如此强大？这是下一节要介绍的内容。

2.2.3 机器学习的优势

在上一节中，我们与一位假想的工程师进行了愉快的交谈，然后分道扬镳，因为我们知道他们将根据房屋的一些特征(如建筑面积)建立一个预测房价的模型。暂且不讨论价格预测问题，想象一下，我们需要一个计算器来计算买家必须支付的房产税。如果真是这样的话，我们和工程师的谈话就会短得多：

你：我们想在网站上增加一个房产税计算器。你能帮忙吗？
工程师：很棒。税法中的相关部分是什么？
你：你可参考 4123 和 564b。
工程师：太好了，这就是我所需要的。

构建价格预测器和税务计算器的主要区别在于后者由已经以数学形式表达的精确规则控制。即使是最初级的会计师也可以应用数学公式来确定财产税，并将其应用于新的财产中，并不需要多少经验。物理学也是如此：自从牛顿在 17 世纪发现力学定律以来，我们就能预测物体的运动，并制造火箭把人送上月球。任何时候遇到这样的情况，数学和传统的计算机科学都会做得很好：只要把规则和公式转换成计算机代码，结果 100%准确。

价格预测的例子就不一样了：房屋特征与销售价格之前的关系模糊不清，并没有在任何规则手册中有所说明。即使是最有经验的房产经纪人也不可能写下对计算机友好的属性评估规则，程序员也不可能将它们转换成软件。

在过去的一个世纪里，人类利用计算机实现了惊人的目标，甚至可以把火箭发射到太空，每天安排数十亿次的金融交易。然而，最先进的机器人仍然不能像6岁小孩那样安全地过马路。

事实上，计算机科学长期以来一直被困在许多重要问题上，因为它们太复杂，无法通过分析来理解。把诗歌翻译成外语、驾驶汽车或接听电话，这些都是人类通过经验而不是按照指令来完成的任务。机器学习最终使计算机也能做到这一点，完全避开数学规则，从而使整个新的应用领域成为可能。

最基本的见解是，我们可以用经验来弥补规则和数学关系的不足。也就是说，该模型是通过从过去的例子中学习相关信息来开发的。这与传统编程不同，在传统编程中，模型由一个人开发，并费力地编码到计算机中(即编程)。

图2-5代表了这一基本区别。机器学习的核心思想是利用数据中的特征和标签，让计算机自主地学习它们之间的关系。存储了这些信息后，模型的目标是在未看到的示例(新房)上复制相同的关系，预测一个标签(房价)，给定一组特征(房屋特征)。一般的概念和人类通常所做的没有什么不同：只要给孩子们讲几次成年马和小马之间的区别，孩子就可以"理解"并将差异内化。

与传统的软件工程相比，机器学习有两个优势。我们已经讨论了第一类问题，这类问题是无法用计算机以任何其他方式解决的。使用机器学习的第二个原因在于软件是静态的：即使工程师可以想出复杂的逻辑规则，但在产品出厂后这些规则将无法改变。使用机器学习，添加新的训练数据既可以提高性能，又可以应对全新的情况，而不需要额外的工程工作。例如，随着一批新公寓的销售，可以简单地用新数据重复训练，预测也会随之调整。

传统编程——已知规则和关系的问题

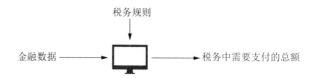

机器学习——不能用分析方法解释但可以从经验中学习的问题

图 2-5 传统编程和机器学习方法的区别

在过去十年里,这两个优势一直是机器学习创造价值的关键。既然你已经了解了,那么让我们看看其他可以应用的案例,以及公司靠它们发财的真实例子。

2.2.4 将人工智能应用于通用核心业务数据

你可能会猜到人工智能不仅可以应用于房地产行业,还可以应用于其他无数领域。本节将通过概括本章介绍的基本工具来帮助你拓宽视野。

如前所述,价格预测算法属于机器学习的一个分支——监督学习。监督学习算法显然不局限于发现房屋特征和其售价之间的关系。这些算法的优点在于它们是通用的学习机器,可以适应几乎任何特征影响标签值的现象。

切换标签是欣赏监督学习算法灵活性的最直接方法。假设将当前的标签(销售价格)替换为房屋出售所需的时间。这一指标同样容易从历史记录中获得,并且对客户和经纪人非常有用,以便他们能够衡量对房屋的需求并采取相应的行动。大型豪华住宅的销售速度比两居室公寓慢，这似乎是合理的。即使使用不同的标签，我们也可以重复使用为价格预测确定的同一组功能，最终得到一个新算法，该算法将预测找到买家所需的时间，而不是预测房屋的最佳价格。

如果每次打开一个 Excel 电子表格，你都能从机器学习问题的潜在特征和标签的角度来观察列，就会为你打开一个充满机会的世界。例如，如果你在银行工作，并且习惯于查看包含客户数据的 Excel 表格，那么你现在可能会看到如何将这些数据用作特征和标签。众所周知，银行在发放贷款之前，通过收入、年龄和婚姻状况等特征，使用监督学习来预测客户的信用风险。如果你在维修公司工作，并且有一些设备故障数据，不应该惊讶于有些公司可通过使用诸如设备使用年限和自上次大修以来经过的时间等特征来预测设备在新的一个月内发生故障的可能性。现在你已经掌握了理解和表述这些问题所需的全部知识，本章末尾会通过案例研究使你获得更多的实践机会。

后续章节将从两个主要方面展开这项技术：查看模型的输入或输出。说到输入，会介绍将图像或文本作为输入的人工智能技术，大大扩展可解决的问题类型。输出将讨论一系列模型，这些模型不仅预测与训练数据匹配的标签，还可做其他有用的事情，例如将相似的项目组合在一起，或者帮助客户找到感兴趣的内容。

现在要结束本章技术部分的介绍了，让我们回顾一下最重要的概念。你已经了解到，机器学习的魔力在于，将对复杂过程(如房地产市场)的分析理解替换为从数据点自动学习的模型。只要实例能够很好地反映系统的行为，就可以利用模型中嵌入的知识来预测未知事件(如新房上市)。如你所见，在定义业务远景和确定数据方面，我们必须事先做一些工作。然后我们准备请工程师训练模型。经过训练，得到了一个完整模型，可用来进行推理，最终得到业务价值。

虽然本章和第I部分的其他章节都集中在你可以用人工智能做些什么，但第II部分将有更多关于如何使它成为现实的内容。现在是时候回到这两个案例研究上了。

2.3 案例研究

本节介绍了两个案例研究,这两家公司致力于两个截然不同的人工智能应用,但有许多共同点:它们都使用核心业务数据和监督学习获得了难以置信的竞争优势。

第一个示例来自谷歌,它利用数据中心能源消耗的核心业务数据削减了 40% 的能源支出。第二个示例来自 Square,它利用客户 POS 交易的核心业务数据,赢得了小企业贷款的商机。

2.3.1 谷歌如何利用人工智能削减能源开支

Jim Gao 是谷歌的一名工程师。2014 年,他负责使这家科技巨头的数据中心(DC)的大型空调系统尽可能平稳高效地运行。Gao 具有机械工程专业背景,一直在遵循能源行业的最佳实践,并取得了巨大成果。在最常用的节能措施实施后,谷歌数据中心的性能开始趋于平稳,这暴露了传统节能方法的局限性。显然需要一种新的方法。Gao 决定走一条不败之路,利用谷歌 20% 的政策,这项政策允许员工将 20% 的时间花在他们认为对谷歌最有利的事情上。作为一名数据中心工程师,他非常了解数据中心部署的传感器,以及从这些传感器中收集到的用于运营的大规模数据。Gao 决定研究机器学习,并尝试建立模型来预测和改善数据中心的性能。

1. 数据中心能耗问题

数据中心是一座容纳网络服务器的建筑物。以谷歌为例,这些机器为搜索和地图查询提供服务,存储照片和文档,并执行谷歌为用户提供服务所需的其他任务。

能耗占据了数据中心的主要成本，因为数据中心部署了大量耗电的计算机。在衡量直流电的能耗时，高成本并不是唯一要考虑的因素；环境影响也很重要。如今，分布式控制系统消耗了全球 2%的电力；随着网络服务需求的增加，这个数字必然会增加。操作团队不可能轻易地优化用于驱动计算机的能源量，因为这取决于计算工作量和芯片的效率。因此，数据中心工程师努力减少所有额外的消耗。

数据中心的效率通常是通过跟踪一个称为"电源使用效率(PUE)"的指标来衡量的。该指标反映的是，除了制造数据中心的实际计算机外，其他任何设备都使用了多少能源：

$$PUE = \frac{数据中心总能耗}{IT 设备总耗能}$$

一个完美的数据中心 PUE 值是 1：所有能源都用来驱动计算机。PUE 越高，其他系统的能耗就越多，其中冷却是最重要的。例如，PUE 为 1.5 意味着每消耗 1 千瓦时(kW·h)的电能，就需要额外 0.5 千瓦时的能源来冷却和满足其他次要需求。

谷歌一直是 PUE 效率的领导者。根据 Uptime Institute 2018 年对 900 家直流电运营商的调查，该行业的平均 PUE 为 1.58。谷歌不断改进其 PUE，直到 2013 年达到 1.12。其实，此值直到 2017 年才有所改善。

2. 提高数据中心效率的机器学习方法

Gao 意识到，进一步降低 PUE 的一个障碍是，使用传统的工程方法在不同的情况下正确预测它是极其复杂的，因为各种因素之间存在复杂的相互作用(例如，风可以帮助电厂冷却，减少人工冷却的需要)。另一方面，由于部署了数千个传感器，收集了数百万个数据点，他非常清楚团队在日常操作中收集的大量数据集。

Gao 预见到利用这些数据来训练一个能够克服传统热力学局限性的机器学习模型的潜力。第一种方法是建立一个简单的神经网络(一种用于建立监督学习模型的经典算法)，该网络被训练成预测 PUE，给出一系列

影响它的特征。Gao 共使用了 19 个特征,下面列出其中几个:
- IT 服务器负载总量
- 运行的过程水泵总数
- 平均冷却塔出水温度设定值
- 冷水机组运行总数
- 平均换热器渐近温度
- 室外空气湿球和干球温度
- 室外空气相对湿度、风速和风向

这个监督学习问题的标签是 PUE。如图 2-6 所示,为了训练模型,Gao 使用了 184 435 个 5 分钟分辨率的时间样本(大约两年的运行数据)。最终模型能够预测出 PUE 为 1.1 的 DC-PUE 在 0.004±0.0005 范围内,误差约为 0.4%。Gao 能使用开源编码框架快速构建第一个概念证明(Proof of Concept,PoC)模型。

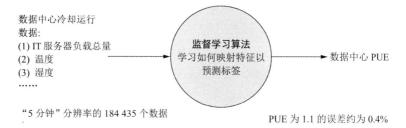

图 2-6　Gao 的机器学习模型

最终生成的模型用于三个主要应用:
- 自动性能警报和故障排除,比较任何给定条件下的实际与预测数据中心性能。
- 评估 PUE 对操作参数的敏感性。
- 在不进行物理更改的情况下运行具有不同配置的数字仿真。

Gao 的工作成果对公司产生了很大影响,谷歌数据中心副总裁乔·卡瓦(Joe Kava)公开认可这一成果,他在谷歌官方博客上描述了这项工作和成果。"我们通过机器学习获得了更好的数据中心"强调了 Gao 的模型如何识别数据中不可能被人发现的模式，从而生成一个能够以 99.6%的准确率预测 PUE 的模型。

Gao 和他的团队开始使用这个模型来提出提高效率的新方法。例如，当服务器脱机时，这会导致数据中心的性能下降。由于 Gao 的模型，谷歌数据中心的团队能对数据中心的行为进行模拟，并找到新的方法来控制性能损失，节省能源和金钱。

3. 机器学习在数据中心优化中的应用势头强劲

Gao 单枪匹马的工作引起了公司高层的关注。他被提升为领导一个由机器学习、软件、电气、机械、控制和操作工程师组成的跨职能团队，该团队开发端到端数据中心智能解决方案。

新团队的机器学习专业知识是由 DeepMind 带来的，DeepMind 是一家英国公司，专门研究尖端人工智能算法，2014 年被谷歌以 5 亿美元收购。额外的机器学习专业知识被证明是实现公司历史上从未有过的业绩的关键资产，将 PUE 的超额成本减少了 15%，并使能源支出总体减少了 40%。

即使 DeepMind 的模型比 Gao 的方法更复杂、更准确，并能够使谷歌削减 40%的能源支出，但 DeepMind 提出的建议仍然需要人来审查和实施。该项目的下一个合理步骤是将数据中心电源管理完全转移到人工智能解决方案中，让人类专家担任监督员。

DeepMind 的模型于 2017 年 8 月部署，已经实现了 10%的节能效果。当新模型运行时，它们产生了额外的数据，用于重新训练模型并进一步提高性能。一年内，节能率从 10%提高到 30%。

人工智能控制系统采用新颖的方式来管理冷却，以专家级数据中心操作人员意想不到的方式提供一流的性能。例如，谷歌数据中心运营商之一 Dan Fuenffinger 说，当人工智能系统能够自主地利用冬季条件并在较低温度下生产水，从而减少能源消耗时，他们对此感到惊讶。

4. 案例问题

(1) 提高数据中心的 PUE 是一个具有挑战性的问题，Gao 直观地认为机器学习可以解决这个问题。这个挑战的特点是什么使它很适合机器学习？

(2) 是什么关键因素让 Gao 自己建立了第一个 POC？

(3) 谷歌如何将一个工程师的主动性转化为整个公司的成功？

5. 案例讨论

谷歌的数据中心项目是一个典型的优化案例，机器学习非常适合这样的案例。它从我们对业务预测(PUE)感兴趣的 KPI 以及影响该指标的大量参数(温度、压力、负载等)开始。工程师们试图建立一个能将这些参数映射到 PUE 的模型，但是依赖于热力学的传统方法存在严重缺陷，使得它们无法在某个阈值上提供结果。

这就是机器学习业务问题：一组变量之间的复杂、未知的关系，这些变量影响一个具有直接业务影响的指标。Gao 就发现了这些特征，并意识到机器学习可能是击中要害的合适锤子。

一些因素使 Gao 得以成功。第一个是数据的可用性，没有这些数据，就不可能寻求机器学习解决方案。Gao 从工作经验中知道这个数据集的存在，并且由于公司的敏捷数据管理，他能够轻松地检索到开始进行实验所需的数据。稍后将更详细地讨论数据治理，但很明显，数据的可用性和访问对于开始这样的机器学习项目是至关重要的。请注意，这些数据多年来一直可用，但没有人看到它仅用于操作目的。

帮助 Gao 起步的另一个因素是开放源代码工具的可用性，这使他能够快速构建 POC。此后他获得了所需的关注和企业支持，从而将他的方法提升到一个新水平，从 DeepMind 引进了熟练的机器学习工程师，并在他第一次直觉的基础上进行了构建。

最后，这个项目的实施方式是一个很好的机器学习策略的完美案例。本书第II部分将更详细地讨论这个主题。但是请注意，这个项目并不是从一个宏大的任务和复杂的解决方案开始的。第一步很简单，只需要一个工程师用 20%的时间就可以完成，但也足以证明这种方法的潜力。第二步更复杂，实现更高的性能需要获得新知识，进行测试，获得动力，并进入下一步完全自动化的人工智能控制阶段。谷歌计划分步骤建设这个项目，每个项目都有明显的投资回报率(ROI)，在之前的基础上不断发展，直到达到最先进的性能，并对利润产生巨大影响。

综上所述，本案例研究主要有以下几点。
- 一个可能很适合机器学习的问题必须具有某些特征：
  - 存在一个重要的 KPI。
  - KPI 受一系列可测量参数的影响。
  - 这些参数通过复杂和未知的关系影响 KPI。
- 操作数据集可能具有巨大的隐藏价值。
- 开源技术可让小型工程师团队构建 POC，为业务带来切实的结果，并证明这个概念可扩展和进一步改进。
- 在构建机器学习项目时，从小处着手总是一个好主意，明确能给业务带来直接影响的最小任务，以便为更复杂的项目打下基础。

2.3.2　Square 如何利用人工智能向小企业贷款数十亿美元

本案例研究是关于一家金融科技初创企业如何通过向传统上服务不足的小企业提供贷款来挑战大银行。利用零售交易数据集上的机器学习，Square Capital 可以在企业提出要求之前，主动向企业提供小额贷款。Square 的拖欠率是行业平均水平的一半。

1. Square 和 Square Capital

Square 是一家专注于小型企业需求的金融服务公司。由 Twitter 创始人杰克·多尔西(Jack Dorsey)于 2009 年创立，并于 2015 年上市。Square

的总部位于旧金山，2019 年市值 260 亿美元，员工 2300 人。Square 的第一款产品是一款直接插入智能手机的信用卡阅读器，允许小型零售商和专业人士接受信用卡支付。阅读器的硬件是免费分发的，不需要每月订阅，这在小型零售商中打响了 Square 的名声。该硬件的标志性设计和稳定的推荐流也有助于扩大 Square 的声誉(目前国际化扩张有限)。

Square 在运营的最初几年里，专注于营业额不到 12.5 万美元的小型企业；这些企业受到银行和传统支付处理方式的严重影响。Square 的低收费和易用网站帮助企业家们进入一个正在成长的完整金融生态系统。在上市前的几年里，Square 通过推出点对点支付应用程序、客户关系管理和营销平台以及面向大型商户的销售点硬件来完善其服务。

2014 年，Square 推出了其金融生态系统的另一个组成部分——Square Capital。随着小企业的扩张，经常会出现现金流问题，而这些问题可以通过增加营运资金来缓解。然而，传统银行往往对这些客户的需求不敏感，因为小额贷款并不能证明营销和处理贷款所涉及的间接费用是合理的。Square Capital 利用其销售点交易数据主动向客户提供小额贷款。对于客户来说，这种体验是无缝衔接的，因为他们可以直接从生态系统中其他服务使用的同一管理网站接受和管理贷款。贷款没有具体的还款时间表：资金是从 Square 处理的信用卡交易中自动扣款的。流畅体验和现有客户群的结合，使得 Square Capital 迅速扩张；仅 2014 年至 2018 年，就有 20 万名商户通过该平台借款超过 31 亿美元。

几十年来，信贷风险模型一直是金融行业的重要组成部分，Square 可以获得更广泛的数据集，包括每个个体购买的季节和时间。这使得 Square 能够构建模型，对每个业务的现金流状况有很好的可见性，并适当地确定所提供贷款的规模。直接的还款方式使得贷款违约率降至 4%，是行业平均水平的一半。

2. 批评与竞争

从金融角度看，Square Capital 提供贷款并不是什么新鲜事。自古以来，贷款机构一直在提供商业预付款(Merchant Cash Advances，MCA)，以满足企业的短期现金需求。与没有规定期限的 MCA 相比，Square Capital 贷款必须在 18 个月内偿还。这使得 Square 有可能将贷款转嫁给更广泛的金融机构,这些机构在没有已知还款日期的情况下很难与 MCA 打交道。Square 只作为贷款的发起者而不是放款人，维持着与其他科技公司相当有吸引力的资产负债表。

虽然大多数金融机构使用机器学习来评估信贷风险，但目前像 Square 这样的金融科技公司也因在信贷申请过程中取消了太多人为监督而受到批评。例如，P2P 借贷初创公司 Prosper 在 2015 年就受到审查，因为它向加州圣贝纳迪诺枪击案的恐怖分子提供了 2.5 万美元，导致 24 人死亡。

科技能够通过机器学习来颠覆和扩大传统银行业务，这令人感到兴奋，但一些情况并不乐观。例如，正是那些在 Square Capital 贷款方面享有快速周转时间的小企业，当他们的贷款申请最终被拒绝时，也会对认为存在的不公平和缺乏透明度表示不满。由于 Square 没有公布有关风险评估模型的任何细节，一些商家只能对算法决策进行逆向工程。从技术角度看，这与模型的准确性(用真/假阳性表示)和偏差有关。

由于与 Square 生态系统的整合，与传统银行和 MCA 相比，Square Capital 可以提供有吸引力的特征，传统银行和 MCA 都无法直接访问商家的交易流。然而，像 PayPal Working Capital 这样的服务也可以访问这些数据源，这使得 Square Capital 更难脱颖而出。对小企业主进行的调查表明，他们通常是根据被批准的可能性(而不是根据贷款金额或条款)来选择贷款机构。这意味着 Square Capital 可能不得不专注于用户体验和与生态系统其他部分的整合，而不是优化风险评估模型。

3. 案例问题

(1) 信用风险是机器学习的一个很好的应用。你认为 Square 在过去和现在的竞争中做得怎么样？

(2) 你能从机器学习和监管机构(在这种情况下是银行)之间的互动中吸取什么教训？

(3) 你能制定一个策略来收集这个应用程序的训练数据吗？如何衡量结果模型的性能？

4. 案例讨论

Square Capital 十分成功，将基于人工智能的业务模型整合到现有的服务生态系统中。此外，该案例还探讨了将基于机器学习的特征引入严格监管的行业(如银行业)的问题。

Square 的核心产品历来是小型企业的销售点系统。它的优势在于设计、用户体验和客户服务，而非尖端技术。实际上，数据是 Square 的业务核心，因为欺诈检测和预防是任何金融服务公司的基础。这表明，一旦企业围绕数据建立了强大的文化(包括收集、存储和向员工提供数据)，就很自然地引入基于数据的新产品。如果有一个设计良好的数据基础设施，信用风险模型可集成到同一个平台中，该平台一直在搜索实时交易信息，以防欺诈，从而为核心技术的投资增加价值。

从用户体验的角度看，Square Capital 是一个很好的例子，它将基于人工智能的功能无缝引入现有平台，对最终用户来说完全透明和自然。基于商家对 Square 的信任，Square Capital 的产品低调且适合其受众。没有必要吹嘘"基于人工智能的风险评估"或模糊的技术优先营销。剩下的就是专注于用户体验。

谈到企业融资，很有趣的是，Square 通过使用机器学习进行信用风险评估所获得的灵活性，使其能尝试新的商业模式。提供定期贷款，而不是传统的 MCA，使 Square 能够专注于其核心使命，而不是自己承担贷款。这使 Square 能够创造爆炸性增长(每年约 50%)，利用自身优势，而不会给资产负债表带来额外风险。

这个例子的一个有趣元素是机器学习在特定角落的缺点。我们认为机器学习算法的自主学习是一种优势，但有时我们很难在做决定时窥探算法所遵循的逻辑。如果一个小企业的贷款申请被机器学习算法拒绝，解释原因会很难或不可能。最后一章将对机器学习的这一方面进行详细介绍。

Square 从一个优势地位起步，它的商业模式使公司能够收集所有客户的核心业务数据——其交易历史。这种数据资产是 Square Capital 的支柱。请注意，Square 收集这些数据是为了提供标准的 POS 服务而自然收集的，后来 Square Capital 推出后，这些数据成为一项不可思议的资产。

2.3.3 案例研究课程

谷歌和 Square 都开发了人工智能应用程序，这使它们在核心竞争力上脱颖而出，在竞争中占据很大优势。谷歌使用人工智能来降低成本和改善运营，而 Square 则利用人工智能来推出一项全新服务。基本原理是一样的：Square 和谷歌都在核心业务数据上使用人工智能，从大多数其他公司眼中的沉没成本中创造巨大价值。

请注意，谷歌和 Square 都使用了最初没有考虑到人工智能的数据。以谷歌为例，通常的做法是存储数据中心空调设备的运行数据，主要用于报告和监控系统是否按预期运行。Jim Gao 使用机器学习提高系统性能的想法很新颖，显示了一位谷歌工程师的非凡直觉。

Square 也是如此，它收集客户交易数据，以便提供销售分析等服务，但提供贷款并不是收集这些数据的最初原因。Square 一开始甚至没有提供商业贷款服务；该服务是全新的，由机器学习和拥有的丰富数据集实现。这使得 Square 能进入一个服务完全不充分的新市场，因为传统银行没有资源来评估小企业的贷款资格。

从这两个案例中应该记住的另一个方面是，这两个案例都使用了监督学习方法。谷歌学会了根据其运行参数预测冷却室的 PUE，Square 根据其交易历史确定小型企业的合格性。在问题设置方面的相似性如图 2-7 所示。在谷歌的例子中，监督学习对于克服传统能效方案的局限性特别有用。Square 的应用程序则使过程自动化,这样的过程如果由人类来完成将非常耗时。

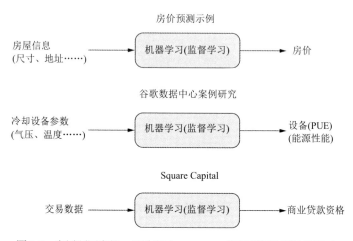

图 2-7　房屋预测实例、谷歌和 Square Capital 案例研究使用监督学习

2.4　评估性能和风险

现在是时候和 FutureHouse 的领导开会了,坐下来谈谈我们所交付项目的风险和担忧。我们已经为资产值预测算法确定了一个很好的商业案例,收集了正确的数据,并进行构建。现在,只需要按下红色按钮,使该功能出现在网站上供用户使用。你马上就要开始了,办公室里的每个人都在看着你。你的手心和额头沁出汗珠。你放手一搏,按下按钮,闭上眼睛,希望算法能奏效。然而,现实世界并非如此。在没有彻底测量其性能的情况下,部署模型是不负责任的。

机器学习是基于数据和统计的,因此它的预测可能永远不会 100% 准确。但我们确实希望预测对企业有价值,同时尊重所有安全和道德标准。我们构建的整个系统必须能够容忍这个误差范围,这与我们首先使用机器学习的原因相同:其中一些问题非常复杂,没有多少数据可将它们全部捕获。在生死关头使用机器学习的公司(如自动驾驶汽车)必须比营销人员使用机器学习优化客户信息更加谨慎和保守。值得庆幸的是,我们在本书中讨论的所有应用程序都属于后一类。

评估模型的性能有两个主要方面。思考这些问题的一个好方法可能与管理文献所类似:"已知的未知数(known unknowns)"和"未知的未知数(unknown unknowns)"。

主要的"已知的未知数"是"准确性",即衡量模型在匹配特征与标签方面的能力。在房价预测问题中,这意味着房屋出售后,预测价格与实际价格的接近程度。对于监督学习问题,有一个聪明的方法来衡量模型的准确性。工程师通常将训练数据随机分成两部分(如70%和30%的数据),如图2-8所示。只在第I部分训练模型,并使用第II部分作为测试集来模拟模型在未知数据上运行的真实场景。因为测试集也是初始数据集的一部分,所以我们有它的标签。因此,我们可将预测标签与实际标签进行比较,并在与真实世界相当匹配的情况下测量模型的准确性。留出一个测试集是很重要的,因为对用于训练的数据进行测试有点像学生参加考试,上面有他们已经看到答案的问题。在房价预测的情况下,你可以想象在每个街区选择一个或两个住宅,从用于训练的数据集中删除它们,然后将它们添加到测试集中。这将使我们对模型的性能有很好的了解。

图2-8 可用数据分为训练集和测试集。第一个用于使模型学习,第二个用于在未知数据上测试模型,模拟实际应用

谈到人工智能在企业中的应用,准确性并不是衡量成功的标准。一个不准确的模型应用于正确的问题可能比一个非常精确的模型解决一个

无关紧要的问题对业务更有价值。我们需要记住的是统计学家乔治·鲍克斯(George Box)提出的黄金法则：

> 所有模型都是错误的，但有些是有用的。

如果准确度是衡量已知未知量的一个好指标，那么(更可怕的)未知的未知数呢？在这些情况下，模型给出一个完全不正确或不合理的答案。通常情况下，这是因为训练数据不完整，我们试图在训练中从未见过的情况下(一组特征的组合)预测目标。即使在看不见的情况下进行推理是使用机器学习的全部要点，完全不可预测的查询仍然可以摆脱模型。例如，不正确的数据输入可能导致模型在训练数据集中根本没有这样的豪宅存在的情况下，试图猜测一个有50个卫生间的房子的价格。在此情况下，大多数模型族不会发出危险信号，因此工程师必须对输入和输出执行一些正常检查，以确保安全。

另一个重要的风险因素围绕着机器学习的核心，这个核心使机器学习非常棒：目标和特征映射之间的自动提取。这是一种强大的能力，但也意味着工程师们不容易理解，在给定一组特征的情况下，模型为什么会做出特定的预测。这就是为什么机器学习经常被称为黑匣子：你知道输入是什么(特征)，输出是什么(目标)，但很难理解为什么模型选择了这种输出。虽然有些模型族比其他族好，但事实是，这也是大规模使用人工智能最令人担忧的相关方面之一。不必担心，本书第II部分有大量的内容来讨论这个问题。

本章介绍了很多内容。我们通过设计一个面向客户的人工智能特征(一个虚构的房地产经纪公司的房产价值预测)介绍了监督学习的主要概念。你了解了数据的价值以及如何使用数据构建机器学习模型。案例研究帮助你将这些知识应用于行业情况，因此你将开始在自己的企业中发现类似的机遇。

最后介绍一个有趣的事实。Zillow 是美国领先的在线房地产市场。对 Zillow 来说，预测资产值非常重要，而机器学习是一个显而易见的解决方案，因此 Zillow 举办了一场最佳算法的竞赛，奖金为一百万美元。

2.5 本章小结

- 核心业务数据与企业的价值生成引擎联系最紧密。因此，它也是代表人工智能的最高影响潜力。
- 监督学习是一个机器学习算法族，基于足够的示例，监督学习能使计算机学习如何映射输入(特征)和输出(标签)。
- 机器学习可解决许多传统软件工程无法解决的难题，因为它基于历史数据而不是依靠数学理解。
- 基于机器学习的模型永远不可能 100%准确,但其数值指标(如准确度)有助于跟踪性能。

第3章

将人工智能应用于营销

本章内容包含：
- 确定哪些客户最有可能放弃某项服务(客户流失)
- 面向最有兴趣购买更多产品的客户(追加销售)
- 无监督学习在数据驱动客户细分中的应用
- 案例研究：在电网数据和挖掘零售分析中应用人工智能

第 2 章探讨了结构化数据在各种商业应用程序中的作用。销售和市场营销有时也可归入核心业务数据的类别中，但这些数据很重要并且很独特，因此需要进行单独的介绍。本章将介绍各种营销问题，并探讨如何使用人工智能和数据科学来加强和改善企业与客户之间的关系。

3.1 为什么要用人工智能进行销售和营销？

营销人员的主要目标之一是找到在适当时间向正确的客户提供正确产品的最佳方式。即使营销数额可达数十亿美元，营销人员也面临各种限制。主要问题是缺乏数据。当世界不像现在这样联系在一起的时候，唯一能让人回答问题的方法就是与之交流。互联网在很大程度上解决了这个问题；现在比以往任何时候都更容易接触到大量受众，让受众得到各种信息，并衡量他们的反应。硬币的另一面是，最终得到的数据很容易变得非常庞大和精细，因此人类无法从中理解和提取洞察。

从本章开始，你将了解人工智能为什么会改变一切。每个营销人员都知道，并不是所有客户都是一样的，当使用个性化信息时，反馈是最好的。一种常见的市场营销策略是根据人口统计或类似的方面将客户分成若干类。一个简单的细分市场可以是"25 到 30 岁之间，每年娱乐消费超过 1000 美元的富有女性"。营销人员可以想出一个定制的信息来联系这类人，这与其他细分市场的做法不同。虽然这种技术和市场一样古老，但它确实是人工智能出现之前我们能运用的最好的技术。

这种方法的问题是无论你的划分有多么具体(营销人员称为"微分段")，你总以一种情况来结束：即使两个顾客根本不同，仅仅因为他们属于同一类，得到的待遇也完全一样。人类大脑能够管理的类别数量是有限的。想想看，你的朋友中有多少人在纸面上与你有相似的特征(相同的年龄、居住区域和受教育程度)，但偏好却完全不同。

如图 3-1 所示，传统的市场细分方法不能以 Marc 为目标，而是以"居住在大城市里 25~25 岁的男性"为目标。人工智能改变了游戏规则，因为它可以处理更多信息。有了人工智能，你可以实现大规模的个性化，从人们的具体行为和特征中了解他们，并针对他们真正的个性，而不是针对他们买的什么皮包。

这种细粒度个性化的能力对企业意味着什么？好吧，专门从事人工智能营销的公司可以展示一些令人瞠目结舌的指标，这将是每个营销人员的梦想。美国专门从事人工智能驱动营销的公司 Amplero 就是其中之一。以下是 Amplero 在其营销材料中报告的一些结果：

- 它帮助一家主要的欧洲电信公司将前 30 天内每个用户的平均收入从 0.32%提高到 2.8%，几乎增长了 900%。

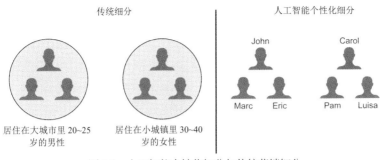

图 3-1 人工智能个性化细分与传统营销细分

- 它将北美五大移动运营商之一的客户购置成本(CAC)降低了 97% 以上,从每个客户 40 美元降低到仅 1 美元。
- 它设法在欧洲一家主要移动运营商取消计划的三周前,重新瞄准了最不开心的客户,为重新安排客户创造了更有意义的客户体验,并将保留率从 2% 提高到 10%。

这些数字并不是为了吹嘘某个特定营销公司的业绩。你会发现许多初创公司和大型企业也能取得这样的成果。如果在你的企业中达到这种绩效的想法让你起鸡皮疙瘩,你并不孤单。让我们看看这是如何做到的。

营销是一个非常复杂的功能,因此,我们将重点讨论三种适用于大多数企业的一般性问题,而不是列出所有可能的应用程序:

- 确定哪些客户可能会离开服务(客户流失)
- 确定哪些客户可能会购买新服务(追加销售)
- 识别相似的客户群(客户细分)

3.2 预测客户流失

最重要的营销指标之一是客户流失。客户流失是指客户在一段时间内离开企业的百分比。事先知道哪些顾客最不开心,最有可能在不久的将来放弃某项产品或服务,这难道不是很神奇吗?这正是人工智能帮助你解决客户流失问题的方式。利用机器学习和企业的数据资产，我们可以找到最有可能离开服务的客户，并向他们提供个性化信息，让他们再次参与进来。下面将展示流失预测器是如何运作的，让你有信心看到应用程序在企业中所发挥的作用。

在这个机器学习问题中，有两类客户：一类可能会流失，另一类则不会流失。因此，机器学习模型必须学会预测的标签是客户属于这一类别还是另一个类别(假设即将流失的客户属于类别1，其他客户属于类别0)。例如，一家电话公司可能会给所有退出电话计划的客户贴上"客户流失"的标签，而其他仍在计划中的客户则用"未流失"来标记。

既然我们已经定义了一个算法必须预测的标签，来看看可以使用什么特征。请记住，机器学习问题中的特征是模型用来分类的参数。这些特征可以是用户的特征(例如，人口统计)或用户与产品的交互(例如，上个月某个特定服务的使用次数)。

我们刚描述的是一个监督学习问题的形式：一个机器学习算法被要求根据历史数据学习一组特征(客户特征)和一个标签(流失/未流失)之间的映射。回顾一下解决问题的必要步骤，如图3-2所示。

(1) 从一个业务开始定义机器学习任务(确定可能离开服务的客户)。

(2) 明确标识一个标签：流失或未流失。

(3) 识别特征：影响客户流失可能性的客户要素。可以想出一些可能的例子，如果你必须自己做这项工作，你会留意以下信息。

- 年龄
- 客户使用该服务多久了
- 花在服务上的钱
- 过去两个月使用该服务的时间

(4) 收集流失和活跃客户的历史数据。

(5) 训练模型：机器学习模型将学习如何预测给定特征的标签。

(6) 执行推断：使用新数据的模型来确定哪些客户可能流失。

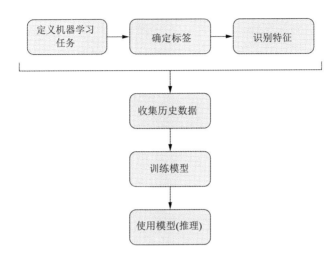

图 3-2 创建和使用机器学习模型的过程,从定义到使用

注意,必须通过查看过去的客户记录来追溯找到标签。先考虑最简单的情况。假设你有一个基于订阅的商业模式,如 Netflix 或 Spotify。订阅通常是自动续订的,因此客户必须采取积极措施取消订阅。如果是电信公司,则致电客服部门;如果是 Netflix 或 Spotify,则访问网站并关闭自动续订。在这些情况下,找到标签很容易;客户是否会留存就毫无疑问了,并且存在一个清晰的数据库表,可以准确地告诉你这是什么时候发生的。

其他业务模式更复杂。假设你是一家超市的营销经理,每次顾客来购物时,你都会用贵宾卡来跟踪他们。最有可能的是,找到更好超市的顾客不会给你打电话说:"顺便说一句,我只想告诉你,我不会再去你的超市购物了。"相反,这个人很可能不会再出现了,就这样!没有留下痕迹,没有取消订阅的列在数据库里留存,没有简单的标签。你还能找到一种方法给这类客户分配标签吗?当然可以。如图 3-3 所示,一种常见而简单的方法是查看购买模式,看看它们何时突然发生变化。假设每个星期天都有一个非常忠实的家庭来买食品杂货。然而,在上个月,你还没见过他们。你可能会认为他们已经决定不再来了,因此给他们贴上"流失"的标签。

一个月是合适的周期吗?没有额外的背景很难说,但幸运的是,这不是你的工作,可以把弄清楚它的任务留给数据科学家。重要的是,你要明白,无论是什么业务,如果你有回头客,并收集了他们互动的数据,那么很可能有一种方法来定义客户流失,并确定谁离开了,谁仍然活跃。

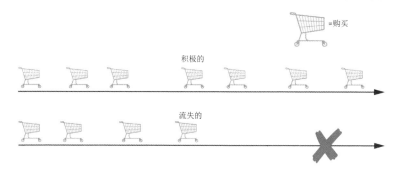

图 3-3　流失和活跃客户购买模式行为的图形表示

一旦你想出一些标签从流失的客户中区分出"快乐的客户",情况就会变得和我们以前看到的房价预测的例子相似。流失预测的训练数据可以很容易地从公司的客户关系管理系统(CRM)中提取出来。更具体地说,我们可以提取 18 个月以来的客户关系管理数据,然后标记过去 6 个月内客户是否流失。

图 3-3 显示积极的顾客购买行为与流失的顾客购买行为。

到目前为止,在为客户流失预测项目定义标签方面,你已经比大多数业务经理更加自信和高效。每一位数据科学家都会为此而感激,但如果你真的想帮助他们,就需要付出额外的努力,需要帮助他们选择特征。

如果这听起来像是一个技术细节,那么你就错过了一个让你的经验和领域知识焕发光彩的好机会。在机器学习问题中,请记住,特征是我们试图建模的影响其结果的现象的属性。假设你是一名营销专家,世界上没有人对相关特征有更好的见解,你的专业知识可以帮助数据科学团队走上通往成功的道路。

为了让你知道你的贡献会是什么样子，问问自己，"如果我必须得猜测一个客户流失的可能性，我会考虑哪些参数？"这可以为与工程师的谈话提供信息。

工程师：你知道是什么影响了客户流失吗？我需要想出一些相关的特征。

营销人员：当然，我们知道支付设置与客户流失高度相关。通常，有合同(而不是预付卡)的人不太可能放弃这项服务，因为他们有更多的绑定。事实上，当我们接近合同到期日时，客户开始关注竞争对手，这是另一个因素。

工程师：有意思。当然，我会在模型中使用一个表示"合同"或"预付款"的特征，另一个特征是合同到期的天数。还有别的吗？

营销人员：当然，我们知道年龄起着很大的作用。年轻的千禧一代总是更换公司，而老年人则更忠诚。另外，如果有人长期以来都是我们的客户，这也是一个很好的忠诚度指标。

工程师：很好，我们可以在客户关系管理系统中找到一个"注册后时长"和一个年龄功能。年龄是唯一有趣的人口统计学特征吗？

营销人员：我认为性别不是，我们从来没有注意到有任何影响。职业很重要，我们知道个体经营者不太愿意改变计划。

工程师：好的，我会再检查一下性别和客户流失是否有关系。关于职业，这是一个很好的暗示。谢谢！

类似于这样的谈话可以持续数天，你和工程师之间可以经常交谈。你将提供经验和领域知识，工程师将把它们转化为机器可读的东西。最终，工程师会带着一些从数据分析中得出的见解或问题，这些见解和问题需要你的帮助来解释。如你所见，这不是"书呆子"的个人练习，而是业务人员和"书呆子"之间的团队合作。

3.3 利用人工智能提高转化率和追加销售

上面展示了客户流失预测如何成为分类算法的强大应用程序。这种情况下，我们为客户标记的类是"流失"或"未流失"。在其他情况下，你可以使用与市场营销部门相关的类来标记客户，并使用机器学习算法进行预测。一个很自然的问题是客户是否会根据过去的销售情况购买服务。

假设你有一个经典的营销渠道：客户订阅了一个免费服务，最终，其中一部分人升级到高级服务。因此，你有两类客户：

- 转化——在试用免费版本后购买了高级服务的客户
- 没有转化——没有转化为继续使用免费服务的客户

网络公司最终可能会投资数百万美元，最大限度地增加能够使用付费产品的用户数量。这个指标对于那些拥有软件即服务(SaaS)业务模式的软件公司来说是神圣的：提供通过订阅购买服务的公司。根据转化率的不同，基于网络的订阅业务可以生存，也可以消亡。

尝试提高付费用户转化率的最天真的方法是通过营销活动(时事通讯、优惠措施、免费试用等)大规模地瞄准整个用户群。更老练的营销人员可能会考虑制定周密的策略来评估转化率，并更明智地投资营销预算。例如，我们可能认为，一个打开了新闻推送的用户，比从来没有打开任何推送的用户更有兴趣购买优质服务，并以Facebook广告为目标(你是否曾在访问网站或打开时事通讯后，在Facebook上收到垃圾邮件？)。

考虑到这个主题的重要性和它所带来的资金量，来看看是否可以使用机器学习通过转化可能性对用户进行分类，以优化营销成本并实现更好的结果。如果你看这个问题，你会发现它非常适合机器学习。你必须确定可以从免费服务升级到付费服务的用户。这是一个监督学习分类任务。你已经准备好了标签；假设购买付费服务的用户为1，没有购买付费服务的用户为 0。现在需要考虑使用哪些功能来训练分类器。记住，识别特征的一个良好出发点是问自己这样一个问题："如果我必须自己猜测转化率，我需要什么信息？"此信息可能包括以下内容：
- 免费产品的使用。记住这必须是一个实际数字，所以你必须想出一个有用的方法来描述它。如果你正在销售 Dropbox 这样的服务，可以用一系列参数来描述其用法。
  - 存储的文件数量
  - 用户从中登录的设备数(提示服务对用户的用处)
  - 每天/周/月的访问次数(表示用户的依赖性)
- 新闻稿开放率(用户对信息的兴趣度)
- 用户多久前订阅的
- 获取渠道(在朋友推荐后订阅的人可能比单击 Facebook 广告的人更有价值)

这些变量可能会根据你所拥有的业务类型而有所不同，但概念通常很简单，考虑哪些因素可以暗示转化率，然后将它们提供给机器学习算法。值得一提的是，一些企业拥有比其他企业更多的数据。例如，使用 Facebook 登录的互联网服务将能够了解所有用户的兴趣，可作为此类分类工具的功能。

假设你有转化客户和未转化客户的历史数据，你可以训练算法，以确定你选择的功能如何影响用户购买优质服务的可能性。一旦训练阶段完成，算法就可以将它从以前的客户那里学到的知识应用到现有客户身上，从最有可能转化到最不可能转化的顺序进行排序。正如上一章所介绍的，这个阶段称为推理(训练一个算法后对新数据进行预测)。图 3-4 说明了从过去客户的行为中学习并对新客户做出预测的过程。

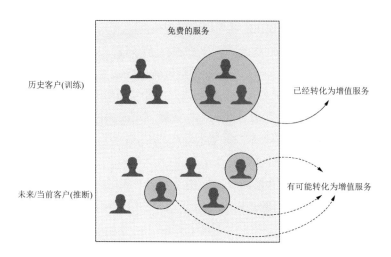

图3-4　为了提高转换率，使用过去购买过高级服务的客户的数据对机器学习算法进行训练。随后，该算法确定哪些客户最有可能这样做

请注意，我们将此方法应用于使用"免费增值"模式(免费服务和付费升级)的基于互联网的系统的情况，但它也可以应用于任何其他情况，即一组客户执行一个操作，另一组客户执行其他操作(或不执行任何操作)。这种情况很常见，我们鼓励你寻找这种情况，并考虑是否有空间为其构建机器学习分类器。

为了给你一些启发，下面是一些其他案例，可以在这些案例中应用此方法：

- 你有一个基本的产品和一些追加销售(附件或附加服务，这是电信公司常见的)。你可以用"已经升级销售了 X"或"未升级销售 X"来标记客户，并使用他们的基本产品使用情况来评估是否值得向客户建议追加销售。

- 你有一个简讯,想优化它的打开率。标签是"已经打开了简讯"或"未打开简讯"。你用于分类器的特征可能是发送电子邮件的时间(星期几、几点等)和一些与用户相关的功能,还可以是电子邮件的内容(例如,"资讯""新闻产品"或"白皮书")。
- 你有一个设有贵宾卡(跟踪哪个客户买了什么)的实体店。你可以开展营销(投放简讯或实体广告),基于什么将客户引流到商店、什么没有实现引流对客户进行分类。

如你所见,我们刚描述的方法非常灵活,可以用于很多问题,此类方法将用户分为两个独立的类,并构建一个能够识别这两个类的机器学习分类器。这种方法相当强大,不是吗?

3.4 执行自动化客户细分

本章提到了市场营销人员在开展市场营销活动的关键环节之一——客户细分。细分市场意味着将具有相似特征和行为的客户分成若干组。这一行为背后的核心思想是,同一群体中的客户将对相似的营销行为作出反应。例如,一家时装零售商很可能会从男性、女性、儿童、年轻人与专业人士的独立细分市场中获益。

细分市场多少是有针对性的,因此或多或少是有粒度的。下面有两个例子:
- 广泛的划分——20~25 岁年龄段的年轻男性。
- 高度具有针对性的划分——20~25 岁年龄段的年轻男性,在大学学习,生活在美国五大城市之一,对第一人称射击(first-person-shooter)游戏充满热情。

只要数据量有限,无论是从示例(客户数量)还是从特征看,许多营销人员都可以直观地在大脑中执行这种细分任务。这通常会产生像第一个这样的通用客户群体,考虑到这些群体之间存在的差异量,这可能受到限制。营销人员可以尝试定义一个更具体的细分市场,比如第二个细

分市场,但他们是如何想出这个细分市场的呢?以下是在典型的头脑风暴会议中可能提出的问题:
- 以 20~25 岁为标准好,还是用 20~28 岁标准好?
- 我们确定生活在大城市的大学生和住在小城市的大学生有本质区别吗?不能把他们都放在同一类别里吗?
- 男性和女性之间有本质区别吗?真的需要创建两个类别,还是说这只是陈词滥调?

有三种方法来回答这些问题:
- 凭直觉行事。我们不是在 20 世纪 80 年代,所以不需要那样做。
- 看看这些数据,用营销人员的直觉来解释。这比直觉要好,但营销人员可能会把他们的偏见投射到分析中,看看他们想看到什么。所以也要避免这种情况。
- 让人工智能自己提出客户细分,让营销人员在循环中利用创造力和背景知识。

方案 3 最有可能优于其他方案。来看看其原因和方法。

3.4.1 无监督学习(或聚类)

来看看刚刚描述的问题。
- 我们从以下方面着手:一个客户群,其中包含一系列特征要素(年龄、位置、兴趣等)。
- 我们想要的:可用一定数量的细分市场来划分客户。

可将这个问题想象为拥有一堆客户,并且需要将每个客户归入一个类别中,称为聚类(见图 3-5)。

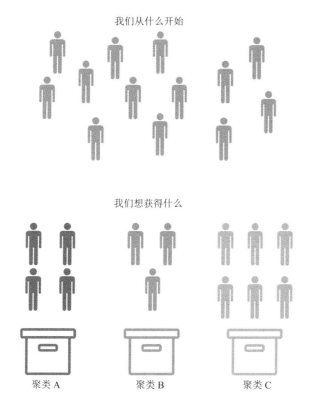

图3-5 聚类算法将一组统一的客户分为三类

我们将使用的客户特征与前几章中所述的特征相似,因此你可能认为我们正在处理相同的任务,并可使用已描述过的相同工具。但问题在于细节:因为我们事先不知道要定义的组,所以不知道该应用哪个标签。到目前为止,本书使用了机器学习的一个子集——监督学习。监督学习任务的典型方法如下。

(1) 我们有一组具有特定特征的客户数据。

(2) 这些客户也有一个标签:我们有兴趣预测的目标值(例如,客户是否流失)。

(3) 监督学习算法通过对客户数据的分析,学习特征与标签之间的一般映射关系。

新场景中缺少第 2 点，我们没有为每个用户附加标签。我们希望新算法能找到标签。因此，新任务如下。

- 和以前一样，我们有一批客户数据，这些客户具有特定的特征。
- 我们希望将客户划分为一定数量的细分(聚类)，比如说其中的三个。
- 我们运行某种机器学习算法，通过查看数据，确定可以得到的最佳聚类，并将用户划分为这些聚类。

这种新的机器学习算法称为聚类或无监督学习。无监督学习是机器学习的另一种形式，在这种学习中，算法被输入一组未标记的示例(只是一组参数)，并被要求将示例分成具有某些相似性的组。从这个意义上讲，无监督学习算法使用相似性的概念来克服先前定义的标签的不足，以一种自主的方式将它们输入的示例分成组。这是监督学习和无监督学习的核心区别；监督学习算法学习一组特征和标签之间的映射，而无监督算法只是基于具有一定相似性的聚类的标签和数据点分组，如图 3-6 所示。

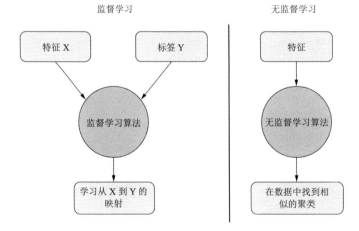

图 3-6 监督和无监督算法的输入和输出差异

当需要考虑的维度有限时，在一组数据中寻找相似组的任务非常简单。如图 3-7 所示,你可以看到这些点自然浓缩成两个完全分开的组。但是当我们想要考虑大量的用户特征时,会发生什么呢?例如,如果我们想考虑 10 个属性,大脑不可能识别出彼此相似的群体。这就是无监督学习算法大放异彩的地方:它们可以不费吹灰之力地将相似性概念扩展到数百个维度,使我们可以利用结果获得有用的洞察。

现在,你应该有一个预感,一直使用的机器学习之所以被称为监督学习,是因为算法被要求将一组给定的特征映射到一组给定的标签。因为我们一开始没有标签,所以算法必须在无监督的情况下,自己找到标签。

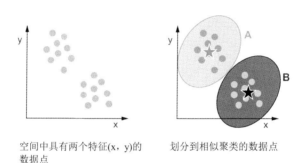

空间中具有两个特征(x, y)的数据点　　　划分到相似聚类的数据点

图 3-7　聚类对具有两个特征的简单点集的影响

你可以这样想:

- 在监督学习中,你已经知道你在寻找什么。如果你可以将客户分为不同的类(例如,像之前提到的客户流失/未流失),那么机器学习算法可以学习如何识别此类或彼类客户。
- 在无监督学习中,你并不确切地知道你在寻找什么,你不能给顾客贴上标签。无监督学习算法将重新分类相似的客户群并给他们分配标签。不过,无监督学习算法不会告诉你标签的含义。算法只会告诉你标签 A 的客户彼此相似,并且与标签 B 的客户不同;这取决于你的理解。

来看看机器学习专家和读过本书的营销人员之间的对话。

营销人员：我在寻找机器学习可以帮助团队改善客户细分的方法。

机器学习专家：你以前是如何进行客户细分的？

营销人员：你知道，"好的老办法"是综合运用调查、经验和直觉。我知道有一些机器学习技术可以帮助解决这个问题。

机器学习专家：是的，我可以使用无监督学习自动生成聚类。从简单的事情开始，与细分客户相关的要素是什么？

营销人员：人口统计学(如年龄和性别)，我会把月平均支出加进去。这是他们向我们购买新服务的可能性的一个好指标。

机器学习专家：不错。我会从客户关系管理系统中为1000个客户导出这些维度，然后给你回电。我需要你的帮助来解释结果。

[一会儿以后]

机器学习专家：我做了一些初步的聚类，看起来我们有三个明确的聚类，即年轻的低消费男性，30多岁的高消费女性，还有一个介于两者之间。

营销人员：有趣的是，我们不知道30多岁的女性对我们来说是如此有利可图。我想更深入地研究一下；我们可以为聚类添加另一个维度吗？我希望了解她们的购买频率。我们知道女性比男性更喜欢购买，我想知道无监督学习是否能从中获得更深层次的东西。

机器学习专家：当然，定义一个标签，即"平均订单间隔时间"。我将仔细研究结果。

作为业务人员，重要的是，在开始这些对话的时候，你必须对无监督学习有一定的了解，这样你才能和技术人员进行建设性讨论，并且要有一个开放的心态，能接受他们给你的输入。

对这些聚类进行可视化展示的一个好方法是描绘恒星是如何在夜空中分布的。我们的大脑直觉地将邻近的恒星分组，并给它们分配十二生肖星座。大多数实际应用程序都比较复杂，主要有三个原因。

- 有时，数据点是均匀分布的，因此很难决定要考虑多少个聚类，更不用说如何划分客户了。

- 作为人类，我们很容易在有限的维度上进行细分，但是当维度的数量增加时，我们就会很难做出选择。回顾一下星座：我们把天空看作一个二维画布；在三维空间中执行同样的任务要困难得多。在四维空间里，这是不可能的。要是有20个维度的客户信息呢？
- 从业务的角度看，细分并不是一项徒劳的工作，而是只有当不同的细分市场能够与业务成果相关联时才是最有用的，通常是在客户生命周期价值、价格敏感性或渠道偏好方面。

下一节将通过一个示例来解决这些问题。现在，深入研究一下聚类的基本原理。在处理聚类问题时，首先要做的重要决策是决定将哪些特征(或维度)用于聚类。在关于夜空的例子中，维度的选择是显而易见的：每颗恒星的水平和垂直位置。不过，现实世界中的应用程序可能要复杂得多。

3.4.2 用于客户细分的无监督学习

本节提供更多关于无监督学习的详细信息，并对这些算法的内部工作原理进行介绍。到目前为止，你所学的核心概念足以为企业内的无监督学习设想新的应用程序。如果这对你的目标来说已经足够了，可以跳过这一部分。如果你想了解更多在实践中使用这些技巧的内容，请继续阅读。

以一个电子商务网站为例，该网站销售鞋子并可以访问其客户的购买历史记录。每个数据点表示购买或退货，并包含有关鞋子的信息，例如价格、品牌、尺寸、颜色、交易日期和时间，以及是否与其他商品一起购买。我们可决定使用所有这些特征进行拆分，或将分析限制在一个子集上。例如，查看客户购买的所有鞋子的颜色可能有助于我们了解客户的喜好，或者查看一天中购买这些鞋子的时间可为折扣提供建议。

我们甚至可推断出每次购买的平均花费金额和一个月内购买鞋子的数量等参数。这两条信息结合在一起可能有助于聚类算法找到高频/低价值客户和低频/高价值客户之间的自然区别。

为简单起见，假设我们正在构建一个简单的聚类算法，该算法着眼于每个客户的三个特征：

- 年龄
- 性别
- 平均每月电子商务支出

请记住，不要将不用于聚类的属性丢弃，但可它们进行分析。这意味着需要描述每个群体的特征，以告知营销决策。

表3-1 显示了五个客户的数据。

表3-1 输入无监督学习算法前的五个客户特征

客户 ID	年龄	性别	每月的平均花费/美元
1	18	M	14.67
2	21	M	15.67
3	28	M	18.02
4	27	F	34.61
5	32	F	30.66

在一些最常用的聚类算法中，下一步将是决定要寻找的聚类数。这通常是违反直觉的；毕竟，你不想让算法告诉有多少组用户吗？但是，如果仔细考虑一下，有很多方法可以对整体进行划分，并且预先选择聚类的数量是指导算法的唯一方法。现在，简单一点，说说我们正在寻找三个聚类。聚类算法将找到一种方法来划分用户

- 同一聚类中的客户彼此相似。
- 不同聚类中的客户是不同的。

通过这种方式，我们可以从数学上确定，当我们选择一个针对某个聚类的客户的操作时，最大限度地提高了他们以相同方式响应的可能性。聚类算法的两个输出值得关注：

- 与每个客户关联的聚类，如表 3-2 所示。

- 聚类中心。每个聚类都有一个中心，可以认为是属于该聚类的用户的"刻板印象"。营销人员会称之为买家角色。

表3-2 添加由无监督学习算法识别的聚类列

客户ID	年龄	性别	每月的平均花费/美元	聚类
1	18	M	14.67	1
2	21	M	15.67	1
3	28	M	18.02	3
4	27	F	34.61	2
5	32	F	30.66	2

观察聚类中心是至关重要的，因为它提供了算法发现的定量信息，然后我们可以对这些信息进行解释以获取洞察。每一个中心都将有以前用来描述用户的相同的三个特征(尽管我们可能会重新安排它们以使其更有意义)。我们通常还将添加属于每个聚类的用户数。表3-3显示了聚类中心的样子，假设我们从1000个客户数据开始。

表3-3 算法发现的三个聚类的特征总结

聚类数量	年龄	女性比例	每月的平均花费/美元	用户数量
1	18.2	20%	15.24	290
2	29.3	90%	28.15	120
3	22	40%	17.89	590

这张无关痛痒的表格里充斥着各种有用的信息。让我们花点时间来推断见解并了解细分市场：

- 第1组主要由年轻人(平均年龄：18.2岁)组成，主要是不爱花钱的男性(平均每月支出15.24美元)。这是一个占平均大小的聚类(29%的用户在这里)。

- 第 2 组倾向于年龄较大的女性(平均 29.3 岁)，她们的支出远高于其他任何群体(平均 28.15 美元，而第 1 和第 3 组分别为 15.24 美元和 17.89 美元)。这是一个相当小的细分市场，只有 12%的用户。
- 第 3 组在男性和女性之间几乎平均分配。他们不像第一组那样节俭和年轻，但绝对比第 2 组花费少，而且年轻得多(22 岁)。

营销人员可以很好地利用这些信息，并想出个性化的策略，向每一组人推销产品。例如，与第 2 组的客户相比，第 1 组和第 3 组的客户可以获得更便宜的产品。添加新特征，如购买鞋子的颜色，可能提供更深入的洞察，帮助我们作出更准确的决定。

请注意，这个过程是如何从数据和算法的发现开始的，但最终是由一个人查看结果并解释聚类中心以提取可操作的有用信息。这是任何机器学习算法的关键，对聚类来说尤为关键；真正的价值是通过人工智能所能做的与专家和好奇的人类在其之上构建的共生体来实现的。

3.5 衡量性能

因为基于机器学习的预测对业务结果有直接影响，所以评估其性能是一项重要技能。研究人员和工程师通常会开发模型，并使用不同的指标来报告算法的性能。尽管这些指标很好地描述了模型的统计性能，但它们并不能说明全部情况。事实上，这些枯燥数字和商业成果之间的联系是微妙的。你的工作是充分理解机器学习指标，以便做出明智决策，了解模型的准确性如何影响业务目标。

3.5.1 分类算法

机器学习的一个重要部分是适应处理错误。即使是性能最好的算法也不会是 100%完美的，在分类的时候也会出现错误。请记住，构建机器学习应用程序的过程是首先对历史数据进行训练，然后在"现实世界"中使用；重要的是要知道算法在部署之后可能会犯多少错误，以及犯什么样的错误。

评估算法的最简单和最朴素的方法是使用一个称为"准确率"的指标，表示正确猜测在总预测中的百分比：

$$准确率 = \frac{正确预测数量}{总预测数量}$$

然而，并非所有的错误都是一样的。对于客户流失率预测，有两个可能的错误：

- 算法错误地将客户标记为"客户流失"，但实际上客户仍在参与。这种情况称为假阳性(FP，False Positive)。
- 算法错误地将客户标记为活动，但实际上该客户要取消订阅。本例为假阴性(FN，False Negative)。

这种错误并不是书呆子们的另一种固执己见，它对业务具有直接影响，对你来说，了解它将如何影响业务决策非常重要。好的数据科学家不应该用简单的精度数字来表示性能，你也不应该。更好的方式是使用一个信息更丰富的表，如表3-4所示。

表3-4 将算法预测和实际情况的可能组合进行可视化

		预测的(算法所预测的)	
		流失	未流失
真实的 (数据所展现的)	流失	真阳性 (被算法识别为流失的客户，这是正确的)	假阴性 (算法确定客户没有流失，但这是错误的)
	未流失	假阳性 (被算法识别为流失的客户，但这是错误的)	真阴性 (算法确定客户没有流失，这是正确的)

这种类型的表中展示的结果对于二进制分类任务来说是很常见的(在这种情况下，标签只有两个结果中的一个，流失/未流失)，所以让我们花一些时间来解释如何读取它。此表的目标是在单个快照中测量算法的性能，包括正确的猜测和错误的猜测。

左上角和右下角的单元格与正确的猜测相对应。左上角的单元格表示流失的客户数量，并根据算法正确分类(真阳性，或 TP)。右下角是针对算法正确识别的活跃客户(真阴性，或 TN)。

左下角和右上角的单元格与前面提到的错误有关。处于活动状态但算法错误分类为客户"流失"的客户位于左下角(假阳性)，被错误分类为"未流失"的客户位于右上角(假阴性)。

研究人员和工程师花了大量时间查看表 3-4，因为表中包含的数字通常能让人了解算法在现实世界中的表现。作为业务受到这些数字影响的人，重要的是要理解这些数字背后隐藏的细微差别。

首先，误报和漏报的数量是联系在一起的，不需要对模型进行实质性修改或额外训练，就可以很容易地用一个来交换另一个。例如，设想一个非常天真的模型，它总是预测客户正在流失；无论它得到什么输入，它总是输出"是的，客户即将流失"。真阳性和假阴性的指标将是令人鼓舞的(前者 100%，后者 0%，你能明白为什么吗？)，但这样得出的假阳性和真阴性将是可怕的。

一个棘手的情况和如何避免上当受骗

假设你在 1000 个用户的样本数据集上构建客户流失预测器,数据集划分如下：

- 其中 900 人是活跃的。
- 其中有 100 个是流失的。

这些类型的数据集是不平衡的，因为代表一个标签的示例数量远高于另一个标签的示例数量。现在，假设你构建了一个预测准确率为 90%的算法。听起来不错，但真的是这样吗？如果你构建的算法每次都能预测"活跃"，那么 90%的时间都是正确的(因为 90%的用户是活跃的)。在这种情况下，我们将有以下结论：
- 100%真阴性(所有未被流失的用户的都被正确识别)。
- 0%真阳性(算法从未发现一个客户流失)。

实际上，算法性能很差，即使90%的时间都是正确的。如你所见，查看真阳性和假阴性是一种更有用的策略，以避免被高精度性能所欺骗。

现在，假阳性、假阴性、真阳性和真阴性都是绝对标准。最好将它们报告给一个对合并样本数量不敏感的绝对度量。有两个指标可以帮助我们做到这一点，称为"精确率"和"召回率"。他们告诉我们的是：
- 精确率——在算法预测为流失的所有客户中，有多少会真正流失？
- 召回率——在所有流失的客户中，算法预测了多少？

图3-8显示了如何根据算法的预测来计算精确率和召回率。

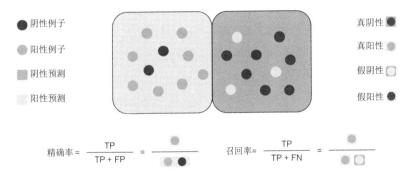

图3-8 真阳性、真阴性、假阳性和假阴性的图形表示，以及这些标准如何结合起来形成精确率和召回率

你可以想象一个具有高精确率和低召回率的算法作为狙击手：它希望在射击前确定，所以它保持保守，除非100%确定，否则不会射击。这意味着它错过了一些目标，但每次它开火，你都确信它会击中正确的目标。另一方面，一个高召回率和低精确率的算法就像一把机关枪。它射击很多次，击中了许多它应该击中的目标，同时也击中了一些错误目

标。表 3-5 总结了精确率、召回率和准确率之间的差异，以及这些指标所能传达的信息。

表 3-5 准确率、精确率和召回率

指标	定义	指标能传达什么
准确率	$\dfrac{真阳性 + 真阴性}{总案例}$	这个算法犯了多少错误？阳性和阴性错误分类没有区别
精确率	$\dfrac{真阳性}{真阳性 + 假阳性}$	当算法发现一个阳性的例子时，你应该相信多少？
召回率	$\dfrac{真阳性}{真阳性 + 假阴性}$	在所有阳性的例子中，算法发现了多少个？

3.5.2 聚类算法

谈到无监督学习，评估性能是很棘手的，因为没有客观的"优秀"指标，我们没有可比较的标签，无法定义该算法的输出是"正确"还是"错误"。还请记住，大多数聚类算法都要求你定义希望它识别的群集数量，因此必须回答的另一个问题是你对群集数量的选择是否正确。怎样才能摆脱这种明显的迷雾？

首先，一些数学工具可以告诉数据科学家聚类是否做得很好。然后，从数学角度看，拥有一个性能很好的算法并不一定表明它有商业用途。如果你买了这本书，假设你使用机器学习不是为了发表科学论文，而是为了帮助企业。如果这是真的，你就不会对数学特技感兴趣了。你应该做的是看看结果并问自己以下问题：

(1) 结果可以解释吗？换句话说，聚类中心是否可以解释为具有逻辑意义的买方角色？如果答案是肯定的，转到问题(2)。

(2) 结果是否可行？换言之，聚类是否足够不同，以至于可针对不同中心的客户制定不同的策略？

如果这些问题的答案是肯定的，那就恭喜你，你可以开始在现实世界中测试结果，收集数据，并在你有更多数据时通过迭代和调整算法，或者使用新知识重新设计方法。由于"正确"或"错误"预测的概念更模糊，性能较差的无监督算法通常比性能较差的监督学习算法风险更小。鉴于此，你不必太担心度量标准，而需要考虑评估项目业务影响的测试方法。本书第Ⅱ部分将广泛讨论迭代和设计过程。

3.6 将机器学习标准与业务结果和风险联系起来

既然你已经对常见的机器学习指标有了一些了解，看看它们在业务场景中意味着什么。假设你已经部署了一个很好的客户流失预测器，它已经识别出一组可能离开服务的客户，你希望通过个性化的电话联系这些人。

如果数据科学团队建立了一个高精确率但低召回率的模型，你就不会浪费很多电话，每次打电话，你都会和一个真正考虑离开的用户交谈。另一方面，有些用户正在离开服务，但是算法并没有发现他们。一个高召回率、低精确率的算法会让你打很多电话，这样你就可以接触到大部分(甚至所有)打算放弃服务的客户，但你会浪费电话给那些根本不打算退订的用户。

精确率和召回率之间的权衡显然是企业的一个功能。如果每一位顾客都有很高的价值，而且接触成本很低，那就进行高召回。如果你的顾客不想买昂贵的东西，不想被不必要的打扰，而且打电话很昂贵，那就选择高精确率。一个更复杂的策略可能是为价值更高或流失率更高的客户预留更昂贵的电话服务，为其他客户使用电子邮件等更便宜的操作。如图3-9所示，你可根据两个参数来决定是关注召回率还是精确率：失去客户的成本和客户保留措施的成本。

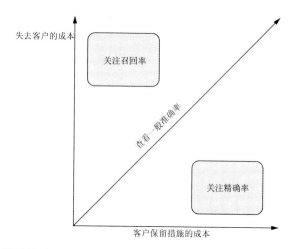

图3-9 根据关键业务指标决定是关注高精确率、高召回率还是只关注一般准确率

这个问题在安全关键应用中变得更加严重。如果我们有一个用于医学诊断的分类器,那么假阳性和假阴性的代价是非常不同的。假设算法正在检测肺癌。在表3-6中,你可以看到每个错误的含义及其影响。

表3-6 真阳性、真阴性、假阳性和假阴性的含义

指标	意味着什么	影响
真阳性	算法预测出了病人患有癌症,这种预测时准确的;病人真的生病	病人马上接受治疗
真阴性	这个算法预测病人是健康的,事实上病人是健康的	病人安心回家了
假阳性	算法预测病人患有癌症(因此是阳性),病人其实是健康的(因此是假的)	病人虚惊一场,也许会进行体检,但最终结果是好的
假阴性	算法预测病人是健康的(阴性),其实病人生病了(假的)	病人安心回家了,其实他得病了,因此没有及时得到治疗

如你所见,与错误相关的成本是非常不同的,这取决于我们是否将健康人或患者进行错误的分类。假阳性可能意味着额外的检查,或者可

能是不必要的治疗，但假阴性将剥夺患者生存所需的治疗。

在此情况下，你可以清楚地意识到为错误指标进行优化是多么危险。这里的高精确率并不代表一个好算法，因为它会以同样的方式对假阴性和假阳性进行加权。在此情况下，我们想要的是高召回率。我们希望能够识别出最多数量的病人，即使这意味着有一些假阳性。假阳性可能导致额外的不必要检查，并威胁到一些家庭，却能最大限度地发现和照顾病人。

如你所见，每个算法都有一个性能指标，你需要能够评估哪个指标对你最重要，以便数据科学团队能够最大限度地利用它。我们已经看到，最好的选择并不总是显而易见的。从商业角度看，最有力的想法是将每个错误分类与美元金额联系起来。如果假设是正确的，这将自动导致最佳的业务结果。我们想象中的电信公司可以为不满的客户制定一个挽留计划，如果他们在未来 12 个月内继续留在公司，就可以给他们 100 美元的奖金，从而留住一个原本在不久的将来会投奔竞争对手的客户。

此外，假设每一个失去的客户都会给公司带来 500 美元的利润。有了所有这些数字，就很容易地计算出假阴性和假阳性花费了多少钱。每一个假阴性(一个客户在我们可以用折扣吸引他之前就到竞争对手那里)会损失 500 美元的收入。每一个误报(一个忠诚的客户，他不会做出任何改变，但无论如何都会收到一份礼物)会损失 100 美元的收入。现在可以使用一些基本的会计方法将模型的性能与货币价值联系起来：

总费用=500 美元×FN+0 美元×TN+100 美元×FP+100 美元×TP

这里，FN 是假阴性的数目，TN 是真阴性，FN 是假阴性，TP 是真阳性。

在使用二进制分类模型的其他情况下，可以使用这些相同方法。例如，假设你正在为一条生产线开发自动化质量控制系统。你可以调整模型，让更多项目通过(增加假阴性率)或立即拒绝更多项目(增加假阳性率)。前者可能让更多缺陷产品通过，导致制造过程中下游出现更多问题。后者可能导致不必要的材料浪费，因为非常精细的产品会被拒收。在任何情况下,你都可以根据具体业务情况调整前面的公式。

不管策略是什么,你仍然需要接受这样一个事实:没有一个机器学习算法是完美的(如果是的话,就是有问题)。你要从错误中吸取教训,并确保算法是可以接受的。

3.7 案例研究

本节介绍了两个案例研究,这些案例来自使用人工智能进行营销的真实公司。第一个是能源公司 Opower,它利用聚类技术根据用户的能源消费习惯来划分用户。第二个是 Target 的举措:这家零售店利用顾客的数据,及早发现怀孕迹象,并开始为纸尿裤做广告。

3.7.1 改进目标定位的人工智能:Opower

能源公司与客户之间的关系很特殊。虽然消费类公司通常在客户购买能源时获得报酬,但是这有滞后性:人们先消耗一段时间的能源,然后收取费用。此外,人们并不是单纯为了买能源,这是享受其他商品服务(如看电视)的必要支出。

这两个因素使得每个公用事业单位都很难了解客户并与他们互动。这不仅是能源公司市场部的问题,也是其整体成本和盈利能力的问题。事实上,生产能源并不总是让公用事业公司付出同样的代价,具体取决于他们用什么样的发电厂来生产能源,取决于他们需要生产多少能源以及他们提前计划好了多少。

最好的情况是需求完全持平;公用事业公司可以开始使用他们最好的发电厂生产 X 量的能源,而且永远不会改变。当然,情况并非如此,因为日常需求呈鸭子形状(duck shape),通常在人们醒来和下班回家时出现两个高峰。为了满足高峰时期的需求,电力公司需要使用易于开关和调节的发电厂,但灵活性是有代价的;这些电厂运行成本更高,消耗更多能源，燃烧更昂贵的燃料。如图 3-10 所示，这个问题越来越严重；如今的习惯使能源需求曲线变得不那么平坦，白天的谷底更大，早上和晚上的峰值更尖锐。每一家公用事业公司的梦想是能通过将峰值移到一天中的不同时间来塑造客户的习惯，从而实现几乎持平的总体需求。

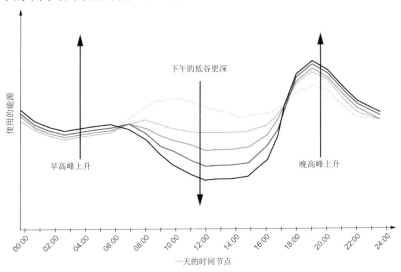

图 3-10　加州住宅能耗的典型负荷曲线

1. Opower 的策略

Opower 成立于 2007 年，其使命是为能源公司提供针对其用户的工具，并让他们改变消费习惯，既节约能源，又实现总体的平稳需求。该公司从公用事业公司的客户那里获取智能电表数据，并为客户发送关于能耗具体信息的报告，以改善他们的习惯，这些可以通过邮箱、电子邮件、互联网门户网站、短信以及在家中显示能耗来实现。

该公司的秘诀是行为科学和数据科学的混合体。Opower 转向了机器学习的核心应用之——无监督学习，来识别特定的用户群，这些用户群可作为类似的目标。

能源使用者最典型的特征是其消费模式：他们在一天中的不同时间消耗了多少能量。因此，如图 3-11 所示，可看到有 24 个数字的组合，分别代表一天中每小时消耗的能量。这些数字准确描绘了用户习惯，就像电子商务场景中的购买数量、平均费用和购买的物品一样。

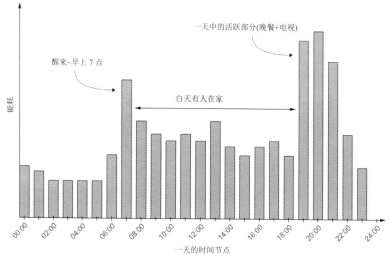

图 3-11　一个家庭在一天不同时间的能耗值

根据用户的消费模式找出不同的用户群体并不是一件容易的事。如果我们用这种方式表示 1000 个用户，并将所有用户都绘制在一张图表上，得到了科学家们喜欢称之为"毛团(hairball)"的数据：一条一条排在另一条上的错综复杂的线，肉眼无法分辨。另一方面，识别模式是无监督算法最有用的地方；使用这些算法，Opower 能够发现五个用户聚类。我们从互联网上收集数据并运行一个无监督算法来模拟 Opower 所获得的结果；可在图 3-12 中看到毛团和最终的聚类。

看看这些聚类，我们可以对其试着进行解释。

- 双高峰——他们在清晨消耗大量能量，远远超过其他聚类的用户。他们还有一个高峰，即晚餐时间。

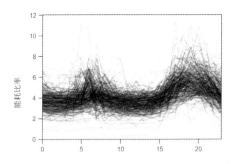

图 3-12 将 1000 个用户的"毛团"分成五个聚类

- 晚高峰——他们有一个高峰在晚上,从清晨开始逐步平稳地达到高峰,没有早高峰。
- 白天时间——他们没有其他聚类的经典峰值。取而代之的是,其白天的耗能量平稳地上升和下降。
- 夜猫子——他们在清晨和傍晚有典型的高峰,但往往在晚上耗能更多。
- 平稳的漩涡——他们是最稳定的;两个经典的山峰非常平滑。

Opower 使用聚类结果以不同方式针对不同的用户。基础设施允许将每个聚类分成组并测试不同的消息。通过对结果的分析和运用行为科学,Opower 能够不断提高其针对性。图 3-13 显示了这种细分的一个示例。Opower 可以选择一个特定的聚类(在本例中是夜猫子),并将它们分成两组,针对不同的电子邮件。这种方法使得 Opower 能以最佳方式优化其消息传递和目标人群。

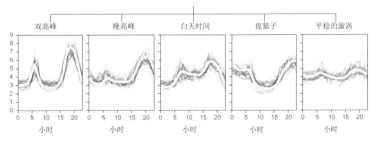

图 3-12 将 1000 个用户的"毛团"分成五个聚类(续)

由于此方法，Opower 能够帮助消费者节省 10%的电费，同时由于更好地分配了总需求，公用事业公司也更加有利可图。由于 Opower 出色的业绩表现，Oracle 于 2016 年以 5.32 亿美元收购了 Opower。

图 3-13　Opower 用于针对其用户的决策树

2. 案例问题

如何说服一群人改变他们的行为？

3. 案例讨论

再想一想 Opower 任务的复杂性：必须通过向数百万人发送某种报告来改变他们的能源消费方式。如果你认为同样的信息对所有人都有用，那就太天真了。

每个人都会对不同的激励和不同的信息做出反应，所以理想情况下，你必须针对每个人传达不同的信息。当然，这是不切实际或不可扩展的，但你仍然可以通过将观众分成有共同点的组来做得很好。对于 Opower 来说，第一步是使用无监督学习完成。请记住，无监督学习是一种机器学习算法，它在数据中寻找模式，根据特征找到一组相似的数据点。在 Opower 的案例中，最重要的特征是用户的能源消费习惯，因此 Opower 需要一种方法来解释这一点。Opower 将能源消耗习惯表达为特征(一组数字)的想法是考虑某个用户每小时消耗的能量。结果是由 24 个数字组成的每个人的代表，这对人类来说并不容易掌握，对计算机来说却非常容易：一旦给无监督的学习算法输入这些数据，就可以很容易地比较两个用户并找出相似之处。

无监督学习为 Opower 提供了用户之间第一个最重要的区别：能耗。第二步是测量不同信息的效果，Opower 通过行为科学和 A/B 测试(向不同的人发送不同的消息并测量结果)来完成这项工作。

关于算法识别的聚类数量，最终需要说明一下。Opower 有 5 个，但是这个数字是从哪里来的？对于一些广泛使用的算法，你需要计算出该算法必须寻找的聚类数量，并且该算法将对其进行优化。

数学工具为数据科学家提供了一些线索，从数学角度看，即使数字会产生最好的结果，也未必是满足业务需求的最佳解决方案，因此没有"对"或"错"的解决方案。因为没有脚本来决定聚类的数量，所以得出这个数量有时会让人感觉像在购物："我们想要五个聚类吗？让我们做六个吧，最好留一点备用。"我们可以说，做决定其实要简单得多。

想一想，每次你让算法多找一个聚类，就会在数据中看到新的更微妙模式。假设我们有 1000 个用户，上限是找到 1000 个聚类，每个用户都有自己的聚类。在你达到这种极端情况之前，有时会发现无法通过添加新的聚类获得任何新知识。现在是停下来的好时机。添加聚类会使算法的结果更具体，但也不易进行预处理。图 3-14 说明了这种权衡。

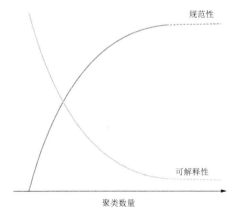

图 3-14　聚类数量与结果的可解释性和规范性之间的关系

理想的过程是从一些相当小的聚类开始；实际上，这个数量可以由数据科学家提供，数据科学家将使用数学工具从技术角度找出哪些是有意义的。从那里，你可以向下移动，压缩不同的聚类，或者向上移动，增加聚类的粒度。每次你增加或减少聚类的数量时，试着解释结果，问问自己更多的聚类是否有助于更好地理解这种现象。如果答案是否定的，可以说你找到了最优的聚类数量。这可能不是数据科学家发现的技术最优结果，但将是对企业最有利的。

3.7.2 运用人工智能预测客户需求：Target

对于一对夫妇来说，孩子的出生是一件喜事，但也是新一轮成本流的开始。突然间，父母需要在日常购物中加入新的昂贵产品，如尿布、婴儿食品、婴儿车等。

此类活动对零售商来说是非常有利可图的，零售商试图吸引新晋爸爸妈妈到商店，使商店成为他们购买新生儿所需的一切的可靠参考点。零售商通常采用的策略是向育有新生婴儿的家庭提供折扣，零售商越早把优惠券交到他们手中，在获得新客户方面就越能赢得竞争优势。在家庭需要维持的所有新开支中，尿布是一项极其重要的开支。根据尼尔森2016年发布的一份报告，美国家庭平均每年为每个新生儿购买尿布的花费超过1000美元。收入并不是尿布对零售商重要的唯一原因，因为尿布还扮演着牵线搭桥的战略角色：一个家庭离不开这些产品，因此吸引年轻的父母进入商店，最终他们也会在其他商品上花钱。

考虑到育儿经济的利益，导致了零售商之间的"优惠券之争"。所有零售商都争先恐后地将优惠送到新晋父母的手中，吸引他们到商店购买尿布和其他产品。

零售商试图赢得这些新客户的第一种方法是获得公开的新生儿登记数据，并向新晋父母发送有针对性的报价，激励他们在商店购买第一批尿布。然而，许多零售商很快开始采用这种策略，并在婴儿出生后立即开始争夺新生儿家庭的注意力。

为领先于竞争对手，美国第八大零售商 Target 决定研究一种新的大胆策略，即在婴儿出生前提供家庭优惠。如果这家零售连锁店能知道一对夫妇在等待孩子，就可以超越竞争对手。

这家零售巨头利用其贵宾卡的数据来识别孕妇购物习惯的模式，并准备了一套特定的优惠券和促销活动，以吸引这类购物者扩大他们在 Target 购买的商品范围。在 2012 年福布斯的一篇文章中(http://mng.bz/PO6g)，我们得到了 Target 统计学家 Andrew Pole 发现的一些结果：

当 Pole 的电脑处理数据时，能识别出大约 25 种产品，当把这些产品一起分析后，可给每个购物者分配一个"怀孕预测"分数。更重要的是，还可在一个小窗口内估计孕妇的预产期，这样 Target 就可以根据她怀孕的特定阶段发送优惠券。

据报道，得益于其新战略，Target 得以增加销售额。然而，收入的增加是有代价的，人们开始感觉到自己被监视了，对此并不满意。一位不满的父亲抱怨他正在读高中的女儿从 Target 那里收到婴儿产品优惠券；这表明有些公众不喜欢这种密集的目标定位技术。正如《福布斯》这篇文章所述，他向店主抱怨道：

我女儿收到邮件了！她还在读高中，你给她寄婴儿衣服和婴儿床的优惠券？你是想鼓励她怀孕吗？

原来，女孩其实怀孕了，Target 早在她父亲之前就知道了。据报道，Target 的经理不久后打电话给愤怒的父亲，然后得到了《福布斯》报道的答复：

我和女儿谈过了。原来我还没有完全意识到家里的某些活动。她的预产期是 8 月份。我欠你一个道歉。

正如《福布斯》的文章所述，Target 最终将通过机器学习获得的个性化推荐，与目录中看似随机的项目混合在一起(例如，在购买尿布的旁边加上割草机的优惠券)，以避免让客户感觉自己被跟踪了。

1. 案例问题

采用特价折扣的方式是赢得竞争对手客户的有效方法吗？

2. 案例讨论

特价和优惠券是零售商用来吸引顾客的一种非常普遍的策略。然而，当每个人都知道这样能销售特定产品时，结果通常是一场促销战，侵蚀着零售商的利润。这可能对顾客有利，但绝对不利于零售商。我们认为，如果以下情况属实，向客户提供折扣是一种有效的营销理念：

(1) 零售商知道该把优惠券寄给谁(这对用户很有效)。

(2) 其他零售商并没有同时针对这个人，以避免前面提到的价格战。

零售商最初采取的策略很聪明，在婴儿出生后立即使用新生儿登记处公开提供的数据来锁定家庭。这种策略在第(1)点(针对正确客户)有效，但在第(2)点就失败了：顾名思义，开放数据是开放的，每个零售商都可以使用它。

Target 的案例是一个很好的例子，这说明了如何利用数据和机器学习来战胜竞争对手，比其他任何人都先瞄准完美的客户。Target 从其核心业务销售数据入手，通过贵宾卡收集客户的购物习惯。还可通过观察这个客户是否真的开始在未来购买尿布，为过去的顾客建立一个"正在等待孩子的降生"/"没有在等待孩子降生"的标签。希望你已经发现这是一个典型的监督学习分类问题：

- 这些特征是客户的购物习惯(让数据科学家确定如何准确地构建)。
- 根据购买的相关商品的特点，标签是顾客是否在等待孩子的降生。

- 为过去的数据建立模型后，可以应用于当前客户，识别那些正在等待孩子降生的客户。

注意，这个标签并不是马上就能找到的。Target 的客户不会给零售商打电话，告诉他们孩子出生了。然而，这个标签可以通过观察顾客过去的购买行为来分配。如果一个顾客在六个月前开始购买尿布或婴儿推车，那么她必定在九个月前怀孕，并且可以作为一个积极的例子。

想想这个方法有多强大。孕妇的购买习惯中存在一些模式。她们可能会停止购买某些食物，如香肠或寿司，吃更健康的食物，或戒烟。问题是，当缺乏明确的指标(例如，购买产前维生素或尿布)时，很难通过观察顾客购买的商品来发现模式。但对于机器学习算法来说并不难，它可以找出哪些购买习惯暗示怀孕。

还有一点应该记住，听起来很不错并帮助 Target 提高销量的"伟大举措"也可能是一个定时炸弹，因为在这样敏感的领域有着积极的目标定位。

总之，应该记住以下几点：
- 机器学习可以帮助你预测未来的购买，预测竞争对手。
- 核心业务数据的价值远高于公开可用的数据(更多信息请参见第 8 章)。
- 注意那些令人毛骨悚然的因素：机器学习的力量很强大，以至于人们会觉得你在监视他们。

3.8 本章小结

- 人工智能在市场营销和销售中之所以有效，背后的核心原因是能够大规模地针对特定客户，并做出数据驱动的决策。
- 客户流失预测模型是人工智能在市场营销中的一个典型应用，可以发现哪些客户最可能流失。

- 同样，机器学习可帮助营销人员通过识别哪些客户更倾向于购买更多产品来找到追加销售的机会。
- 无监督学习是机器学习的一个子集，使计算机能在数据中找到结构，找到相似数据点的聚类。聚类在市场营销中也有用处。
- 有不同的方法和指标来评估分类算法的性能(我们讨论了准确率、召回率和精确率)。每一个都告诉我们算法的一些不同之处，你可以根据业务目标来选择最合适的方法。
- Opower 利用无监督学习将能源消费者划分为多个聚类，然后分别针对他们优化能源消费模式。
- Target 利用监督学习来确定哪些夫妇即将生孩子，然后向他们提供尿布和婴儿用品的优惠券。

第 4 章

将人工智能应用于媒体

本章内容包含：
- 利用人工智能理解图像内容
- 利用深度学习解决计算机视觉的挑战
- 检测和标记人脸
- 运用深度学习创作原创艺术作品
- 使用具有音频数据的人工智能
- 案例研究：用价值 1000 美元的机器人自动对蔬菜进行分类

图像和视频可能是人类用来了解世界的最丰富数据来源。然后，虽然相机越来越好，但十年前的计算机仍然无法理解图像的内容。一个关键时刻是深度学习(Deep Learning，DL)这样一个新的机器学习领域的发展。这一系列算法有着无与伦比的学习能力，能在检测图像中的目标和人脸等重要任务中达到超人的精确度。这些能力使企业能够用 10 年前才被视为神奇的能力来增强现有产品的性能，从根据图像内容自动创建相册到使用机器人实现工业过程自动化。

4.1 用计算机视觉改进产品

第 2 章介绍的 FutureHouse 的房价预测工具是一个巨大的成功。客户对他们从人工智能模式得到的定价建议非常满意，他们正争先恐后地在网站上列出自己的房子。新上市的房屋以非常接近算法建议的价格快速售出。生意很好，但这只会助长你的野心。

在另一次头脑风暴会议上，用户体验团队为市场提供行为分析数据，并发布了一些令人担忧的消息。很大一部分用户正在退出挂牌房产的步骤流程。最大的下降发生在他们被要求上传图片并手动选择他们描绘的房子的房间(浴室、客厅等)。这个过程漫长而乏味，你的团队有动力启动一个新项目来简化用户体验。可使用人工智能来自动标记图像并摆脱所有手工工作。用户体验会简单得多：用户只需要上传一堆图片，人工智能自动将房间标记为浴室/厨房/客厅/等。整个流程将变得更快、更愉悦。

我们设计一个算法，将房间的图片作为输入，并将其类型(浴室、厨房等)作为输出，如图 4-1 所示。注意，人工智能必须学习如何将这些输入映射到特定目标(房间类别)；因此，我们处理的是一个监督学习问题。更具体地说，这是一个分类问题，因为目标是一个类别，而不是一个数字。基于这一显而易见的原因，大多数工程师都使用一个通用名称来完成这项任务，即"图像分类"。

你知道了我们要处理的是哪种类型的问题，也知道我们需要收集的训练数据是一组已根据拍摄的房间进行分组的带标签图片集合。幸运的是，我们知道正确的获取地点：用户已经经历了上传房间图片并为其添加类别的痛苦过程。现在，我们可获取所有这些标记的数据并构建一个自动标记图像的模型，这样将来的用户就不必做这些无聊的工作了。在业务中构建人工智能应用程序时，这种模式非常常见：一个手动过程已产生了很多标记的数据，这些数据可用来开发基于人工智能的自动化。

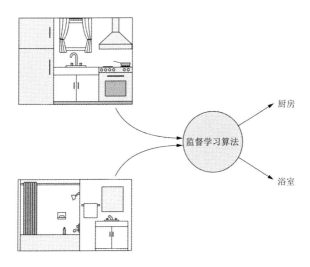

图 4-1 图像分类器的输入和输出概述

如果我们必须遵循上一章的蓝图，下一步就是确定相关特征，这样算法就可以知道哪些元素构成了浴室，哪些元素构成了厨房。记住，特征可以是每个输入项的任何方面，在学习如何对项目进行分类时，你认为这些方面对算法是有用的。表 4-1 显示了你可能想要使用的特征示例。

表 4-1 领域知识通常是选择特征的最佳工具

目标	可能的特征
预测房价	面积、位置、装修年份
判断肿瘤是良性还是恶性	肿瘤的大小、年龄、验血结果
决定客户是否要退订	产品使用情况、年龄、每月支出、购买的产品

机器学习的"学习"部分只有在工程师定义了要用于特定问题的特征之后才开始。传统的直觉告诉我们，人类在做这项工作时，需要很好地运用直觉和经验。要确定相关特征，你应该问自己一个问题：如果必须亲自对这张照片进行分类，我会寻找什么？

- 照片里有厕所吗?
- 照片里有冰箱吗?
- 照片里有淋浴吗?

这个任务看起来很简单,我们甚至不需要机器学习来解决它;如果有淋浴,我们就知道我们在看浴室(如果你的厨房有淋浴,建议与建筑师面谈!)。然而,从计算机的角度看,事情并非那么容易。

当程序员编写处理数字图像的代码时(这个领域称为计算机视觉),要处理的就是一长串数字,这些数字代表图像中每个点的颜色。图 4-2 显示了一幅由几十个像素(单个点)组成图像的数字示例。智能手机拍摄的照片将有数百万的彩色像素(这就是"百万像素"的意思)。

运用计算机视觉改进产品

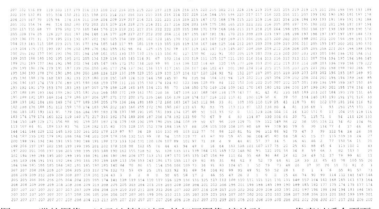

图4-2 猫的图像,以及计算机读取的相同图像(缩放到 40×40 像素以适合页面)。每个数字代表一个像素的亮度

考虑到我们所拥有的数据只是一组明显随机的数字,该如何定义特征呢?在本书中,我们首次对特征进行定义。如果能识别出图片中包含的一些形状,我们的工作就会很容易;但是,我们的数据只是一堆原始数字。计算机视觉研究人员试图解决这个问题时首先要找到一种巧妙方法来手工提取特征。他们将建立复杂的数学工具,称为"过滤器",以发现图像中的基本形状,然后尝试组合这些元素来检测元素。

本方法适用于基本对象。对于构成花洒的形状,你可能会想到一个代表把手的圆圈和一个圆柱体。这对很多花洒都适用,但是像图 4-3 中右边的设计项目呢?

你可以想象一个计算机视觉专家的挫败感,他不得不亲自制作新的过滤器来捕捉每个可能的花洒形状。这种手工为每幅图像建立一个特征集以清楚地告诉计算机其内容存在严重缺陷。

花洒 A　　　　　　花洒 B　　　　　　花洒 C

图 4-3　尽管由于 A 和 B 的基本形状,将 A 和 B 识别为花洒是有可能的,但识别 C 更困难

征服计算机视觉的关键是一类特殊的机器学习算法——深度学习。为了解它的威力,让我们来讨论用于评估计算机视觉模型的基准——ImageNet 数据集。这个数据集有超过 1400 万张图片,被划分为大约 20 000 个类别,包括几百种狗和食物。21 世纪之初,传统的计算机视觉方法达到 75%左右的准确率,考虑到人类平均 95%的准确率,这还不算太高。深度学习打破了这一纪录,在 2015 年超越了人类,并在 2017 年

的比赛中以 97.3%的准确率结束(见图 4-4)。

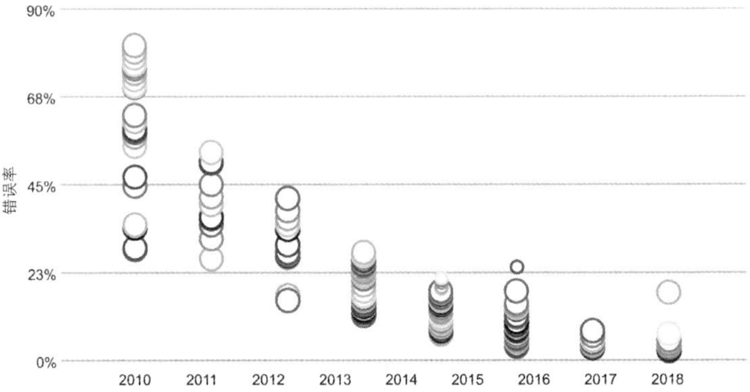

图 4-4　自 2013 年面世以来，深度学习在 ImageNet 竞争中占据主导地位

为什么深度学习如此强大？我们要为这种新发现的力量付出什么？本章其余部分将对此进行介绍。

4.2　将人工智能应用于图像分类

首先，深度学习算法与目前使用的机器学习算法并非完全不同。深度学习算法的核心仍然是监督学习算法：它从训练数据中学习输入和输出之间的映射。主要区别在于它们所使用的输入数据的类型：传统的机器学习算法需要改进的特征(见图 4-5 的上半部分)，而深度学习算法直接使用原始数字工作，可自动理解相关特征(见图 4-5 的下半部分)。

为什么深度学习有如此神奇的能力？深度学习是基于一种叫做深度神经网络的特殊算法。你可能认为神奇的是"神经"这个词，它能让你联想到一个全能的人工大脑。实际上，人工"神经元"和其生物对应物完全不同。神经元非常简单，可以执行乘法和加法。如图 4-6 所示，每个神经元接收输入的数字，对数字进行简单的数学运算，并生成一个输出数字。

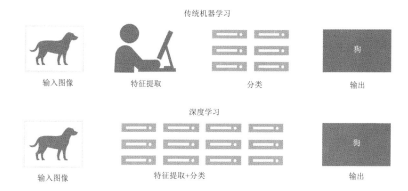

图 4-5 在传统的机器学习中,工程师必须开发算法来提取可以输入模型的特征。深度学习模型不需要这个复杂的初始步骤

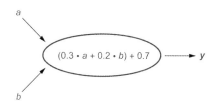

图 4-6 单个人工神经元接收两个数字(a 和 b),执行简单的数学运算,并输出另一个数字 y

坦率地说,一个神经元是简单且无用的。然而,当你把许多神经元连接在一起形成一个网络时,它们就可以执行复杂的计算了。一个简单网络如图 4-7 所示;第一列神经元接收初始输入,并将处理后的信息传递给中间一列神经元,以此类推。最后,右栏中的孤独神经元产生网络的最终输出。

回到图像分类,我们要做的是创建一个网络来接收图像像素,进行一些内部计算,并为输入图像输出正确的类。图 4-8 显示了这一切是如何结合在一起的。当然,现实生活中的网络将比图 4-7 中的复杂得多:ImageNet 的竞争模型有大约 50 万个神经元在进行协同工作!

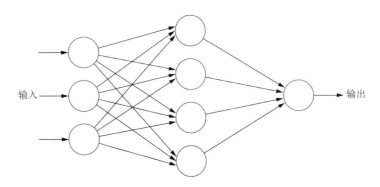

图 4-7 当你把多个神经元连接在一起时，事情开始变得有趣起来，因为它们能够表达更复杂的数学运算

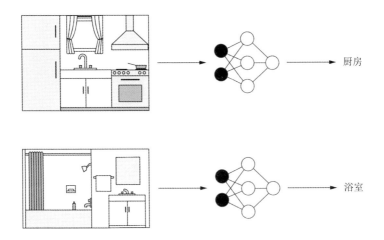

图 4-8 深度神经网络处理输入图像(左侧)并生成与训练标签(右侧)一致的分类

在深度神经网络中，神经元是以列(或层)的形式组织起来的，这种结构使它们能够从图像中提取特征，而不必手动指定。为什么可以这样，如何操作？

你可以把每一层想象成生产线上的一个步骤：组成图像的原始数字进入第一层，其中的神经元通过应用数学运算(乘法和加法)来处理它们。

结果是这些原始数字被修改并转换成其他数字，然后传递到第二层。第二层应用其他转换并将其结果发送到第三层。对每一层重复这个过程，直到最后一层显示"图像包含厨房"或"图像包含浴室"。

将这个处理过程比喻为生产线是有道理的，因为没有什么神奇的机器能把钢铁和皮革等原材料一步步变成一辆锃亮的新车。如果你看过生产线的视频，你会看到制造汽车的过程被分成几个小步骤。原材料首先由机器加工成小的基本部件，包括旋钮、齿轮等。这些部件随后由其他机器加工，这些机器制作出制动杆、方向盘、收音机等。只有在这些复杂的部件被制造出来后，它们才能最终组装成一辆汽车；不可能有一台单独的、巨大的机器，在一步之内把原材料变成汽车。深度神经网络的每一层都做着同样的事情，只是它处理的是数字而非钢铁。

这些转换是自动特征提取神奇力量的关键。当神经网络刚开始在大量图像上训练时，它的初始精度是可怕的，因为各个层的神经元还不会找到如何有意义地处理这些数字。随着网络看到更多图像并继续训练，一种称为"反向传播"的特殊数学技术鼓励每个神经元调整其应用的转换，以便整个网络提高其分类精度。网络看到的图像越多，神经元就越能学会有意义的转换。

但这些转换是什么呢？它们听起来模糊不清，在深度学习早期，对构建这一技术的研究人员来说，"转换"也有点神秘。在深度神经网络取得惊人的性能之后，研究人员开始深入挖掘其内部工作机制。研究人员发现，非常有趣的是当第一层神经元优化转换时，以一种能从原始像素中识别简单线条、边缘和角的方式进行优化，类似于第一批计算机视觉工程师试图制造的手工过滤器。下一层将接收到比初始原始数字丰富得多的信息；这些新数字表示图像不同部分中形状的存在，而不是单个像素的颜色。第二层将建立在这些信息的基础上，并应用另一种转换，使得它能够识别更复杂的形状(如圆和正方形)，从简单的线、边和修正开始。下面一层最终会识别出我们在浴室和厨房中关心的形状，如淋浴、烤箱、厕所、微波炉等。图 4-9 显示了这些逐渐变得复杂的形状。最后一层必须根据前一层提取的元素，最终决定图像属于哪一类。

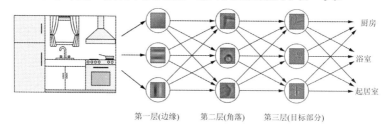

图 4-9　由深度神经网络开发的内部表征来识别汽车、人和动物

深度学习的神奇之处在于，所有这些神经元和层都已经自主地学会了将构成图像的数百万个数字从基本形状分解为复杂形状，然后根据这些数字做出预测。神经网络的模块化结构使其能分步处理信息。由于巧妙的数学公式，网络学会了调整这些步骤，以识别它所学习图像的更具特点的特征。在示例中有水槽、冰箱、烤箱等。

这些形状看起来与本章开头所寻找的特征完全相同。由于深度学习的魔力，这些物品已经被自动识别。没有人告诉第一层如何识别线和角，也没有人告诉下面的层如何将它们组合成圆和矩形，也没有人想出一个聪明的方法来教最后一层如何识别像花洒这样的复杂元素。我们所要做的就是用一个带有一堆层的神经网络，给它提供厨房和浴室的图像，然后让反向传播背后的数学来完成剩下的工作。

所有这些深度学习魔法都是免费的吗？并不是。我们要求网络做很多事情，要有所牺牲：大量的算力和大量的数据。

虽然算力越来越便宜，但获取更多标记数据并不是那么容易的。以房屋经纪人为例，你需要等待上千张房子的照片，等待可能会很痛苦。这是否意味着，如果你所在的企业没有大型数据集，你就必须放弃深度学习？一种叫做迁移学习的技术是非常宝贵的资产，它可以让你从小数据集和开源代码开始构建最先进的算法。让我们看看是如何实现的。

4.3 使用小数据集的迁移学习

"迁移学习"是一种利用深度神经网络的分层结构将其"知识"从一个任务转移到另一个任务的技巧。如图 4-10 所示,深度神经网络通过识别图像中的基本形状来工作。例如,要识别烤箱,需要找出圆形和矩形,并将它们组合起来以识别旋钮、把手、玻璃等。

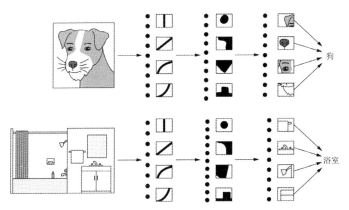

图 4-10 用于识别房间和动物的基于深度学习的分类器之间的相似性。第一层学习识别相同的一般几何图案

如果你仔细想想,圆形、矩形和其他基本形状并不是房间标签问题所独有的。如果要区分狗和猫,你仍然需要先识别圆、三角形和矩形,然后才能识别眼睛、耳朵、尾巴等。毕竟,无论圆圈和线条出现在狗或浴室的照片中,它们看起来都是一样的。对于给定的分类任务,只有最后一层是特定化的,如图 4-10 所示。

因为互联网上到处都是猫和狗的图像,我们能不能利用这些数据训练一个大型神经网络,并重新利用我们所能完成的房间分类任务?可以的,这就是迁移学习的核心概念。在前几层学习的基本几何特征在大多数图像分类任务中基本相同,如图 4-11 所示。这使你可以利用庞大的数据集(如 ImageNet)对神经网络进行预训练,然后通过在房地产数据集上进行训练，使其专门用于房间分类。

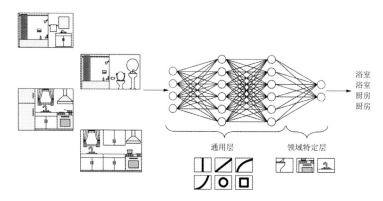

图 4-11　在迁移学习中，通用层被重复用于多个任务，
而领域特定层则针对特定问题进行训练

此外，许多神经网络的开源版本都是在像 ImageNet 这样的大型数据集上预先训练过的。回到最初的任务，数据科学家将按照以下步骤构建房间分类器。

(1) 下载一个神经网络的开源实现，它已经在像 ImageNet 这样的通用数据集上进行过预训练。

(2) 保留第一层，因为它们能识别基本形状(圆形和矩形)，而丢弃最后一层，因为最后一层经过调整以识别 ImageNet 中包含的特定图像(从卡车到豹子)。

(3) 获取较小的房间图片数据集(数百张而不是数千张)，然后重新训练网络的最后一层。这些图层将使用图片中包含的基本形状的信息，并学习识别花洒、烤箱等元素。

如你所见，该过程相对简化，但此技术对任何企业都具有显著优势。

(1) 可在没有大量数据集的情况下获得最先进的性能，只需要来自特定领域的几百幅图像。

(2) 不需要太多算力，因为你所使用的基线网络已经被其他人训练过，作为开源发布(通常是像 Google 或 Facebook 这样的大公司)。

(3) 在大型数据集上训练一个大型神经网络并不容易；通过使用这些开源版本，你可在科技巨头麾下的无数研究人员的经验基础上进行构建。

4.4 人脸识别：教计算机识别人类

1987 年，一部具有里程碑意义的电影《机械战警》上映。在这个反乌托邦的未来，底特律的犯罪率激增，警察局的资金不足，这就给大公司 Omni Consumer Products(OCP)留下了为执法部门提供实验性高科技产品的空间。警官亚历克斯·墨菲(Alex Murphy)因为受到残酷的折磨被宣布死亡，他成为一个新的 OCP 控制技术的试验台，这项技术将他转变成一个叫 RoboCop 的机器人。RoboCop 仍然被他过去的人类生活所困扰，有一天，RoboCop 发现了一群他认为与行刑有关的人，并给其中一个人拍照。他把相片上传到一个警察电脑里，电脑会扫描警察的记录并发现此人的身份。这个应用程序叫做人脸识别。1987 年，人脸识别成为科幻电影的主题。

如果你最近买了一部智能手机，这项技术现在可能就在你的口袋里了。唯一的区别是，虽然在旧电影中它是用来搜索罪犯的，但现在它最常见的用途是解锁手机。人脸识别是深度学习的另一个应用(见图 4-12)，它看起来像一个传统的分类问题，但增加了一些有趣的方面。

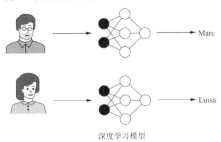

图 4-12 人脸识别是图像分类的一个具体应用，其中输入图像是人脸

假设你正在尝试建立一个智能门锁，它利用摄像头的图像，根据站在你家门前的人来决定是否开门。如果你、你的伴侣或者你的女儿在敲门，相机会拍下这张脸的照片，如果智能门锁能够识别你们三个当中的一个，它就会开门。如果它认不出任何人，就会一直锁着。我们怎么能建造这样的东西？让我们首先对此问题进行分解。

输入数据是一张脸的图像。任务是了解它属于谁：你、你的伴侣、你的女儿，或者其他人。就像本章开头的厨房/浴室示例一样，这是一个监督分类任务。正如我们所看到的，深度学习是解决大多数图像分类问题的最佳工具。我们甚至可以利用迁移学习，这种迁移学习是针对已经在 ImageNet 上训练的网络，对其最后一层进行重新训练而得到的。

和往常一样，下一步就是找到训练数据：打开家庭相册，拍下几百张家庭照片。重要的是照片要尽可能多，所以算法会有你在不同光照条件下，不同发型下的脸的例子等。为完成这个数据集，你可以从网上下载几百张随机人的照片，并将这些照片标记为"其他"。这样，模型将学会识别你和家人脸上最显著的特征，而忽略其他人脸共有的任何属性。

这种方法听起来应该有效，事实确实有效。不过，挑战是这样的：你的女儿在上高中，她的朋友凯瑟琳经常来你家陪你女儿做作业。如果能把凯瑟琳列入值得信任的人名单中，那就太好了，这样她也就可以开门了。你现在有五种类别，而不是四种类别：

- 你
- 伴侣
- 女儿
- 女儿的学习伙伴凯瑟琳
- 其他人

你得向凯瑟琳要几百张她的脸部照片，然后训练出一个全新模型。只是为了加快开门的速度，你、凯瑟琳或者她的父母都不愿意这样。

这个问题与现在许多智能手机上的人脸识别技术类似。当苹果发布带有面部 ID 的 iPhone X 时，它的运作已经非常出色了，不需要你上传数百张图片，再等待几个小时来重新训练神经网络。你只要看着摄像机几秒钟，就完成了。这是魔术还是什么？

事实证明，这并不是魔法，是一种叫做"一眼学习(one-shot learning)"的技术。技巧是让特殊的深度神经网络通过使用单个训练示例(而不是通常需要的数千个训练示例)来学习对项目的分类。

这一切都归结于神经网络识别图像中形状和模式的能力。如果你训练一个识别人脸的网络，它将遵循我们在"厨房与浴室"任务中强调的相同步骤，识别首要线条和边缘，然后逐渐识别越来越复杂的形状。在脸部识别的情况下，这些复杂形状会是什么？它们将是面部特征：鼻子、前额或嘴唇的不同形状。

在每部 iPhone 的软件中，一个神经网络被训练成数千张面孔。当你设置人脸识别码，它第一次看到你的脸时，会把你的脸图像进行分解，识别出基本形状，然后识别出关键的面部特征，再将这些特征编码成一个小的数字列表(从几百到几千)。这个数字列表称为"嵌入"(embedding)。

每次你打开手机，它都会给你的脸拍张照片，通过神经网络运行，得到嵌入量，并与你第一次安装时保存的照片进行比较。如果数字接近，则意味着该图像的面部特征也相似，因此属于手机所有者，手机解锁(见图 4-13 的前两行)。如果嵌入与"黄金指标"非常不同，则不是用一个人(见图 4-13 中底部两行)。就是这样！简单、快速、高效、准确。

嵌入(或编码)的得名来源于它们将原始图像中的信息嵌入几个数字中，将原始图像中包含的大量信息编码成更紧凑、更方便、更有意义的内容(从前摄像头的数百万个数字到只有几百个数字)。

嵌入技术带来了很多机会，刚刚看到了一眼学习是一种很好的方法来实现像人脸识别这样的特征，而且不需要不断重新地训练模型。许多其他有趣的应用程序可以使用编码来构建，下面你将了解更多。

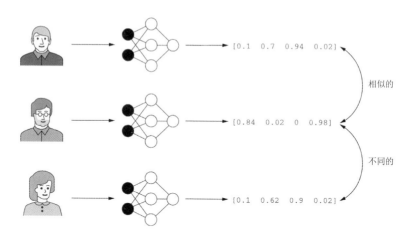

图4-13　在人脸识别中，自拍被转换成一个嵌入(数字列表)，可以与已知图像进行比较

4.5　使用内容生成和风格迁移

内容生成和风格迁移是人工智能领域的新兴应用，最终推动人工智能从理解走向"创造"。

我们将讨论的第一个应用程序用于自动生成内容。我们此前说过，神经网络将找出汽车、摩托车、轮船、面孔等的相关元素。当训练不同的人脸时，神经网络将集中在识别人脸的特定任务上，因此将创建不同面颊、额头、鼻子等形状的表征。如果我们给一个神经网络输入成千上万张人们微笑的图像会发生什么？好吧，它将学习什么是微笑(哪种颜色和形状的组成笑脸的印象)。如果我们用成千上万张黑色卷发的人的照片训练它会怎么样？现在，它将完全从输入数据中了解黑色卷发的样子。

现在，如果一个神经网络知道什么是微笑，我们能找到一种方法让这个网络产生一个全新的微笑吗？或者更好的方法是，我们可以用一张悲伤的脸，让神经网络修改像素，露出笑容吗？结果证明我们可以走得更远。如果一个用微笑图像训练的神经网络能够理解哪些元素会使人微笑，那么当我们用成千上万张某个名人的图片，比如说约翰·奥利弗(John Oliver)的图片训练时会发生什么？当然，网络会对构成他的面部特征进行编码。如果我们用视频来代替网络呢？好吧，如果我们有足够的数据，它将开始学习不仅是哪些元素使奥利弗的脸独特，还会学习他最明显的动作和面部表情。我们能不能试着改变一些特征让奥利弗的脸部变成别人？当然可以，而且结果非常惊人，如图4-14中的前/后图像所示。

然而，有些人以不道德方式利用了这种强大技术。本书最后一章介绍了与自动内容生成相关的更多风险。现在，让我们回到这项技术更令人振奋的一面。你已经看到了一个网络如何学习图片类的相关特征，并将它们从一个图像转换到另一个图像，我们关注的是人们的脸。在相同的技术上还可以构建其他哪些应用程序？

图4-14　在这个人工智能生成的片段中，约翰·奥利弗的面部特征被应用到吉米·法伦(Jimmy Fallon)的一张照片上(由 Gaurav Oberoi 制作，https://goberoi.com/)

一个例子是"风格迁移":从一张图片中提取"风格",然后将其应用到另一张图片上。如图 4-15 所示,模型使得斑马看起来像马(首行),使得马看起来像斑马(底部行)。最上面一排看起来很棒:连小马的毛都被识别了。然而,模型似乎很难区分人的皮肤和马毛:最下面一排的女人最后也变成"斑马"。

毫无疑问,这很有趣,但你能用它做什么呢?好吧,除了生成漂亮的图片,我们真的还不知道!但不要太快就忽视了这项技术的艺术性,因为有些公司已经成功地制造出了这样的产品。

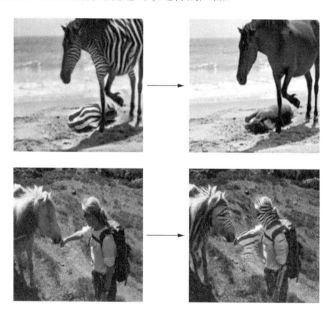

图 4-15　风格迁移的应用,将斑马图案应用于马(和人类)。图像是由 Jun Yan Zhu 等人的《使用循环一致性对抗网络进行未配对图像转换》中的代码生成的,可参见 https://arxiv.org/abs/1703.10593

一个很好的例子是 Prisma,它允许你使用我们刚提到的技术拍摄照片并应用不同风格。2016 年 6 月,这款应用在 iOS 应用商店首发一周后,下载量超过 750 万次，活跃用户超过 100 万。仅一个月后，它就在全球 1250 多万台设备上安装，活跃用户超过 150 万，并在 77 个国家的应用商店中名列前十大应用。

4.6　注意事项

深度学习模型是迄今为止我们见过的最复杂的人工智能，这意味着它们也有更微妙的缺陷。首先，深度神经网络的强大之处在于它们能够自动地从输入图像中提取和计算特征。这很好，因为它们比人工设计的算法性能更好，而且你也不需要付薪水。另一方面，我们真的不知道为什么深度神经网络工作得这么好。为帮助你了解概念，假设你的平均图像分类模型的行为是由大约 5000 万个数字控制的，这些数字在训练过程中被调整和优化。即使是最聪明的研究人员和工程师，也不太希望在这种复杂性上绞尽脑汁。

在机器学习领域，深度学习模型实际上被认为是一个黑匣子：它们强大而准确，但是我们很难解释它们为什么会做出某些决定。可以理解的是，研究人员最初专注于让这项技术发挥作用，直到现在他们才开始窥视黑盒子的内部。我们通常说深层模型缺乏可解释性，这对于它们在安全关键型应用中的应用是一个问题。

例如，自动驾驶汽车可能会部署一个准确度为 99% 的模型来检测街上的行人。这在纸面上看起来不错，但可能不足以创造出一个安全的产品：剩下 1% 的情况会怎样？在传统的机器学习中，工程师至少对模型的运行和决策有一定程度的了解。对于深度学习来讲，这往往不是问题所在，它催生了一个新的研究领域，叫做"可解释人工智能"(explainable AI)。

对可解释人工智能的研究主要有两个方向：一个是开发一系列模型，这些模型的决策对于人类来说很直观；另一个是创造新的工具和技术来解释我们已经拥有的模型决策。在这两种情况下，我们的想法是不为了解释而牺牲准确性。虽然对新模型的研究还处于早期阶段,但在可视化和模型调试工具方面已经有了许多有趣的结果。一个例子是来自华盛顿大学的研究人员 Marco Ribeiro 等人在 2016 年发表的论文《我为什么要相信你?》(https://arxiv.org/abs/1602.04938)给了我们很多思考的素材(甚至还有一个吸引人的标题)。

论文中的一个例子是计算机视觉应用程序,它使用一个经过训练的深度神经网络来分类哈士奇和狼。这是一项艰巨任务,因为这两种动物看起来很相似。研究人员悄悄做了一些事情,收集了家里的哈士奇和生活在寒冷地区野外的狼的照片。经过这些数据训练的分类器性能出奇地好,一个天真的机器学习工程师可能想到此为止,然后发布产品。然而,如果你再深入一点,试着去理解这个算法在寻找它所构建的特征,从而了解动物的类型,你会发现一些有趣的东西。

算法根本不关心动物。唯一确定的特征是图片中是否有雪。因为所有狼的图片都有雪地背景,所以它很容易理解"如果我看到白色背景,那就是一只狼。"如果你决定用一只哈士奇在雪地上测试这个算法,它每次都会说"狼"。事实上,即使你把一只哈巴狗放在雪地上,它也会一直说"狼"! 有趣的是,我们试图建立一个智能算法,可以区分狼和哈士奇,而我们得到的是一个计算白色像素的算法。

那么,最大的收获是什么?一位伟大的哲学家曾经说过:"能力越大,责任越大"。对于深度神经网络来说尤其如此。自主学习特征的能力非常强大,但必须小心处理;模型可能已经学到了一些你意想不到的东西。

你需要发挥聪明才智。玩智能游戏的方式是记住我们在本书开始所说的:在人工智能领域,最重要的事情是关注"数据"。如果模型产生偏差,你应该查看数据,找出原因和解决方案。

4.7 人工智能在音频领域的应用

音频数据呈现出许多与图像相同的复杂性,因为数据看起来很相似:

大量的数字代表波形和音频峰值。因此，我们在此介绍人工智能在音频方面的三个主要应用：
- 语音到文本，或"语音识别"
- 文本到语音转换，或"语音生成"
- 触发字检测

我们就每一种应用进行简单介绍。语音识别是指从口语对话的录音中理解单词。输入是音频，输出是文字记录(见图 4-16)。每次向 Siri、Google 助手或 Alexa 提出任何问题时，你都会使用这项技术。

图 4-16　语音识别算法接收音频记录并生成其文字记录

这是另一种技术，直到深度学习成熟，这种技术才精确，我们能够利用它收集和处理大型数据集。如果你仔细想想，问题和图像是一样的：如果你听一个"你好"录音的音频文件，你应该能识别出组成不同字母声音的话语，然后识别这个单词。它是否让你想起了深度神经网络的分层结构？

虽然深度神经网络在语音识别方面取得了重大进展，但目前的解决方案仍然存在严重缺陷。这些算法都有很好的性能，但最大的瓶颈之一就是数据。为了训练深度学习算法来执行语音识别，你需要有标签的音频文件：某人声音的录音及其文本记录。适合这种数据需求的自然方式来自电影：你可以使用音频作为输入，而字幕作为标签。然而，并不是每种语言都有很强的电影艺术史，有些语言有少量的可用数据集。而且，大多数演员都有完美的发音，因此很难将算法推广到蹩脚的英语中。

"语音合成"(text to speech)指的是从文本生成音频。就像语音识别是 Alexa 用来理解你的声音的技术一样，语音生成(speech generation)是用来和你顶嘴的(见图 4-17)。由于深度学习的发展，这项技术也得到迅速发展，这些算法产生的声音比我们在地铁里听到的机器人、金属声音要自然得多。但这些新算法的主要问题是非常耗电，而且很难在移动设备上使用尖端技术。

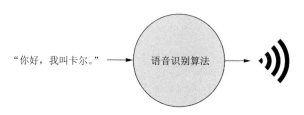

图4-17　语音合成算法以自然的声音大声说出句子

我们想让你知道的最后一个任务是"触发字检测"(trigger word detection)。当你说"嘿，Siri"或"好吧，谷歌"时，这项技术会解锁你的手机。与一般的语音识别相比，它经过优化，只需要一个提示，就可以在手机后台运行，而不会耗尽电池电量。

除了触发字检测外，语音识别和语音生成都很先进，对于一个小公司来说很难开发；甚至像谷歌和 Facebook 这样的科技巨头也在进行研究。本书后面会对此进行介绍，大部分公司都将他们的技术作为一种服务来提供，而这几乎就是你需要的；它们是非常标准的应用程序，通常不需要专门定制。

4.8　案例研究：运用深度学习优化农业

Makoto Koike 是日本的一名软件工程师。当他开始在家里的黄瓜农场帮忙时，他注意到父母花了很多时间根据黄瓜的质量来分类。日本农业以生产质量为荣，这意味着 Koike 的母亲每天要花 8 小时根据黄瓜的形状、颜色和刺数来分类。由于日本对黄瓜的质量没有标准化的分类，

Koike 的农场采用了从最好到最低的九级分类方法。图 4-18 展示了这些分类。

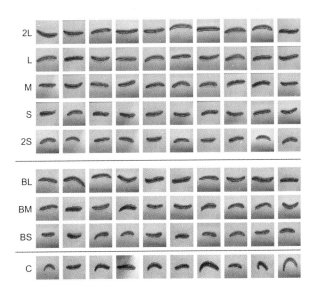

图 4-18 黄瓜分类的例子，黄瓜的形状和大小各不相同

Koike 决定尝试将这一过程自动化，这样家人们就可以集中精力优化种植。由于在汽车工程方面的背景，他能够在传统传送带设计的基础上为自动分拣机设计和制造机械部件。

自动机械臂(由计算机控制)根据黄瓜的质量分类将每根黄瓜推入其中一个箱子。一旦机器被制造和测试，Koike 必须实现机械臂的控制算法。从实施的角度看，最难完成的任务如下：

(1) 在传送带中识别不同的物品。

(2) 根据形状、颜色、表面外观对每个项目进行分类。

(3) 协调手臂的移动，将每个物品推入正确的箱子。

Koike 可以利用自己的专业知识来处理属于传统自动化工程领域的任务(1)和任务(3)。然后他意识到任务(2)是一个目标分类任务，为此他使用大量的研究和开源代码。这大大降低了传统软件工程的工作量,建立这些免费可用的框架只需要几个小时,然后他开始着手应对下一个真正的挑战,收集训练数据。像经常发生的那样,收集数据的唯一途径就是依靠那些拥有必要专业知识的人。Koike 收集了样本(图片)和标签,母亲耐心地根据农场严格的质量标准对大约 8000 根黄瓜进行分类。数据集可在 https://github.com/workpiles/CUCUM-BER-9 中找到。

在收集了足够的原型训练数据后,剩下的只是常规的软件工程,将模型的预测插入传送带的控制系统中。图 4-19 说明了这一过程:摄像机拍摄黄瓜图像,然后由神经网络进行处理;根据网络的预测,机械臂将黄瓜放入与其对应的桶中。整个过程发生在一个小传送带上。你可在图 4-20 中看到最终产品。

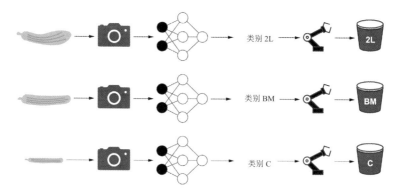

图 4-19　Koike 分类系统的核心步骤,从给黄瓜拍照到最后放入右桶

Koike 声称整个系统的准确率为 70%,而在测试集中的准确率往往超过 95%。这表明测试数据不能准确地捕捉到真实情况下样本的可变性。例如,一些形状或颜色的黄瓜可能在训练集中表现不足。一般来说,如果所有训练样本和标签都是在收获季节开始时收集的,而黄瓜随着时间的推移而长大,就会发生这种情况。

图 4-20 最终的黄瓜分类机的一部分，摄像头拍下黄瓜的照片，电脑详细分析预测结果，然后将黄瓜向前移动，放入正确的桶中

为了提高系统性能，Koike 决定采用多功能摄像机；不同摄像机从不同的固定角度拍摄黄瓜图像，然后输入神经网络对黄瓜进行分类。图 4-21 展示了 Koike 数据集的升级版本。

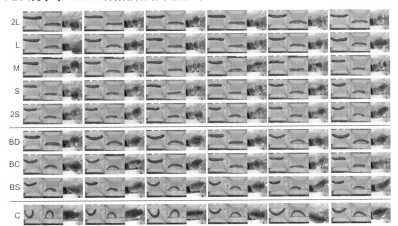

图 4-21 数据集的升级版本，从三个不同角度拍摄每个黄瓜

Koike 的故事吸引了许多新闻机构，他的故事被比作大卫大战歌利亚[1]的故事，指出即使是一个工程师，也可以开发出与大公司竞争的人工智能应用程序。记者提到 Koike 花了三个月的时间收集了 8000 个样品。他拍摄的图像的分辨率也非常低，以至于模型在物理上不可能识别出斑点和划痕。另一方面，谷歌的博客发布了自己的版本，强调了开源库的作用及通过提供的云服务来加速训练。

4.8.1 案例问题

(1) 为什么这个问题很适合机器学习？

(2) 什么样的关键选择和取舍使得 Koike 能以最小的投资快速开发出原型？

(3) 你如何设计标准衡量这个项目是否能够成功？

4.8.2 案例讨论

自从工业革命以来，自动化生产过程的商业案例就已经很清楚了。这个项目是人工智能带来新一轮改进的例子，它专注于机器人的高级感知。许多设备的设计使得工业机器人能以最低限度的灵活性完成任务。假如有一条传送带，装满产品，正在运送打开的罐子。这种情况下，控制设备的算法几乎不需要摄像机或其他先进的传感器，因为这个过程很严格。黄瓜的情况大不相同，因为很难控制黄瓜会变成什么形状(大自然不喜欢标准化)，你需要自己来分类。制定硬编码规则是很困难的，因此机器学习自然适合这种决策过程。

Koike 的项目也是 20 世纪技术(工业自动化)与 21 世纪人工智能和软件之间的桥梁。在机械制造完成后，该算法是监督分类的教科书应用，研究人员已经撰写了数千篇与此有关的论文。这使得 Koike 能够利用众

---

1 该故事源于《圣经》，表示以少胜多。

所周知的技术(如本章所讨论的技术)，甚至可以重用开源代码。

尽管这个项目很小，但它包含了构建人工智能应用程序的所有步骤，即识别业务价值(节省时间)、收集训练数据以及将模型插入业务流程。从技术角度看，这是一个很好的例子，说明当你用正确的思维模式解决问题时会发生什么：你可以更有效地与工程师沟通，并可利用大量的现有技术，一切都变得更容易。一旦 Koike 发现工具的核心是一个目标分类模型，就可深入研究并开始收集标记的训练数据，然后使用互联网上的开源代码。

注意，构建这项技术对 Koike 来说并不难，因为他能使用云提供商和开源技术。还有一个例子，应该强调数据是构建人工智能应用程序时最有价值的资产。在这个例子中尤其如此：Koike 收集的数据与他在实际应用中收集的图像相比有一些不同的属性，正如测试集和现实生活中的性能差异所表明的那样。这可能是一个重要方面，以防止项目不得不进一步扩大规模。

最后，想一下 Koike 最初的问题：他很难衡量模型性能，因为模型在从未见过的示例(测试集)上的性能似乎比在从中学习的示例(训练集)上表现得更好。当然，这是可疑的，可能是因为不同训练集的黄瓜可能是在不同季节收获的。这一挑战凸显了谨慎选择数据的重要性：大数据集是不够的；还要求它们代表将在实际应用程序中遇到的潜在案例。

就最低限度的可接受的准确性而言，Koike 本可以利用母亲的决定作为基本事实，并提出一个对他来说有意义的门槛。然而，认真思考错误意味着什么也很重要：把黄瓜放错盒子的代价是什么？因为这个应用程序中的错误不会带来破坏性后果(例如，不像医学诊断错误的后果那么严重)，Koike 本可决定接受稍差的性能，只要有助于把繁重的任务从劳累的妈妈身上卸下即可。

4.9 本章小结

- 深度学习隶属于机器学习算法,为大多数处理图像和音频的人工智能应用程序提供动力。
- 深度学习的秘诀在于它能自动从数据中提取相关特征,使工程师从冗长(或根本不可能)的工作中解脱出来。
- 迁移学习是一种技术,有助于减少深度学习对训练数据的渴求。
- 人脸识别和自动内容生成是利用深度学习模型灵活性的智能应用程序。
- 深度学习与音频和图像一样有效,是当今最先进的语音识别和生成方法。

第5章

将人工智能应用于自然语言

本章内容包含：
- 理解自然语言处理的主要挑战
- 用情感分析法衡量文本中的观点
- 使用自然查询搜索文本内容
- 建立会话界面(聊天机器人)
- 案例研究：机器学习辅助语言翻译

自 20 世纪 50 年代以来，让计算机理解语言一直是计算机科学家们的梦想。这可能是因为大多数人类知识和文化都是用书面文字编码的，而语言的使用是使我们区别于动物的最强大能力之一。这些技术统称为"自然语言处理"(NLP)，包括理解和生成语言。

然而，赋予机器理解和生成语言的能力是非常困难的，维持这种无缝的人机交互的技术尚未出现。这并没有阻止公司、机构和媒体过度宣传端到端解决方案的潜力。聊天机器人是一个典型例子，它被宣传为能与客户交流信息的自主智能体，无缝地增加或替代人工来完成销售或售后服务等复杂工作。结果令人失望。2017 年，硅谷博客 *The Information*

发表了关于 Facebook Messenger 个人助理 M 表现的研究报告。该博客报告称，M 未能处理 70%的用户请求。正如你所能想象的，不守承诺的结果只会浪费金钱和时间并给人们带来沮丧。

如果这个介绍看起来并不令人振奋，那就有好消息了。首先，技术在迅速发展，可能性的范围也在相应扩大。第二，你将要学习如何发现和开发隐藏的项目，这些项目可从更简单、更成熟的 NLP 工具中获益。围绕着 NLP 的炒作，这些机会常被低估，但对于人工智能来说，这可能是一个强有力的成功案例。

本章有两大目标：
- 教你判断一个想法在当今的技术环境(和资源)中是否可行。
- 教你规划一个自然语言项目，着眼于获得最大限度的投资回报。这将使你能在企业中消除迷雾并发现隐藏的机会。

我们首先解释为什么语言对计算机来说真的很难，以及机器学习在过去几年里如何再次拯救了我们，以使我们能创造出令人惊叹的产品和解决方案。

5.1　自然语言理解的魅力

让我们面对现实吧。一段时间来，我们在互联网上使用信息的方式陷入一种不自然的妥协：我们仍然在单击按钮和选择下拉菜单。而在现实世界中，我们只是简单地使用自然语言。自然语言处理是一种技术，可以帮助我们消除这一障碍，使人们能够像体验现实世界一样体验数字世界。

试想一下 NLP 如何改变现在熟悉的房地产经纪网站。我们将设身处地为其中一位客户着想：她是来自旧金山的富有的创业投资者，想买房。她想要一栋至少有四个房间的大别墅，靠近 101 号高速公路，可以看到壮阔的海景。现在，当她访问网站时，面对的是我们都习惯的传统互联网门户网站视图：菜单、价格框、位置框、卧室，以及每个列表的一堆信息(图片、说明等)。

使用所有这些按钮、选择器和下拉菜单可以感觉像置身于喷气式飞机的驾驶舱中，而你只需要回答以下问题：

旧金山有哪些别墅靠近高速公路，有令人惊叹的海景，至少有四个卧室？这个周末我想去参观最好的。

每个有血有肉的经纪人都能回答这个问题，但我们不可能为每个在互联网上寻找房子的人配备一个专门的经纪人。但有了人工智能，我们是否可以做到呢？这就是机器语言理解的承诺：为每个人与计算机交互提供卓越的体验，在一定程度上提高其满意度和效率。

你已经意识到，在使用语言方面完全匹配人类的能力在当今的技术中是遥不可及的。解决这一挑战的方法是设计降低复杂性以适应现有技术的解决方案。第一步是理解和衡量复杂性。我们开始吧。

5.2　分解 NLP：衡量复杂性

语言是区别人和其他动物的最重要能力之一。虽然家里的狗可用声音来交流，但它只限于一小部分情绪(如痛苦、悲伤和愤怒)。但是，人类可以用语言来交流几乎任何事情，从表达感情到热爱生活，再到点一份双层芝士汉堡。

从狗的简单能力到诗人吟诗，存在不同的复杂程度。在技术上，复杂性是敌人。任务越复杂，我们就越有可能失败并开发出不起眼的产品，尤其是使用 NLP 这样不成熟的技术。如何衡量 NLP 任务领域的复杂性？根据经验，有两个质量关键指标：

- 宽度——执行任务所需的主题或语言域的多样性。算法需要掌握的词汇量有多大？
- 深度——算法有多复杂？它需要理解或做多少事情？

表 5-1 列出了 NLP 任务的示例，并指出其宽度和深度。

表 5-1 NLP 任务及其宽度和深度的评估

任务	宽度	深度
了解亚马逊产品评论是正面还是负面	高：评论可涉及广泛的产品和属性	低：只有两种可能的输出(正面或负面情绪)
帮助旅客预订和管理机票	低：我们将要处理的文本与受限主题子集(航班、预订)相关	高：智能体必须了解各种选择，从检查价格，到更换机票、处理投诉、提供机场援助等
帮助经理规划时间和会议(秘书机器人)	高：秘书需要了解很多领域的查询和排班(预约、开发票、出差等)	高：在每个主题中，秘书机器人都应该深刻理解并执行复杂的行动，例如在合理时间安排会议和出行

请注意，由于宽度和深度都会影响任务的复杂性，可以说任务的总体复杂性与其乘积成正比：

复杂性=宽度×深度

如果在轴上绘制一个包含这两个度量的图，就可得到一个将 NLP 任务复杂性进行可视化的有效方法。如图 5-1 所示，形成大面积矩形的任务比面积小的任务复杂。

回到房地产网站聊天机器人的例子。这个聊天机器人可以执行的简单操作是理解基本的用户查询，基本上取代了传统的搜索界面。以下是一个查询示例：

给我看看旧金山市中心有四间以上卧室、价格不到 200 万美元的房子。

在本例中，机器人需要执行一个简单操作，查询一个与域相关的数据库：房产。我们可以从聊天机器人中获取更多信息，并扩展其功能，从该数据库中提取元信息或回答更复杂的查询，例如：

在普雷西迪奥附近有海景，有四间卧室，距离 101 号高速公路不到 10 分钟路程的房屋，平均价格是多少？

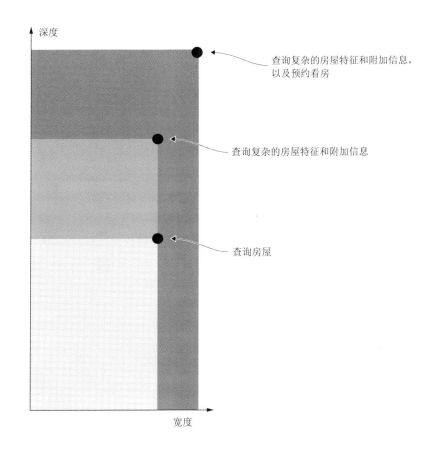

图 5-1 房地产网站可以通过聊天机器人交付各种 NLP 任务的宽度和深度

这不会增加宽度,因为语言领域仍然局限于房屋,但深度要高得多,因为机器人必须能够处理的可能操作的数量已经增加。最后一步可能是看房预约。随着操作次数的增加,这将再次增加深度。现在,宽度也增加了,因为机器人需要理解与预约相关的新语言表达式。

请记住,两个非常不同的任务可能具有相似的复杂性。让我们换一下话题,看看你可能已经熟悉的 NLP 的两个典型示例:

- 对推特的情感分析——对于这个任务,模型读取一条简短文本,并且必须决定它是表达积极的还是消极的情绪。换言之,情感分析就是找出作者对文本主题的看法。例如:"我喜欢斯皮尔伯格的新电影"是积极的。"这部新手机的摄像头糟透了"是消极的。
- 客户支持票据的分类——对于此任务,模型读取来自客户的投诉并将其分配到多个潜在原因类别中的一个。例如:"密码错误"是一个身份验证问题,"站点没有加载"是一个连接问题。

第一个任务的宽度很高,因为它可以处理很多主题(人们使用推特谈论所有事情),但深度较低,因为它只有两个可能的结果:正面或负面的评论标志。

此外,第二个任务的宽度较低,因为它需要处理与同一个域(IT 不起作用)相关的票据,但深度更高,因为需要将票据放入几个桶中。在宽度/深度图中,这两个任务类似于图 5-2。

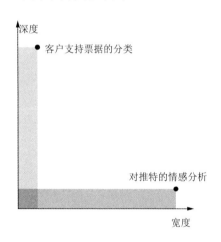

图 5-2 宽度/深度图上的两个任务:客户支持票据的分类(高深度、低宽度)和对推特的情感分析(高宽度、低深度)

如何将这些洞察转化为可执行的信息?从宽度和深度的角度分析

NLP 任务有助于评估可行性。一般来说，你希望通过从最低的宽度/深度组合开始设计 NLP 应用程序，使两者尽可能低。根据可以实现的性能进行构建。在图 5-3 中，可以看到一个应用程序的可行性表示，这取决于它的深度和宽度。

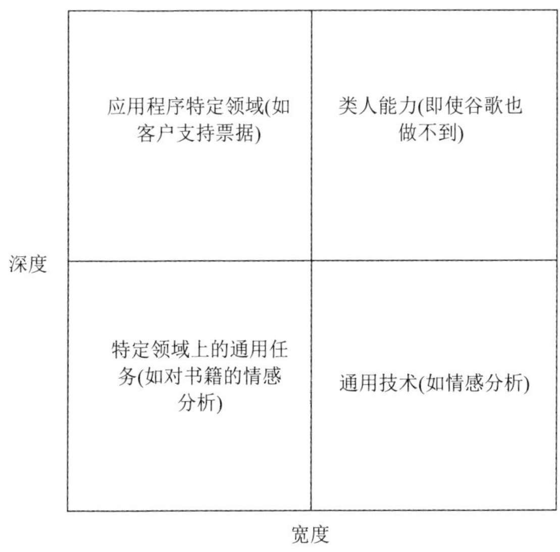

应用程序特定领域(如客户支持票据)	类人能力(即使谷歌也做不到)
特定领域上的通用任务(如对书籍的情感分析)	通用技术(如情感分析)

(纵轴：深度；横轴：宽度)

图 5-3　基于宽度和深度的 NLP 应用程序。应用程序越靠近右上角，在当今的技术环境中越不可行

下一节使用这个心智模型作为指南，介绍如何将 NLP 功能添加到房源列表站点。

5.3　将 NLP 功能应用于企业

让我们从上一章介绍的房地产经纪网站开始说起。基于深度学习的图片分类器极大地改善了用户体验，并且每月访问量也在快速增长。客户访问网站，通过每个房源的图片快速找到他们感兴趣的详细信息，并通过询问有关他们最喜欢的房子的更多信息来推进这一过程。现在，对某个特定清单感兴趣的人有两个选项来了解更多信息：

(1) 花很长时间阅读房主留下的描述和其他访客的所有评论(假设房地产平台具有关于房屋的评论)。

(2) 打电话给客服部，将客户与房屋经纪人联系起来。

第一个选项不是很好的用户体验，第二个选项对业务来说非常昂贵。我们已经设想了一个类似人的计算机程序(通常称为机器人或智能体)，它可以完全接管房屋经纪人的角色，但我们也明白，NLP 的这种应用不太可能与当今技术一起工作。我们可将这种高级应用程序称为 brokerbot，兼具宽度和深度。

让我们退一步来看看业务目标。业务目标是让客户能快速找到他们需要的关于每个列表的信息。如果你这样看的话，brokerbot 有点过头了；我们仍然可在使用更简单的技术的同时获得更好的用户体验和更快的搜索速度。

我们知道，客户花了很多时间阅读其他潜在购房者所写的评论。这些评论中包含很多信息，这些信息通常不包含在房屋描述中，如对照明设备、邻居等的第一手意见。我们想利用这些信息帮助其他用户做出可能的最佳决策，但很少有人会花时间阅读所有这些材料。下一章将逐步为网站提供更复杂的 NLP 功能，充分利用我们所拥有的主要自然语言内容——用户评论。你会发现，即使是基本的 NLP 功能也可以对人们有用，而不必设计超级复杂的类人特征，而这些特征最终可能让用户感到失望和沮丧。如图 5-4 所示，在 NLP 这样一个复杂且不成熟的领域中，产品的复杂性成倍增加会增加技术风险，而业务价值则会在一段时间后趋于停滞。

向网站添加 NLP 功能的第一步应该是我们可以构建的最简单事情，它仍然可以为人们提供价值。在案例中，它可开发一个系统，将每个评论分为积极的或消极的，让新用户更容易了解所列出的房屋到底有多好。

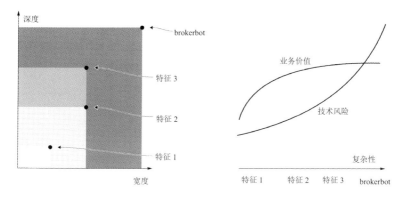

图 5-4　随着复杂性的增加,不同特征带来了指数级的技术风险,而业务价值则很快趋于平稳

我们希望从表 5-2 中的一个无序的评论部分变成一个更易于理解和信息量更大的布局,如表 5-3 所示。

表 5-2　积极和消极评论的列表

评论
位置很棒!
这个房子又老又破。
房顶的视角非常精彩。
我从未在这么危险的地区住过一楼。

表 5-3　积极和消极评论的有序表格

人们喜欢的	人们不喜欢的
位置很棒	这个房子又老又破
房顶的视角非常精彩	我从未在这么危险的地区住过一楼

让我们看看情感分析在深度和宽度方面的表现。请记住,应用程序的深度与模型功能的复杂程度有关。这种情况下,我们只要求聊天机器

人将评论分为两类(积极的或消极的)，因此深度较低。宽度度量模型必须"知道"的词汇表的大小(它必须理解与评论相关的单词数才能正确地对评论进行分类)。这种情况下，所需的词语仅限于积极的词语，例如"美丽""安全""精彩"，以及消极的词语，如"破旧""可怕""危险"。这些词语一般是"美丽"和"丑陋"等积极和消极词语的结合，加上一些特定领域的术语，如"宽敞"和"破旧"，这些术语是房屋领域特有的。因此，其宽度比标准情绪分析任务的宽度要高一些，但不会显著增加。图 5-5 将情绪分析与图 5-1 中介绍的宽度/深度图的 brokerbot 进行比较。

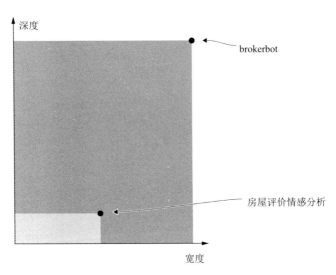

图 5-5　基于宽度/深度图的 brokerbot 与情感分析。情感分析的深度和宽度都较低，因为它的最终结果都很窄，而且只处理与表达意见相关的词语

如你所见，与 brokerbot 相比，它的面积要小得多，因此它更易于构建，同时仍能显著改善用户体验。

情感分析是 NLP 中一个经典而重要的应用，值得深入研究。下一节将使用情感分析工具来阐明 NLP 算法的内部工作原理。

5.3.1 情感分析

互联网用户产生的大量文本内容都是关于意见和情感的。例如，想想亚马逊上的用户评论、推特回复甚至博客文章。情感分析算法会消化所有这些自由格式的文本，并确定作者对主题的看法是积极的、消极的还是中立的。

情感分析是一项重要任务，它不仅可用于对房屋的评论进行分类。你可通过跟踪社交媒体的反馈来实时监控营销活动的结果，甚至可在会议上衡量个人陈述的反应。华尔街交易公司通常使用情感分析来衡量大众对公司的看法，并告知交易决策。

但让我们回到房地产网站。以下是用户发布的一些评论的节选：
- 厨房电器又旧又臭。
- 日落时，客厅的景色令人惊叹。

我们要做的是构建一个算法，将每个句子标记为积极的或消极的，如图 5-6 所示。

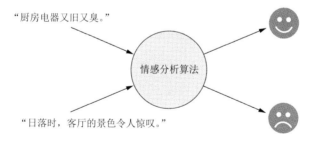

图 5-6 情感分析的基本概念

假设我们不了解机器学习，我们需要向计算机解释如何通过开发一个算法来给这些句子评级。一个很好的经验法则是观察某些能说明问题的词，例如"可怕的"和"令人惊异的"。事实上，这正是最早的情感分析算法的工作原理；研究人员煞费苦心地建立了一个重要词汇词典，并将每个词标记为积极的、消极的或中性的。例如，这样一个单词情感词典可能如下所示：
- 高兴——积极的
- 死掉——消极的
- 大喊——消极的
- 桌面——中立的

一旦你有了这样一个情感词汇表，就可通过计算积极或消极词汇的数量来对每一个句子进行分类，并得到句子的最终分数。

这种简单化方法有很多问题。语言是极其复杂的，使用它的方式因人而异；同一个词可以用不同的方式传达完全相反的信息。假设你把"好"列为一个积极的情绪词，其中一位评论者写道：

如果他们把挂毯完全去掉就好了。

虽然这个句子是一个负面评价，但天真的系统会认为它是积极的，因为"好"这个词具有积极的含义。也许你可以尝试通过添加更复杂的规则来改进这个系统，比如：

如果……，则(积极的词汇)=>消极的

虽然这条规则对前面的代码片段有效，但是仍然很容易被愚弄。例如，下面这句话实际上是非常积极的，但会被列为消极的意见：

如果我能马上搬进来就好了！

我们应该继续添加硬性编码规则吗？这个游戏已经变得很复杂(无聊)了，但仍然很容易愚弄系统。还请注意，我们仍然在研究个别单词，还没有开始绘制浩瀚的英语词汇海洋。

现在，你可能开始认为这种方法注定要失败。如果你熟悉这本书的主题，可能会认为我们会有更好的东西给你，你是对的。也许一台机器可以自己发现如何执行任务，而不需要我们解释。

可试着用在前几章中研究其他机器学习问题的方式来看待情感分析。给定一段文本，我们要确定它属于"积极的"还是"消极的"类别：分类问题。类别(标签)将只是"积极的"或"消极的"，而特征将是句子中的单词。我们可以训练一个机器学习模型来完成这项工作，而不是手动创建规则将每个单词分类为积极的或消极的。结果表明，文本中是否存在特定词语，就足以让模型判断出观点是消极的还是积极的。

这种方法简单有效。最早提出这个想法的人之一是硅谷最成功的创业加速器 Y Combinator 的传奇创始人保罗·格雷厄姆(Paul Graham)。他在试图修复他认为对早期互联网的最大威胁之一——垃圾邮件时想到了这种方法。那时，邮箱里会塞满各种各样的欺诈广告，从假彩票到假冒的伟哥。2002 年，格雷厄姆想出了一个新方法，他在《垃圾邮件计划》一文中描述了这个方法(www.paulgraham.com/spam.html)。

格雷厄姆的计划首先意识到，大多数开发人员将被吸引到编写明确的规则来检测垃圾邮件。在互联网早期阶段，通过使用明确的规则，正确识别近 80%的垃圾邮件并不难。然而，识别所有的垃圾邮件非比寻常。简单的机器学习方法更有效。这个概念非常简单：让机器学习算法看到一堆垃圾邮件和非垃圾邮件，并让它自己找出哪些单词最有可能表示垃圾邮件。

在有限的努力下，格雷厄姆的算法能够击败专家程序员费尽心思编写的最复杂的手工编码规则。该算法还发现了奇怪的单词和垃圾邮件之间惊人的关联，出人意料。事实证明，与色情文字一样，网络上使用的红色代码 ff0000 是识别垃圾邮件很好的指标。

格雷厄姆的经历提供了两个有趣的启示。首先,在 2002 年,格雷厄姆正考虑将自动垃圾邮件过滤变成人工智能。今天,我们认为这个功能是理所当然的,并认为它不如咖啡机复杂。另外,我们也不会详细介绍格雷厄姆使用的特定分类器(对于信息,称为朴素贝叶斯),但它可能是数学家能想到的最简单算法之一。然而,它仍然比世界上一些最聪明的工程师更聪明,并且凭经验学习又一次战胜了手工编写的规则。

5.3.2 从情感分析到文本分类

情感分析已经改善了用户在网站上的体验,但是我们想向 brokerbot 迈出更大步伐。我们决定解决另一个问题:评论冗长,谈论房子的方方面面,从客厅的照明到小区。一个对某个特定主题特别感兴趣的潜在买家只有浏览所有评论,才能找到谈论该主题的人。按主题标记每篇评论将是一个很棒的功能,可以让潜在买家快速找到他们想要的信息。

我们不再像情感分析那样只有两个等级(积极的和消极的),现在我们有了更多,因为评论可以是关于家具、景观、邻居的声望等。此任务通常称为"文本"或"文档分类"。

文档分类是否比情感分析更复杂?同样,我们使用宽度/深度图来对这些差异进行可视化。任务的宽度更大,因为文档分类模型需要理解更大的词汇量。像"架子""洗碗机"或"果园"这样的词汇在情感分析中可以忽略不计,但显然对于分类很重要。NLP 应用程序的深度衡量任务的复杂程度。在情感分析中,我们只是想把评论简单地放在两个桶中的一个。对于文本分类,我们可以有尽可能多的"桶"作为想要划分评论的类别;例如,关于客厅的评论、房子的磨损、邻居等。我们决定使用的类别越多,模型就越深,如图 5-7 所示。

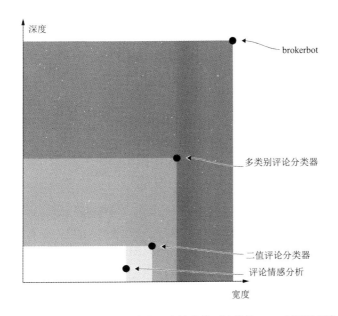

图 5-7　将 brokerbot 与本章中开发的其他更简单的 NLP 应用程序进行比较

基础的机器学习模型对于情感分析来说通常已经足够好了,但是面对更复杂的任务(如分类)则会出现问题,主要是因为它们忽略了单词的含义,而只是计算单词在标记数据集中出现的频率。这意味着分类器无法洞察与"棒极了(awesome)"具有相似含义的词语。为什么这是个问题?假设你有 20 个训练例子,其中包含词语"棒极了(awesome)",但没有一个词语是"惊人的(breathtaking)"。一个不了解单词含义的模型将含有词语"棒极了"的评论归类为积极例子,但不知道如何处理"惊人的"这个词。如果一个模型能掌握单词的含义,它只需要看到几个带有积极情绪的词的例子就足够了,然后将分类能力扩展到所有积极的单词(即使训练示例只包含"棒极了"),会正确地解释"惊人的(stunning)""难以置信的(fabulous)""华丽的(gorgeous)"。

词汇的高度可变性造成类似于第 4 章中图像的问题。当我们开始讨论计算机视觉时,主要问题是图像是由数百万像素组成的,我们很难找到方法将这些数据的复杂性分解成更简单的项目，如基本形状。解决这个问题的方法是使用深度学习，这是一种特殊算法，能自主地提取复杂特征(在图像的情况下，从角和边等基本信息到复杂信息，如用于人脸识别的面部特征)。你还了解了如何使用这些算法来构建"嵌入"(embedding)，这是一种计算机友好的图像内容摘要。

幸运的是，深度学习对文本也有帮助，它可以帮助我们建立更强大的特征，而不是在句子中出现某些简单的单词。正如我们使用嵌入将原始图像像素转换为有意义的信息(例如尖鼻子或大耳朵)，我们可以使用它们将单词转换为一组数字，这些数字表示抽象的单词特征，例如"积极性"和"强度"。就像两个具有相似对象的图像具有相似的嵌入，相似的单词也会有相似的嵌入(也就是说，类似的单词"棒极了"和"难以置信的(fabulous)"将被转换成相似的数字集)。

如果我们把一个单词嵌入的数字解释为空间坐标，就可以直观地理解这种表征的力量。例如，在图 5-8 中，可以看到在三维平面上表示的单词。在左边的平面中，可以注意到肯定词彼此靠近，它们远离否定词(否定词也彼此接近)。右图也是如此；与客厅家具相关的物体往往聚集在一起，远离与邻居相关的形容词。这种情况下，贴近度仅意味着两个相邻单词的单词嵌入是相似的,这使得文本文档分类器可以大大简化其工作。它现在可以忽略类似单词之间的差异，比如"棒极了(awesome)""难以置信的(fabulous)"或"美丽(beautiful)"，把它们看作代表积极情感的相似数字。

就像计算机视觉一样，NLP 应用程序也可以利用迁移学习来减少所需的训练数据量。正如第 4 章中所看到的，迁移学习是一种"预热"模型的方法，它包含大量易于获得的通用数据，然后使用特定领域的训练数据对其进行训练，而这些数据通常很难获得。就像计算机视觉应用程序一样，模型可以学习简单的形状和模式，NLP 模型将学习基本的词汇和语法，这些词汇和语法对几乎所有事情都是有用的(无论你谈论的是房子还是其他东西，"美丽(beautiful)"的含义都是一样的)。

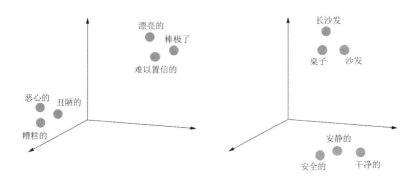

图5-8 在这些以三维平面表示的单词嵌入中,积极的和消极的单词位于左侧,而与社区和客厅相关的单词位于右侧

NLP研究社区发布了几个深度学习模型,这些模型是在大型文本数据库上训练的,因此可以理解和创建几乎完整词汇表的嵌入。图5-9勾勒出为特定分类任务采用嵌入的基本思想。

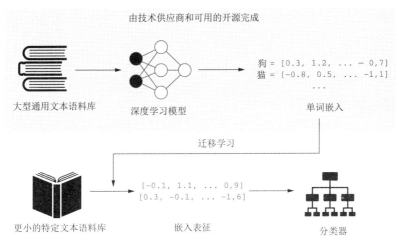

图5-9 典型的NLP管道。对于前三个步骤(在灰色框中),可以利用开源模型和嵌入。最后三个步骤涉及领域特定的数据集

该计划使用免费提供的预训练模型来计算自己的文本嵌入(例如,网

站上的房屋评论集合)。这些模型完成了理解语法和词汇的所有艰苦工作,因为它们已经在大量的文本语料库中接受过训练,从而能够学习所有这些复杂的规则。当你有了所关心的文本嵌入向量(例如,家庭评论)时,为情感分析或其他任务构建一个分类器就容易得多,因为嵌入比原始文本表达的意义要多得多。

5.3.3 NLP 分类项目范围界定

文本分类是一个通用且有用的应用程序,它可以在不同情境中提供帮助。表 5-4 给出了一些启发。

表5-4 基于 NLP 的业务应用分类的三个示例

应用程序	输入数据	可能的类别
自动售票机	发送给客户的推文和邮件	造成问题的原因(无网络连接、计费有误等)
自动汽车保险索赔分类程序	保险索赔报告	损坏类型(发动机损坏、划伤等)
医疗索赔分类器	医生的报告	疾病

将文档分类应用于业务问题时,必须记住,风险和性能取决于我们要识别的类别数量。在图 5-10 中的宽度/深度图上,你可以想象复杂度是如何增加的,我们要求人工智能算法识别的类别越多,应用程序的深度就越大,从而使得任务更具挑战性。

另外要记住的是,如果在训练数据中某个类别的示例数量有限,则该算法从该类别中识别元素将非常复杂,因为它没有看到足够多的示例。回到房产评论分类器,假设有一个类似于表 5-5 中的情形。在这个例子中,我们有很多前三个类别的训练数据,但缺少最后一个类别的例子。第四个类别只有三个例子,而其他类别有几百篇评论。

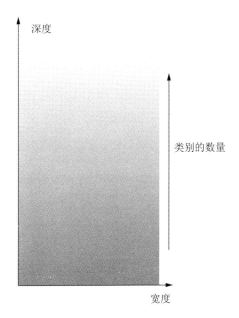

图 5-10　分类 NLP 任务的深度随着类别数的增加而增加，而宽度保持不变

表 5-5　房产评论的初始示例数据集

类别 ID	类别名称	类别中的示例数量
1	老旧程度评论	1541
2	家具评论	769
3	社区公共服务评论	988
4	社区安全评论	3

　　解决这种情况的方法要么是获取更多的训练数据，要么简单地将不吉利的类别与另一个类似的类别合并。例如，类别 3 和类别 4 都与邻居相关，所以我们可以将它们合并到一个更广泛的"关于邻居的评论"类别中，该类别共有 988+3=991 条评论。最终的数据集少了一个类别，但在示例方面更平衡，如表 5-6 所示。

表5-6 合并类别3和类别4后的相同数据集

类别 ID	类别名称	示例数量
1	老旧程度评论	1541
2	家具评论	769
3	社区安全评论	991

减少类别的数量也有助于降低任务的深度,提高总体准确性,从而降低系统在实际应用中出错的风险。

5.3.4 文档检索

本章开头介绍了brokerbot:一个能够像人类一样解释文本的人工智能应用程序。对于现代人工智能技术来说,它太复杂了,所以我们从可以构建的最简单应用程序"情感分析分类器"开始。深入语言理解的下一步是文本分类。然而,它仍然受到两个重要限制。

- 这是一个分类任务,这意味着我们需要收集标签。
- 类别是预先定义的。如果用户想搜索类别中没有包含的内容,我们无法提供帮助。

求助高明的数据收集黑客或简单地雇用其他人手工添加标签来克服第一个问题是有可能的。第二个问题更具挑战性,而这正是谷歌擅长的;谷歌的小搜索栏允许你输入感兴趣的任何东西,然后立即得到一个按相关性排序的结果列表。此任务是NLP的一个分支,通常称为文档搜索和检索(document search and retrieval)。

我们希望在网站顶部有一个搜索栏,当用户输入他们感兴趣的内容(如"房屋保温")时,算法将搜索所有可用的评论,并选择与搜索最相关的评论,如图5-11所示。

对于文档搜索,单词嵌入的概念可以帮助我们更好地进行搜索。回顾一下,单词嵌入(word embedding)是由几百个数字组成的集合,这些数字对单词的含义进行编码,相似单词具有相似的嵌入。嵌入使我们能将相似的意义从朦胧的文学世界转移到冰冷的数字世界。我们可以利用这一点，这样当用户询问"房屋保温"时，我们可将这两个词转换成它们的嵌入词。如果我们对所有评论都做了同样的处理，就可以寻找数值表示更接近"房屋保温"的评论。

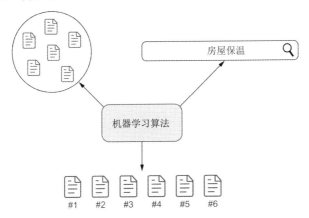

图 5-11　在文档搜索中，算法在一组文档上进行训练(左上角)。当它接收到用户的查询时(右上角)，将生成一个最相关内容的列表

我们希望帮助你在头脑中将这个概念形象化，所以设想一个双元素嵌入：每个单词仅由两个数字表示，如图 5-12 所示。当然，这样的嵌入在实践中不会非常有用，因为两个数字远远不够捕捉词汇的丰富性(实际应用程序中使用的嵌入是由成百上千个数字组成的)。

假设为数据库中的每个文档绘制一个点，然后绘制一个与嵌入用户查询对应的新点。由于构建嵌入的方式，与用户查询最相似的文档将在物理上靠近查询点。这意味着回答用户查询很容易；只需要从最接近它的几个点中选取几个，这些点将对应于最相似的文档。当嵌入向量有两个以上的数字时，这个解决方案同样有效；只是很难将它们可视化。

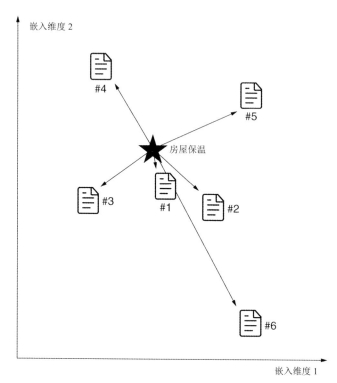

图 5-12 文档搜索算法通过查找与查询语句相似的文档来回答用户的查询(图中用星号表示)

文档搜索是 NLP 领域中一个相当成熟的应用程序,通常在更复杂的产品中扮演构建块的角色。显然,它不像其他技术那样花哨,但通常是从基于文本的数据资产中获取价值的第一步。特别是,这里解释的文档搜索的风格并不能真正回答任何依赖于逻辑或解释的查询;它唯一能做的是返回听起来与查询类似的文档。

5.3.5 自然对话

在努力接近 brokerbot 的过程中,我们一直依赖于人工生成的文本,并乐于创建算法，使人们更容易地访问这些信息。一个自然改进是一个能够自己生成语言的模型，而不是拼凑成预先准备好的句子。

我们想马上宣布坏消息：这个领域仍然处于研究的前沿，而今天的技术还没有准备好进入黄金时期。本节的目标是展示限制在哪里，以及在当今的情况下如何克服这些限制。

市场上最先进的技术是一种叫做 GPT-2 的模型，由非营利研究机构 OpenAI 开发。这个模型可以执行各种任务，其中令人印象最深刻的是基于人工提示生成文本。我们下载了此模型的一个开源实现，并亲自试用。

- "我们的提示"——在语言生成中迅速实现类人的性能将是人工智能的一个惊人的里程碑。新的 OpenAI 的 GPT-2 模型能成为一个转折点吗？
- "GPT-2 的完成"——这个模型对其他人工智能项目(如 AIQ 和 HCI)有什么影响？
- OpenAI 就是为了解决这类问题而诞生的。过去五年我们一直在语音识别领域工作。在这个领域工作时，我们用开源代码开发了语音识别。在几周前 GPT-2 发布后，是时候在语音识别方面迈出下一步了，我们很自豪地推出第 2 版。
- 人工智能面临的最重要问题是：
  - 通用信息
  - 知识往往不易获得
  - 信息可从许多可能产生冲突的来源获得

如你所见，结果相当令人信服。内容本身并不一定有意义，却停留在主题上，语法几乎完美无缺。这之所以成为可能，是因为该模型所依据的数据量庞大，超过 800 万个网页。回到房地产，这里是 GPT-2 的最后一次尝试，还有一个与房子有关的句子。

- "我们的提示"——这所房子是一个惊人的交易。从客厅看到的景色是非常壮观的，而且所在的社区是非常有前途的。

- "GPT-2 完成"——我希望升级到两张床,因为我真的很喜欢这房子和这个社区。如果你住在佛罗里达州中部,应该去看看。我丈夫很喜欢镇北边的房子,我们离迈阿密和许多海滩都很近。我们的邻居就在一个街区外。我们都非常幸福,家也非常舒适。我们确实搬家了,但从未打算离开。我们也有其他地方可以休息,从来没有这么方便的地方度假。我强烈推荐!

该模型"注意到"它收到的文本类似于对 Airbnb 房屋清单的审查,并且它不断地添加文本,就好像它是房屋评论一样。

你也可以用 GPT-2 来回答关于一个文本的问题,这可能是一个比生成随机句子更有趣的应用程序。事实上,这与 brokerbot 非常接近,因为我们可以使用 GPT-2 以简单的语言回答用户对房屋的查询。以下是 GPT-2 的问答功能示例。

- "我们的提示"——GPT-2 模型是由 OpenAI 开发的,它在超过 800 万个网页上训练了一个涉及超过 40GB 互联网文本的高级深度学习模型。这个模型有惊人的性能,但还远远不够完美。

问:谁开发了 GPT-2?

- "GPT-2 回答"——GPT-2 由 OpenAI 开发,旨在开发和训练一个可用于机器学习应用的深度学习模型。该团队的目标是为下一代应用程序构建一个"互联网机器学习引擎"。

- "我们的提示"——本书是一本为非技术人员撰写的介绍人工智能的书。本书将帮助你理解人工智能的核心原则以及如何将它们应用到业务中。本书由尼科洛·瓦里基(Nicolò Valigi)和詹卢卡·莫罗(Gianluca Mauro)撰写,曼宁出版社出版。

问:本书的作者是谁?

- "GPT-2 回答"——本书的一位作者是尼科洛·瓦里基。我一直是尼科洛的忠实粉丝,他以前的书对我如今的写作影响很大。我认识他始于他为苹果的 Mac、iPod 和 iPhone 的所做的工作。他还为《乐高大电影》(The Lego Movie)、《霍比特人》(Hobbit)

和《缘分天注定》(Serendity)写剧本。去年夏天，我有机会为正在读大学一年级的女儿写这本书，读到尼科洛是如何利用他在业界最高水平的多年经验和成功帮助写了一本能吸引更多读者的书，相当有趣。话虽如此，我要感谢尼科洛，并希望他能继续写一本伟大的书，帮助大家变得更加聪明。

即使这些性能看起来惊人，严重的限制仍然影响着这项技术，研究人员正在努力解决这些问题。示例如下：

- 很难控制模型的输出。例如，在得到结果之前，我们必须尝试三到四次。OpenAI 的研究人员报告说，即使训练数据中广泛存在非常流行的话题，该模型也只能在大约 50%的时间内产生可信的结果。
- 当模型不知道某个主题时，它会根据可能合理的东西来创造东西，即使它完全是假的。最后一个例子便是很好的证明：这个模型"发明"了我们这些作者中有一个人在苹果公司工作的经历，然后写成了剧本，仅仅因为这个提示是关于技术和书籍的。
- 这个模型并没有真正理解它所说的意思。它有时会提到一些不可能的场景，比如水下燃烧的火。
- 它可能会卡住，开始在循环中重复单词。
- 它可能会不自然地转换话题。

可以说，这些模型最大的局限性在于，它们看起来似乎理解提示语中的概念，实际上却在欺骗我们。它们所做的只是根据所看到的数十亿个句子，猜测句子后面哪个词更可能出现。换句话说，他们在鹦鹉学舌地模仿庞大的训练数据集，而不是对其进行理解。

通过比较医生和机器学习算法，你可以将理解和概率推理之间的区别进行可视化。医生可以通过阅读教科书，理解其内容，或者练习 X 光来诊断病人。然而，目前没有任何机器学习算法可以做到这一点。为了对扫描进行诊断，机器学习算法需要大量示例，而之前仅"阅读"一本书并不能帮助改进诊断。

那怎样才能更接近 brokerbot 呢？我们是否只能坐等文本生成成熟？谢天谢地，没有。你今天可以采用其他策略来创造价值，所以请耐心等待。

5.3.6　设计克服技术限制的产品

想象一下，我们真的想用当今的技术来构建 brokerbot。回到情感分析算法和主题分类器，为每个主题提供一个现成的句子列表。假设用户这样写：

哪些公寓的景色最好？

主题分类器可以理解，问题的主题是你可以从公寓欣赏到的全景，情绪分析知道我们对一些积极的东西感兴趣(我们也知道这是一个问题，因为最后有个问号，不需要花哨的技术)。现在，你可能遇到一系列符合"主题=视图"和"情感=良好"要求的问题，下面是一个例子。

你宁愿在海边还是靠近公园？

请注意，这个问题不是由任何聪明的人工智能算法生成的；一个人类想出了这个问题，并将它与一堆其他问题一并存储在数据库中。用户可以这样回答：

我爱树！金门公园是我的最爱。

同样，情感分析将理解句子有一种积极的感觉，主题分类器将理解我们所说的树(有一个类似于前面提到的公园的嵌入)。因此，这个问题的答案是"公园"。如果你建造了这样的分类标准，也可以找到金门公园的参考，并寻找附近的房子。从那里，你可能已经编写了一些脚本，以了解现在是显示属性的正确时间，并为特定用户建议最好的住宅。

它看起来很棒很顺利，对吧？但是如果用户对前一个问题的回答是这样的呢？

我会说我爱(love)海洋，但冬天的时候，这里有很多暴风雨，所以我会选择别的地方。

这可能是我们能想到的最不幸的事情了。显然，用户更喜欢风景而不是漂亮的公园，但这句话提出了几个挑战：
- 它讲的是海景。
- 它从来没有真正提到任何与公园有关的事情。
- 上面写着"爱"，表达了一种积极的意义。
- 没有言语暗示对海景有负面情绪。

一个算法很可能会被这样一个句子所迷惑，然后沿着预定的脚本前进，并出现错误的后续问题。更糟的是，用户可能会回答如下：

你知道吗？我真的很喜欢看漂亮的高楼。

如果你还没想到这个答案呢？用户沿着脚本路径走入一条死胡同，你没有答案。你可能会用一般性回答："我不明白你是什么意思，可以再重复一下吗？"用户将永远无法以你可以管理的方式回答问题(你只是没有预编码任何符合这些兴趣的内容！)，并会变得沮丧，从而放弃这个产品。

听起来耳熟吗？这当然对我们有好处，而这正是消费者从那些决定使用聊天机器人的公司那里得到的令人沮丧的体验，这些公司没有确保聊天机器人的功能与当今技术所能提供的功能相匹配。

解决方案在于确定应用程序范围的方式。如果你意识到当今技术的局限性，请尽最大努力保持在这些限制范围内，围绕这些限制构建应用程序，并在宽度和深度方面保持较低的复杂性。在 brokerbot 例子中，我们可能会明确地将 brokerbot 的功能限制在一小部分操作上，比如仅根据基本参数(位置、大小、价格)查询房屋。另外，尽量避免使用自然语言，使用封闭式问题(是/否)，或者使用允许用户从不同选项中进行选择的按钮。例如，机器人可能是一个启动与用户对话的程序，这样它就可以指向特定主题，从而限制了答案的宽度。机器人可以通过询问以下问题来启动对话：

你好！我是 brokerbot，我是来帮你找新房子的。首先请问你的预算是多少？

在这里，你可以决定让用户用自然语言给出答案，或者提供一个滑块来选择价格。后者是最安全的，但因为我们知道用户的答案是关于定价的，所以我们有信心理解自然语言的答案。从那时起，机器人就可以提出关于位置、大小等问题，直到它最终可以向用户显示所选房屋，甚至最终要求用户提供反馈。

对话脚本和设计仍然是构建能为人们带来价值的技术的唯一途径。我们鼓励你使用从本章中获得的知识，批判性地思考你希望聊天机器人做什么，以及你希望它如何与用户建立联系。

5.4 案例研究：Translated

1999 年，马可·特罗姆贝蒂(Marco Trombetti)和伊莎贝尔·安德里欧(Isabelle Andrieu)决定一起创业。特罗姆贝蒂在学物理，安德里欧是语言学家。为了运用他们的技能，这对年轻夫妇想出了创立一家基于互联网的翻译公司的想法。他们称之为 Translated，并以 100 美元的初始投资在互联网领域推出 Translated.net。在接下来的 20 年里，Translated 成为世界上最大的在线专业翻译公司，在没有任何外部投资的情况下实现有机增长。

该公司侧重于专业翻译，如医学期刊和工程用户手册。这种翻译传统上是由代理公司承包的专业翻译来完成的。将文本与翻译人员匹配并非易事：许多文档既需要深厚的语言功底，也需要专业的主题知识。例如，将一篇关于经导管主动脉瓣植入术的论文从英语翻译成德语需要一位精通两种语言的心脏病专家。拥有译者数据库的翻译公司可以利用这一点，并收取高额费用，为客户提供合适的翻译人员。翻译公司规模越大，面临的挑战就越大。这是特罗姆贝蒂和安德里欧打算利用的机会。特罗姆贝蒂和安德里欧面临的第一个挑战是建立一个庞大的翻译人员数据库。从一开始，两人就投资于搜索引擎优化(SEO)，这样就可以在谷歌搜索的顶端找到专业的翻译服务。在互联网发展初期，他们的投资很快就有了回报，Translated 开始每月收到数百份简历。早期的成功带来了一个新挑战：许多投递简历的译者的译稿都达不到公司的质量标准，把专业翻译和非专业翻译区分开来需要大量人力。Translated 有可能陷入与其他翻译公司同样的低效。

2002 年，特罗姆贝蒂读到了保罗·格雷厄姆的文章《垃圾邮件的计划》，而产生了灵感。特罗姆贝蒂认为，借鉴区分垃圾邮件和非垃圾邮件的做法，可对他们收到的简历是来自专业翻译还是非专业翻译进行第一次评估，如图 5-13 所示。

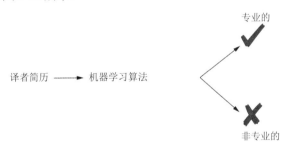

图 5-13　Translated 的机器学习算法帮助公司自动识别专业和非专业翻译人员

该算法于 2002 年首次引入，当时该公司开始每天收到成百上千的翻译请求，此后得到了改进。该算法的下一步发展是将其转化为自动翻译和文档匹配的人工智能，使用多年来 Translated 的项目经理进行的匹配对其进行训练。一旦部署，在任何新的翻译请求中，该算法将查看文档和公司的翻译库，并计算每个翻译程序的匹配概率。Translated 的项目经理将验证匹配并分配任务。这一过程使这家年轻的初创公司能够在不影响交付速度(通常对客户至关重要)的情况下处理许多客户和翻译，降低了管理开销。

如今，Translated 就像一个双向平台。一方面，译者申请提供服务；另一方面，客户提交他们需要翻译的文档。在后端，Translated 为每个作业匹配正确的翻译程序，并将最终结果传递给客户。他们目前的算法被称为 T-Rank。

该算法考虑了来自源文件的多达 30 个因素，包括译者的简历(专业领域)和以前的项目(以前工作的质量和及时性)。利用这些数据，T-Rank 可以根据他们对工作的适应程度对公司的翻译组合进行排名，并为每个任务提供最好的专业人员，如图 5-14 所示。在算法的第一个版本中，最终的推荐由专家项目经理审查。如果项目经理拒绝推荐，则记录反馈意见并用于微调算法，以不断改进其性能。

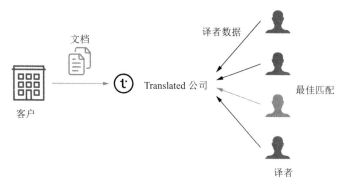

图 5-14　Translated 是一个双向平台。客户发送文档，翻译人员发送数据，公司在其产品组合中为每个要翻译的文档找到最好的翻译人员

市场的成功带来了现金和数据的转换。稳定的现金流使特罗姆贝蒂和安德里欧能够在不寻求外部投资的情况下经营公司，并保持完全所有权。此外，Translated 开始通过其名为 Matecat 的计算机辅助翻译系统收

集专业人员的翻译作品,改进匹配算法,推动公司朝着一个新的使命前进:成为机器辅助翻译领域的领导者。

为了评估机器学习生成的翻译的性能,Translated 一直在跟踪专业翻译人员修改的建议单词的百分比。在早期,翻译人员必须修改 45%的建议词。

再加上人工智能辅助翻译匹配,这足以比竞争对手更快地交付翻译。2018 年,公司的翻译服务数量超过 120 万,在最常用的八种语言中,专业翻译的词数比例下降到 24%,比其他翻译引擎低 30%。

为进一步提高翻译人员的工作效率,该公司投资了一项名为 ModernMT 的技术,这是第一个自适应神经机器翻译。传统上,机器学习算法是在大量数据(训练阶段)上训练的,在使用时是静态的(推理阶段)。如果一个翻译人员收到了一个糟糕的建议并加以修正,机器翻译(MT)算法将不会考虑这个修正,直到使用新数据重复训练。这意味着,当翻译人员处理文档时,可能需要多次应用相同的修复。对于译者来说,结果令人沮丧并且低效。

如图 5-15 所示,ModernMT 在翻译过程中实时学习和调整。如果同一个短语在一个文档中出现多次,并且翻译人员修复了一次,ModernMT 将在第一时间学习到相应的内容,避免重复错误。

图 5-15　Translated 的 ModernMT 翻译引擎提出了一个最终可由翻译人员更正的翻译。然后由 ModernMT 学习译者的更正

截至 2019 年，Translated 每月收到 2000 份译者简历。该公司为 13 万多名客户提供了 120 万份专业翻译服务，并由超过 18 万名专业翻译人员用 151 种语言进行翻译。建立在这个数据集上的算法可在 27 种最常见的语言上实现最先进的机器翻译。Translated 的算法有助于翻译，但不能取代专业人士的工作。他们提供自动翻译的句子，然后对这些句子进行精炼和微调。如今，译者只需要修改平台上建议的 24% 的单词。这比目前市场上其他任何解决方案 30% 的修改率要好得多。2018 年，Translated 报告收入为 2100 万欧元，员工 51 人，其中包括 12 名开发人员、35 名运营人员，2019 年收入预计增长 40%。

Translated 仍在投资改进其翻译引擎。我们的目标不是让人工智能产生完美的翻译。事实上，如果一个专业翻译人员所做的翻译由另一个专业人员审阅，那个人仍然会改变大约 11% 的单词。这是因为语言灵活多变，同一个概念可以用不同的词来表达，以表达细微差别。根据特罗姆贝蒂的说法，这是一个译者最重要和最需要完成的任务：确保文件的丰富性在译文中得到表达。因此，他的目标是改进公司的人工智能算法，使翻译人员能将注意力集中在他们需要修改的 11% 的单词上，以便以最具表达力的方式传达文档的原始信息。

特罗姆贝蒂和安德里欧想让译者完成一份更充实、更高质量的工作，并在翻译过程中实现民主化。以下是他们在接受采访时所说的：

我们的技术不仅为我们创造了很多机会，也为译者创造了很多机会，他们最终不再反复纠正同样乏味的东西，而把时间花在更人性化、传达文本的真正含义以及更具说服力和创造性上。

5.4.1 案例问题

(1) 如何在 NLP 任务中为人工智能项目制定策略？
(2) 人工智能是替代人类的工具吗？

5.4.2 案例讨论

Translated 是一个成功地通过人工智能执行增量策略的例子。起初，该公司使用人工智能技术解决了一个简单用例，将译者的简历分为专业人员和非专业人员。请注意，第一个用例是该公司可以构建的最简单应用程序之一，技术风险非常低，因为特罗姆贝蒂和安德里欧知道在其他领域(垃圾邮件分类)中也尝试过同样的方法。即使很简单，这个用例也有几个特点，使得它在当时非常适合人工智能，例如:
- 它在超越竞争对手方面发挥了高度的战略作用。
- 它在短期内带来高投资回报(其结果可以立即看到)。
- 它的实施风险很低。

第一个应用程序的成功带来了更多客户和数据。Translated 丰富的数据资产使得正循环成为可能，使翻译匹配技术随着数据量的增加而变得更强大，并使早期不可能实现的新应用(例如人工智能辅助翻译)成为可能。

即使人工智能辅助翻译在 20 年前是一个杀手锏，Translated 也没有立即进行投资。缺乏数据是其中一个原因，但特罗姆贝蒂等待的最大原因是技术还不够成熟。这是驾驭技术浪潮的最好的例子：让研究朝着技术成熟迈出艰难的第一步，并将研究结果与战略数据资产一起利用，以达到最先进的性能。对于 Translated 这样处于技术边缘的公司来说，时机选择是关键的成功因素。

还请注意，Translated 知道机器翻译是一项极其复杂的任务，它很适合宽度/深度图的右侧，但它以一种无论如何都非常有用的方式来构建技术。这家公司的做法是把最后的话语权交给专业的翻译人员。这项技术不会产生最终的文档，但大致可以达到人类专家的水平。

对用户体验的关注是公司战略的一个关键因素。Translated 将其机器学习研究工作重点放在解决翻译人员遇到的问题上，从而促进了 ModernMT 的发展，开发出第一个适应典型翻译工作流程的神经网络。

这种创新使翻译人员可以避免在同一文档中多次修改译文，从而节省时间，减少挫折感。使用标准静态神经网络实现同样的性能，则在研究和数据方面付出巨大努力。

现在来谈谈人工智能和替代人类之间的关系。正如你现在所了解的，当代人工智能基于机器学习(一种能够学习如何从数据中执行任务的技术)。这意味着如今的人工智能应用程序可以处理单个定义良好的任务，并具有特定的输出和明确定义的评估指标。

大多数人类的工作比这更复杂。一项工作可能需要执行一系列任务，这些任务可能非常适合机器学习算法，但总体上需要额外的技能才能正确执行。所需技能示例如下：

- 异常处理
- 注入感情
- 创造力
- 基于不完全数据做出的决策

此外，人工智能算法在这些任务上通常比人类好：

- 根据大量数据做出决策
- 速度
- 客观(前提是他们接受过无偏见数据的训练)

如果我们看看人类为完成工作所做的任务，就会发现一个不需要人类特定技能的子集，并且非常适合智能体。对于 Translated 来讲，这是扫描简历。如果公司雇用员工扫描数千份简历，找到最适合翻译的人选，就需要一个庞大的团队来直接做出决定。这种高层次的选择主要需要处理大量信息的速度和能力，这是机器学习算法擅长的两个特点。

在确定高潜力的机器学习项目时，特罗姆贝蒂有一个简单的规则：

看看一家公司使用 1000 名未经培训的实习生可以完成的任务。这些任务可由人工智能自动完成。

这家公司知道，挑选翻译是一项微妙的工作，往往需要感性和经验。

由于这个原因，最后的决定并不留给算法，输出仍然由项目经理使用软技能来验证或拒绝算法选择。

Translated 的人工智能辅助翻译服务怎么样呢？翻译高质量的文件需要注入感情和发挥创造力。这两个特征是人类的领域，众所周知，机器学习算法并不是解决此类问题的可行方案。然而，Translated 也成功地将人工智能用于这个应用程序。Translated 成功提供人工智能辅助翻译的主要原因是，从未将人工智能作为人类的替代品进行营销。那将意味着过度使用人工智能的功能，交付一个糟糕的产品。这家公司所做的就是在使用人工智能的同时，明确指出人工智能的效果并不完美，但效果足以让译者的工作更轻松。这样，他们的注意力就可以集中在需要注入感情和发挥创造力的文档部分，而把翻译最简单句子的任务留给人工智能。

5.5 本章小结

- 自然语言处理模型可以理解和分类文本的含义，甚至可以编写自己的内容。
- 如今的自然语言处理技术并非总能如愿以偿。从宽度和深度方面构建复杂性有助于团队了解什么是可能的，什么是不可能的。
- 通过分解和确定自然语言处理项目的范围，可以绕过最先进算法中的限制。情感分析、文本分类和文档搜索都是这些更成熟构建块的例子。
- 正如你在 Translated 的案例研究中所见，交错推出人工智能功能是建立对自然语言处理模型的信心并建立一个基于人工智能的动力源的好方法。

第6章

将人工智能应用于内容管理和社区建设

本章内容包含：
- 使用推荐系统推荐内容和产品
- 了解推荐系统的两种方法：基于内容和基于社区的推荐系统
- 了解算法推荐的缺点
- 案例研究：使用推荐系统可减少客户流失从而节省10亿美元

推荐系统是当今"个性化"体验背后的主力军，也是帮助消费者浏览大量媒体、产品和服装目录的基本工具。无论何时，只要你单击亚马逊提供的相关产品或从 Netflix 上查看推荐电影，这些公司都会利用推荐系统来提高用户参与度和增加收入。如果没有它们，浏览互联网上庞大的产品和数字内容是不可能的。

在本章末尾的案例研究中，你将看到 Netflix 的推荐系统自 2015 年以来如何每年为公司节省超过 10 亿美元。

6.1 选择的诅咒

你有没有进过一个大商场去买衣服，却感到不知所措？当有数百件 T 恤可供选择，颜色、面料、品牌和价格都不尽相同时，很难找到你梦想中的 T 恤。互联网没有不动产的限制，因此你可能是从上万件(而非数百件)T 恤衫中选择。挑选电影、歌曲、新闻文章或洗碗机都面临这样的选择困难症。沮丧就在眼前，沮丧的客户并不利于生意的进展。

互联网上充满了选择，我们需要找到一种方法来帮助用户做出选择。第 3 章试图找到一种方法，根据用户的喜好进行分组，并使用一套称为"无监督学习"的技术，为用户提供符合其口味的服务。然而，这还不足以达到营销奇点：一对一沟通的圣杯，每个客户都可以得到完全个性化的报价和建议，以获得最大的满意度。这就是本章的主题。

你如何帮助人们做出选择？如果我们看看伟大的店员，他们会做这两件事中的一件或两件：

- 他们知道目录。如果你喜欢一条牛仔裤，他们会给你推荐其他相似的牛仔裤，并很快引导你选择最合适的牛仔裤。
- 他们认识你。如果你是回头客，他们会了解你的偏好，并会推荐你可能喜欢的商品："你一定要试试这条牛仔裤；它们现在很时髦，真的很符合你的风格。"

本章将介绍如何构建能同时完成这两项任务的算法，它们甚至比人类做得更好。这些算法被称为推荐系统，为客户提供大规模的定制推荐。

6.2 使用推荐系统驱动参与度

由于我们在前几章中构建的基于人工智能的功能，FutureHouse 吸引了越来越多的用户。销售价格的免费估算和自动挂牌也吸引了许多新卖家。这些成功都带来了一个新的挑战：现在有太多的房产挂牌出售，买家很难挑出理想的房子。我们需要找到一种方法来突出符合他们口味的特征，让买家更容易找到梦想的房屋。解决方案很明确：我们需要建立一个推荐房屋的功能，了解每个用户的口味，并为他们预选房子。

考虑一下 FutureHouse 如何决定向每个用户显示哪些房子。一个有经验的人如何处理这个问题？房地产经纪人可以查看客户喜欢的一套或多套房子，并推荐其他类似的房子(例如，位于同一个社区或有相同数量的房间)。

如何将这种方法应用到互联网世界？一个显而易见的想法是跟踪每个客户在网站上访问的房屋，并建议他们查看与他们已经找到的类似的房产。例如，如果一个潜在买家已看过几套靠近火车站的三居室住宅，那么他们很可能会对其他具有相同属性的房子感兴趣。但是，如何定义"相似"的含义呢？如果我们对如何度量相似性有一个清晰的想法，就可向计算机解释。然而，我们对相似性的想法是粗浅的，因此我们努力做到这一点。现在，你已经知道这是机器学习的一个完美起点。

第2章中介绍了"特征"的概念，每个房屋可衡量的方面可作为机器学习算法的输入。具体而言，我们建立价格预测模型的基础工作表明，房间数量、面积和到市中心的距离是需要考虑的一些最重要因素。与我们对价格预测所做的类似，可在 Excel 电子表格中列出每套房屋的特征值，如图 6-1 所示。

让我们从简单的开始，考虑一下房屋的一个特征：面积。很明显，一个 100 平方米的房子和一个 110 平方米(而不是 1200 平方米)的房子更相似。因此，算法应该向访问过 110 平方米住宅的用户推荐 100 平方米的住宅，并避免出现 1200 平方米的别墅。在机器学习术语中，这是由特征值之间的距离概念形式化的：110~100 比 1200~100 的差距小得多，因此算法可计算出它们之间更相似。

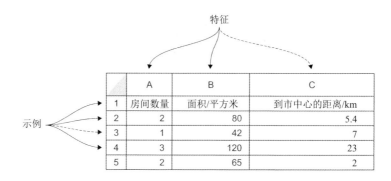

图6-1 Excel表格非常适于列出可视化房屋特征。每一行都是不同的属性，每列都是一个特征

如第2章中所介绍的，大多数实际的机器学习应用程序不使用单个特征，而是使用几十个甚至几百个特征。现在我们把游戏提高一个等级，考虑另一个特征：房间数量。如果我们在一个非常小的房屋数据集中为每个房屋画一个圆圈，那么这个图表将如图6-2所示。

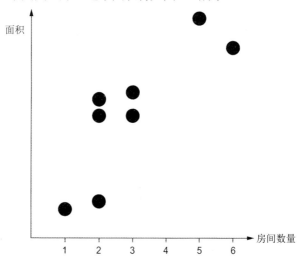

图6-2 基于两个特征的房屋表征：房间数量和面积

想象一个名为 Lucie 的新用户的体验。Lucie 注册了 FutureHouse，开始四处浏览。她立刻单击其中一套房子，花了很多时间在页面上，浏览图片、阅读描述、观察评论等。我们可以假设这清楚地表明 Lucie 喜欢那套房子。根据图 6-2 中的情节，将 Lucie 最喜欢的房子对应的点变成星星，可得到图 6-3。

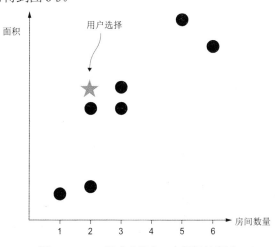

图 6-3　Lucie 很喜欢其中一个星标的房子

我们的任务是帮助她找到符合其偏好的其他房子：与她花了很多时间看的房子很相似。即使只是看看图 6-4，也可很直观地看到另外三个房屋和 Lucie 最喜欢的房子很相似。其他四栋房子似乎大不相同：左下角的两栋房子太小了，右上角的房子可能太大了。

现在我们需要将这种推理转化为计算术语，这样就可将其自动化，同时帮助成千上万像 Lucie 这样的人。我们再次使用前面介绍的距离概念。想象一下用尺子测量图 6-3 所示的点(即家)之间的距离：这正是计算机所做的，如图 6-4 所示。

我们测量了从星标房屋到数据集中的其他所有房屋的距离后，可要求计算机将它们从最短到最长进行排序，然后选择前面两三个来展示给 Lucie。

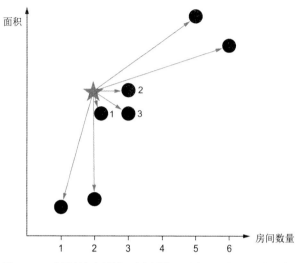

图6-4 一台计算机测量每对房屋并测量它们之间的直线距离

当然，我们仍然只考虑面积和房间数量，所以相似性概念是粗略和不完整的，因为忽略了许多其他重要的房屋特征，包括位置、建造年份等。当我们把所有其他特征都加回去时，算法并没有真正改变；对我们这些知识贫乏且有限的人类来说，在纸上描绘和概念化变得更困难。使用第2章中用于价格预测的所有特征，工程师可很容易地建立距离算法，而计算机可以毫不费力地计算它们。

我们刚描述的是有史以来最简单的推荐系统，但它仍然有效，而且这个基本概念很容易在各种业务情况下部署。在页面上显示每个家庭的详细信息和图片。工程师可以很容易地添加一个侧边栏，链接到与用户浏览的最相似的三四套房屋，并享受额外的流量。

更复杂的模型还通过考虑用户曾经接触过的所有房屋，跟踪用户的偏好如何随着时间的推移而演变。更好的情况是，可根据商品的类别和一年中的时间对选择进行分组，而不是对所有偏好都一视同仁。例如，一家电子商务网站会选择在返校时段推荐孩子们最喜欢的铅笔品牌，但也要认识到，同样的推荐在暑期是无用的。

注意,Lucie 的推荐系统只关注她最喜欢的房子的功能,而完全忽略了她是谁以及社区中其他用户做了什么。对于我们制作的更复杂示例也是如此:我们现在仍然只关注内容。这就是为什么这个推荐系统族被称为"基于内容"(content-based)。

6.2.1 基于内容的系统超越简单特征

虽然我们虚构的FutureHouse例子迄今为止已经提供了很好的服务,但是你可能想知道推荐系统如何能够适应其他类型的商品,比如你最喜欢的电子商店中的衣服。当谈到房屋时,我们很幸运地拥有了一组描述性特征,这些特征也相当容易收集。这些是第 2 章中用来预测房屋销售价格的相同特征。

然而,许多企业在项目目录上部署推荐系统,对于这些项目,选择特征要困难得多。想象一下本章开头的例子:寻找最适合你的 T 恤。我们可以使用什么样的功能?

- 主要颜色(黑色、白色等)
- 织物(棉、合成材料)
- V 形领或 C 形领
- 体型(苗条、常规)
- 袖子(长、短)

如果买一件 T 恤衫这么容易,许多时装设计师就会失业。事实上,很难像任何一件衣服或任何视觉媒体一样,想出一个能体现 T 恤风格的标准。

然而,第 4 章中已经解决了同样的挑战,我们认识到了传统机器学习的缺点,并引入了基于深度学习的高级模型,这是一系列自动从复杂数据源中提取特征的算法。这些模型能够将图像转换为一组称为"嵌入"的小数字,这些数字以紧凑的形式表示图像的高级特征。

回顾一下在训练深层神经网络识别人脸时所讲述的内容。当你训练一个人脸识别算法时,它会学习识别人脸的高级特征,并将输入的每个图像转换成一系列数字,称为嵌入。这些嵌入表示图像中某些重要面部特征的存在(或不存在);例如,图像中的人是否有尖鼻子、大耳朵等。

如果你对 T 恤也采用这样的做法会怎么样?好吧,你会神奇地找到一种方法,把 T 恤的图片从数百万像素转换成几百个数字,这些数字表达了它的一些高级风格特征。这些可能是垂直条纹、水平条纹、不同物体的印刷品、句子、徽标等。虽然我们直觉上知道所有这些特征都与 T 恤的特征有关,但无法手工完成。深度学习算法可以自动做到这一点,并为我们节省一天时间。

一旦我们使用深度神经网络将图像转换为其嵌入内容,突然发现自己处于与上一节中描述的相同的情况:我们可将所有图像转换为空间中的一组点,并使用相似性准则来发现与用户最爱相似的 T 恤衫。显然,为了捕捉 T 恤风格的细微差别,嵌入将由成百上千的方面组成。为将这个概念可视化,我们绘制了三件 T 恤嵌入物的二维表征,如图 6-5 所示。

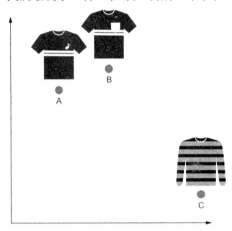

图 6-5　在二维平面上表示三件 T 恤的嵌入。T 恤 A 和 B 是相似的,所以它们的嵌入很紧密。T 恤 C 不同于 A 和 B,相差甚远

加上现在一个用户单击 T 恤 A 的产品页面,花时间查看它,检查可

用的尺寸、颜色和材质。我们可以将其理解为对该 T 恤风格感兴趣的一种表现,并推荐另一种嵌入度接近的 T 恤;例如,推荐 T 恤 B,避免推荐 T 恤 C,因为我们知道 C 的嵌入与用户喜欢的 T 恤相差甚远,因此可能与用户的偏好不符。

这又是深度学习和嵌入的魔力:神经网络找到一种"理解"图像的方法,并将它们转换成一组实际上有意义的数字(至少对于计算机而言)。如果你仔细想想,图像并不是唯一一个你能看到嵌入功能的应用。第 5 章介绍了在处理另一种复杂的数据——文本时,嵌入是多么强大。

我们描述的相同方法也适用于文本。假设我们试图在一个网站上向用户推荐新闻文章,希望找到一条与用户爱看的新闻相似的新闻。我们可以转换嵌入的每一篇文章中的单词,并将新的向量化文章放到空间中,如图 6-6 所示。

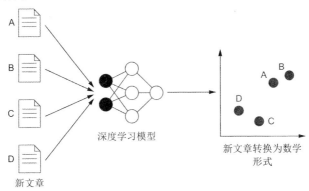

图 6-6　深度学习可将每一篇新闻文章翻译成嵌入内容,
这是一个紧凑的数学描述,可用于比较

一旦有了新闻文章的空间表示,就可让相似性概念指导我们向用户推荐新闻。如果用户阅读了文章 A,他们可能会对文章 B 感兴趣,因为他们的嵌入非常接近,因此他们的内容也是如此。这就是深度学习和嵌入的魔力:使我们能将复杂的数据源(如文章和图像)转换成具有意义的数字表征,此技术与本章开头部分用于房屋的技术相同。

6.2.2 特征和相似性的限制

截至目前,你可能认为相似性的概念(加上一些深入学习的魔力)可以解决从新闻文章到家用产品的所有推荐问题。这一部分将帮助你建立直觉,关于为什么在某些情况下,相似性不是最佳策略。从另一个熟悉的经典例子开始:推荐要看的电影。

让我们按照过去向潜在买家推荐房屋的方法来解决这个新问题。第一步是找出算法来描述电影的特征。大多数人都会列出这样的清单:

- 导演
- 发行年份
- 类型(喜剧、戏剧、动画、浪漫)
- 三大主演

如果我们继续沿用这个特征列表,很快就会发现,由该算法产生的推荐充其量是无趣的,最坏的是完全荒谬的。在职业生涯中,演员和导演都参与过各种各样的电影:即使你喜欢《泰坦尼克号》,也不意味着你会因为莱昂纳多·迪卡普里奥主演而喜欢《华尔街之狼》。

可借助深度学习来改进模式。将所有的电影对白输入一个自然语言模型中,这个模型可产生捕捉电影主题和情感的附加功能。这很可能起到很好的效果:以爱情为主题的对话和对沉船的讨论会给推荐增加更多细微差别,可能产生其他被禁止的爱情故事和灾难。然而,未来的推荐可能会停留在爱情和灾难的类别中一段时间,你可能会觉得不那么吸引人。

但是,无论功能构建有多复杂,都有一个基本的限制:推荐引擎仍然基于相似性。这意味着模型只能建议与客户过去选择相匹配的项目。这肯定会使他们烦得要死:在取消 Netflix 订阅之前,你能忍受多少安吉丽娜·朱莉的幻想电影或低俗的对话?因此,基于内容的推荐的致命弱点是,其输出可变得很乏味和可预测。虽然这不适合娱乐或时尚购物,但非常适合其他行业,比如向医生推荐药物。

不出所料,在推荐中加入人性化元素的最佳方法就是将人类融入其中。通过使用分类并对其进行评级的用户社区,可构建更细致的推荐系统。这就是下一节将要探讨的内容。

6.3 群体智慧:协同过滤

简单回顾一下,我们目前所研究的推荐系统类型通常称为"基于内容"的,因为它们使用用户过去喜欢的项目的描述性属性来查找和推荐目录中类似的项目。然而,这种方法有两方面的缺陷:可能很难表达有意义的特征,而由此产生的推荐可能是可预测的,而且很无聊。

停下来想一想现实生活中如何解决这个问题。人们总是向朋友征求建议:书籍、餐馆、电影等。随着时间的推移,大多数人都了解到,有些朋友在音乐或食物方面有着相同的偏好,因此我们热切地听取他们的建议,因为预计过去的相似偏好也会延伸到未来。

人工智能可将人类的传统扩展到更大的群体中,通过利用一个用户群体,他们都对共享目录中的项目表达偏好。建立在这个概念上的人工智能算法被称为"协同过滤算法"(collaborative filtering algorithms):一种社会化的推荐系统方法,它做的事情与我们在现实生活中和朋友做的事情几乎一样。

如果我们可以简单地依赖相似用户的口味和偏好历史,那么协作模型的作用就是匹配具有相同偏好的用户,这样他们就可以相互推荐。在现实生活中,我们开始互相分享偏好,并注意到它们非常匹配:"哦,你也喜欢《玩具总动员》和《泰坦尼克号》!你看过······?"协作模型可以做同样的事情,并匹配具有相似偏好的用户,尽管其规模要大得多。

就像在基于内容的模型中一样,你必须收集用户的偏好。让我们回到房地产平台示例中,看看示例数据,了解协作模型背后的直觉。表 6-1 显示了三个虚构的平台用户的偏好:Alice、Bob 和 Jane。

表 6-1　Alice、Bob 和 Jane 的房屋偏好

房屋	Alice	Bob	Jane
房屋 A：Dogpatch 社区的一居室	?	喜欢	不喜欢
房屋 B：金融区的三居室	喜欢	不喜欢	喜欢
房屋 C：教会区的工作室	不喜欢	?	不喜欢
房屋 D：教会区的一居室	不喜欢	喜欢	不喜欢
房屋 E：Marina 社区的三居室	喜欢	?	喜欢

表中的每一行都显示了 Alice、Bob 和 Jane 对目录中的五个房屋的看法。就像在基于内容的模型中一样，有很多方法可收集这种偏好数据。最明显的方法就是询问；例如，在主页描述中使用一个五星标志。许多精明的企业不仅如此，还跟踪更详细的信息，例如用户花了多少时间阅读描述或滚动浏览图像。如果 Bob 在过去两天里看了 10 次挂牌的房子，并且每次都花了 5 分钟，那么这是他真正感兴趣的指标。

示例数据集包括 Alice 和 Bob 没有查看的房屋(表 6-1 中用问号表示)。Alice 从来没有找到房屋 A，Bob 也没有看到房屋 C 和 E。正如你所了解到的，推荐系统的目标是选择他们更可能感兴趣的"错过的"房屋，这样我们就可以将它们放在搜索结果的最前面，帮助用户找到可能购买的新房。

通过这张表，我们可以看出 Alice 和 Jane 有着相似的爱好：都喜欢房屋 E，不喜欢房屋 C 和 D。此外，与 Jane 和 Alice 相比，Bob 似乎有着完全不同的偏好，因为他对另外两人评定的房子都不认同。

当产生推荐时，协同过滤系统会将 Alice 和 Jane 配对为两个偏好相似的人，并且不会向 Alice 显示房屋 A，因为它不符合 Jane 的偏好。关于 Bob，我们知道他在寻找与 Alice 和 Jane 完全不同的东西，因此建议他查看 Alice 和 Jane 都不喜欢的房屋 C，也不会推荐两人都喜欢的房屋 E。

换言之，协同过滤的理念是忽略项目之间的相似性，而关注用户之间的相似性，基于用户与项目的交互作用和用户偏好。请注意，这些模

型忽略了用户的功能，只依赖于对浏览的房屋的评级。这意味着在我们的例子中，Alice 和 Jane 不是根据性别或年龄等共同的社会特征配对的，而是根据他们对房屋的偏好而匹配。

协作系统的真正魅力在于，他们根本不需要知道目录中的商品或用户的任何信息：只要有用户对商品的评级，就可找出哪些用户有相似的偏好，并相互推荐商品。同样的模式适用于家庭和电影，只要社区提供足够的评级。这也使得协作过滤系统更容易集成到现有平台中，因为你不必到处寻找关于每个项目的额外数据(如电影导演)，当用户忙于让你知道他们的想法时，你可以放松下来。更奇妙的是，由于这些建议是基于其他人的现实世界偏好，所以它们可能是新奇和令人惊讶的，就像你从朋友那里得到的一样。

只有当登记的用户比项目多的时候，协作过滤系统才能正常工作。否则，很难选择有共同爱好的用户群：有许多从未被评过(或只评过一次)的大型登记目录就不能正常起到作用。例如，假设房地产网站只有 Bob、Jane 和 Alice 作为用户，但有 500 套房子挂牌出售。独立的三个用户不太可能看到同样的房子，这意味着我们不能使用所描述的巧妙的兴趣匹配技巧。

Netflix 就是一个很好的例子，它完全准备好利用协作过滤，拥有数以千万计的用户，与数百部电影进行交互。此外，站在 Pinterest 的立场：虽然 Pinterest 也有数亿用户，但这些用户可交互的内容基本上是整个网络：数千亿幅图片。在 Pinterest 的例子中，最好的方法是使用基于内容的推荐。这确实是该公司所做的：2017 年 1 月，该公司宣布其新的深度学习系统提供了基于内容的徽章推荐，一夜之间，用户参与度提高了 30%。

另外重要的一点是，当你有足够多的用户-项目交互来构建模型时，协作过滤是有效的。对于一家年轻的公司，交互历史很少，你可能不得不完全放弃这种方法。这种情况下，你所能做的就是从一个基于内容的系统开始，这样就可以开始提供推荐，而不必建立一个庞大的现有评分数据库。随着用户群的扩大，以及评分开始上升，可以引入一个协作组件来提供更独特的推荐。正如你在示例中看到的，一流的企业实际上混合了这两种方法，提供了广泛的建议，可以吸引大多数用户。

6.4 推荐错误

到目前为止，我们讨论过的许多基于人工智能的任务都有直接的性能定义，通常将这些定义转换为在不同情况下比较模型的准确性。例如，我们已经讨论过预测房屋销售价格的准确性，或者在图片中对猫狗进行分类的准确性。在预测系统的准确性方面，推荐者很容易采用这种方法。然而，这种简单方法忽略了人类偏好的复杂现实，以及它们对业务绩效的影响。

第一个问题涉及用户体验。自动推荐在大多数情况下都能很好地工作，但有时我们想知道一个荒谬的建议是如何产生的。屏幕实际使用面积是有限的，用户注意力也是有限的；你不想因为展示无用的产品而浪费时间。

如你所见，大多数最先进推荐系统的运行依靠基于商品特征和社区评分的一系列信号。因为人类的偏好是不可预测的，仅仅一个不确定的建议可能会对客户信任产生强烈影响，使其在推动业务价值方面的效率大大降低。根据社区的具体情况，推荐系统可能将一个微不足道的特征(如电影的发行年份)误认为是一个重要特征，从而导致令人惊讶的(和令人失望的)推荐。此外，策略对产品类别是有效的，但对其他产品却完全没用：看到和我买的类似的 T 恤可能很好，但是不要让屏幕上到处都是像我最近购买的空调一样的东西(图 6-7 显示了来自实际场景的一份报告)。

图 6-7 亚马逊用户对收到的推荐并不特别满意

虽然用户体验是一个重要的考虑因素，但不能忽视推荐系统在塑造公众舆论和话语方面的巨大影响。大部分媒体(无论是新闻、视频或社交媒体帖子)都在某个时候被推荐系统过滤掉了。这意味着这项技术具有独特的地位，可以影响集体世界观。我们现在将严格讨论这项技术对业务的影响，并在第 10 章中探讨其更广泛的社会影响。

推荐系统之梦

让我们用一些值得思考的东西来结束这一部分。假设到目前为止，20%的亚马逊推荐会转换为购买。假设亚马逊的一位数据科学家找到一个聪明的方法来改进推荐算法，现在 100%的推荐变成了购买。既然亚马逊已经知道你想买什么，为什么还要等你去网上购物呢？最简单的解决办法是直接把东西运到家里，贴上一张写着"不客气"的明信片。

当然，100%的转化率似乎太高了。然而，这一概念仍然有效：理论上存在一个阈值，在这个阈值下，产品推荐变得非常有效，这样用户就可以更轻松地返回他们不喜欢或不需要的东西，而不是主动购物。这种情况下，亚马逊只需要向我们发送 10 种产品，我们就可将模型出错的产品运回。

这听起来有点未来主义，但时尚公司已经在尝试这种模式。从整体上讲，单一的技术和商业模式的改进都会导致商业模式的混乱。这就是推荐系统和许多其他人工智能技术的力量。

6.5 案例分析：Netflix 每年节省 10 亿美元

Netflix 成立于 1997 年，它开始运营一种订阅模式，向家庭运送实物 DVD，然后这些家庭在看完电影后通过邮递将媒体工具退回。在接下来的十年里，快速互联网接入和个人设备的大规模可用性使公司能够过渡到内容的数字分发。只需要支付一个月的订阅费，客户就可以使用智能手机、平板电脑、笔记本电脑或智能电视观看任意数量的电影和电视剧。

与实体媒体或有线电视相比，便利和低廉的价格使 Netflix 成为近年来增长最快的公司之一。从 2005 年到 2018 年，其收入从 6.82 亿美元增长到近 160 亿美元，股价从 2005 年初的每股 2 美元上涨到 2018 年底的近 300 美元。2018 年，该公司拥有来自 190 多个国家的 1.5 亿用户。这种爆炸性增长的主要驱动力无疑是其新颖的互联网电视概念，它的选择似乎是无限的。然而，新的机遇带来了前所未有的新问题。当面对太多的选择时，人类通常不善于做出决定，挑选一个电视节目看也不例外。消费者研究报告称，典型的 Netflix 用户在选择新的电视剧名后，只需要花 60 秒的时间就将其拒之门外。

为了应对这一新的挑战，该公司在推荐系统上投入巨资，帮助用户在庞大的 Netflix 目录中找到有吸引力的内容。

6.5.1 Netflix 的推荐系统

在 Netflix 普及的互联网电视概念带来新的挑战的同时，也给数据采集带来了新的机遇。多亏了按需配置的基础设施，Netflix 可以访问大量关于每个用户所做的事情的数据：他们观看的内容、登录地点和时间等。

Netflix 推荐系统与客户交互的最重要方式是他们登录后立即访问的主页(见图 6-8)。虽然界面随设备类型的不同而变化，但起点是大约 40 行的集合，代表不同的电影类别，每行最多 75 个项目。为了决定如何填充这个屏幕，Netflix 将收集的所有数据输入一组算法中，每个算法专门用于不同的推荐任务。这些算法共同构成了 Netflix 推荐系统。

该系统的核心是一种称为"个性化视频评级"(PVR)的算法。PVR 基于 Netflix 收集的大量用户观看习惯的数据，用于估计用户观看所有不同电影类别(例如惊悚片或戏剧)的可能性。Netflix 主页还有其他特殊的行，它们有自己特定的推荐算法。一个例子是最佳选择(Top Picks)行，它建议在所有类别中选择最好的内容。这种算法被称为"最佳 N 个视频评级"(Top N Video Ranker)。虽然 PVR 用于在目录的特定子集中查找最佳电影，但最佳 N 个视频评级会查看整个目录。

图 6-8　Netflix 主页组成

另一个特别的行是当下趋势(Trending Now)内容。Netflix 将个性化推荐与来自时间趋势的信号相结合。具体来说，该公司发现了两类影响用户行为的因素。第一个因素与反复出现的趋势有关，如圣诞节或情人节。另一种趋势与短期事件有关，如选举或自然灾害，这些都会引起人们的兴趣。即使在这种情况下，Netflix 也不会向每个用户显示相同的行，而是将整体趋势的信号与个性化项目混合在一起。

另一个与众不同的行是继续观看(Continue Watching)。当所有其他行集中于用户从未看过的内容时,这一行关注的是用户已经开始消费但从未完成的内容。"继续观看评级"使用以下特定于应用程序的功能选择完成概率最高的标题:

- 自上次查看后经过的时间
- 设备
- 放弃点(中途、开始处或结束处)
- 自上次观看后观看的其他影片

到目前为止,我们看到的所有算法都依赖于协作过滤技术来选择他们的推荐-——通过查看具有相似观看模式(因此具有相似偏好)的其他用户的选择,从而推断用户的偏好。你所看到的行是一个例外,因为它们提供的内容与用户以前所享受的内容相似。这项任务是由视频相似性算法(一个基于内容的推荐系统)来完成的。这个算法不考虑用户的偏好,它的输出根据用户的选择和 Netflix 目录的其余部分之间的相似性排序。然而,在某部电影上使用视频相似性算法是根据用户的喜好进行个性化选择的。

在这一系列算法的基础上,Netflix 于 2015 年引入一种"页面生成算法",以决定在不同情况下向特定用户显示哪一行。表 6-2 总结了组成其推荐系统的 Netflix 算法。

表6-2 组成 Netflix 推荐系统的算法

算法	使用	标准
个性化视频评级	给定一个电影类别,从该类别中选择用户最可能观看的电影	协同过滤
最佳 N 个视频评级	在目录中的所有电影中,为特定用户选择最佳影片	协同过滤
当下趋势	根据不同的时间趋势,选择用户最可能观看的符合趋势的电影	协同过滤

(续表)

算法	使用	标准
继续观看	给定一组用户已开始但尚未看完的电影,请选择他们最可能继续观看的影片	协同过滤
视频-视频相似性	给定一部电影,找出最相似的电影	基于内容(视频相似性)
页面生成	选择要为特定用户显示的行以及显示顺序	协同过滤

6.5.2 推荐系统和用户体验

Netflix 推荐系统是客户与该服务交互的主要方式,因此,为了适应平台本身的发展,Netflix 已经进行了调整。多年来,Netflix 一直通过向客户运送实体 DVD 的方式运营,推动客户参与度的观看/费率/再观看反馈周期比现在慢得多。客户每周只会收到一次新内容,这个每周一次的分发最好包括一些在周五晚上娱乐大众的内容。

由于在线流媒体的出现,游戏规则发生了变化:因为用户可以随时开始和停止消费任何内容,因此推荐可以更灵活。与此同时,广泛的用户研究发现,在流媒体时代,留住客户最重要的驱动力是客户花在观看内容上的时间。Netflix 推荐系统的目标也随之发展。批评这种渐进式改变的人认为,它过度倾向于"足够好"的内容,其唯一目的是让订阅者一天沉迷多个小时。与更高的失望风险所对应的是更高的建议风险反而被低估了。

任何一种被全球数亿人使用的算法都不能免于批评,Netflix 推荐系统也不例外。虽然在社交媒体上经常出现严重错误的推荐,但更微妙的预测失误也揭示了该领域尚未解决的问题。用户经常抱怨该模型无法跟踪多种独立的"情绪"和媒体消费倾向。典型例子是周五晚上的垃圾电视狂欢会影响接下来两个月的推荐。

6.5.3 推荐的业务价值

2015 年，Netflix 首席产品官 Neil Hunt 和产品创新副总裁 Carlos Gomez Uribe 撰写了"Netflix 推荐系统：算法、商业价值和创新"(https://dl.acm.org/citation.cfm?id=2843948)一文。他们报告说，Netflix 推荐系统负责平台上 80%的时间流，剩下的 20%来自搜索功能。然而，由于用户经常搜索不到目录中的标题，这 20%的份额就成了推荐问题。

在评估算法的有效性时，Netflix 依赖于特定指标。其中最重要的两个因素是有效条目数量(Effective Catalog Size，ECS)和转化率(Take-Rate)。ECS 是一个度量，它描述了目录中各个项目的分散查看情况。该指标有一个数学公式，但其背后的主要思想相当简单：如果大多数人观看同一个视频，它将接近 1。如果所有视频都产生相同的观看量，ECS 就接近目录中的视频数量。如果目录中有一些罕见的电影和一些更受欢迎的电影，ECS 就为中间值。这个值越高，观看目录中所有电影的人就越多，导致更高的客户满意度，并增加了 Netflix 用于获得媒体发行权或制作权的资金回报率。因此，Netflix 的目标是实现这一价值的最大化。为了测试推荐系统的有效性，Netflix 尝试用以下两种方法为用户提供内容：

- 使用流行度指标——从目录中最受欢迎的电影开始，逐步添加其他流行电影(黑线)。
- 使用个性化系统——首先根据 PVR 分数对电影进行排名，然后按照 PVR 算法指定的顺序添加其他影片。

使用个性化系统后，云服务器数量增加了 400%。

Netflix 使用的另一个关键参与度指标是转化率，它被定义为所推荐的结果所占的比率。接近 1 的值表示将 100%地选择推荐，而接近 0 的值表示不会选择该推荐。Netflix 尝试通过以下两种方法向用户提出一系列推荐：

- 放映前 N 部最受欢迎的电影

- 根据推荐系统显示的 N 部电影是用户的最佳选择

对比这两种方法，Netflix 注意到个性化系统比"最受欢迎"的方法有了实质性改进，"最适合"电影的转换率比"最受欢迎"电影的转化率提高了近四倍，当我们转到不太适合的电影时，推荐性能也会下降。

推荐和这些指标的改进与业务绩效的提高密切相关。对于像 Netflix 这样的纯粹基于订阅的服务，需要关注的三个关键指标是新会员的获得率、会员取消率(流失率)和前客户的回头率。Hunt 和 Uribe 报告称，Netflix 在个性化和推荐方面的努力已经将客户流失率降低了几个百分点。总的来说，他们估计所有推荐算法的共同努力每年为 Netflix 节省了超过 10 亿美元，而 Netflix 当时的总收入低于 70 亿美元。

6.5.4 案例问题

- 一个更大的产品目录显然对消费者更好吗？对业务更好吗？
- 从实体媒体到在线流媒体，再到原创作品，推荐系统是如何演变的？
- 除了推荐，Netflix 在与现有分销平台(如电视、影院、物理媒体)竞争时，还有哪些重要的方式可以利用其数据优势？

6.5.5 案例讨论

Netflix 可能是对娱乐业影响最大的公司之一。它的成功是 DVD 租赁巨头失败的主要原因之一，而它进军原创内容领域也对电视网和电影制片厂等内容制作商构成了威胁。

该公司最初是一家基于互联网的 DVD 租赁服务公司，当它开创了互联网电视的概念时，才真正开始腾飞。当时互联网电视的主要选择是线性广播和有线电视系统。虽然这两种产品都有一个预定的时间表，但互联网电视让用户坐在驾驶座上，允许他们随时随地选择自己想要的内容。

对任何企业来说，选择的力量似乎都是一个可靠的卖点。然而，正如 Hunt 和 Gomez-Uribe 所指出的，人们并不特别擅长选择，尤其当面临众多选择时。如果用户找不到自己喜欢的电影，那么收藏大量电影又有什么意义呢？这不仅是娱乐业的现状。想想电子商务：如果用户不购买任何东西，大型品牌的目录有什么价值？

这里的主要问题是，虽然一家公司的产品可能是无限的，但人们的时间是有限的。以 Netflix 为例，该公司报告说，如果在 60~90 秒内找不到任何内容，大多数用户都会放弃对电影的搜索。这意味着，在不以任何方式帮助用户的情况下，向目录中添加元素可能使用户更难找到他们喜欢的内容，从用户体验和业务角度看，结果会适得其反。这就是推荐系统的价值：通过数据驱动的建议方法，确保用户能够在产品中发现价值。

Netflix 使用的互联网的关键资产之一是收集数据和监控用户偏好的机会。想一想 Netflix 的 DVD 租赁版和互联网电视版之间的区别。在第一种情况下，DVD 出货后，公司只有一种方法知道用户是否喜欢它：用户的评分。使用流媒体服务，Netflix 可以记录更丰富的信息，例如：

- 用户观看电影的时间(几点、哪一天)
- 使用的设备
- 用户是观看全部内容还是中间暂停几次？

此外，Netflix 可以测试不同版本的推荐算法，并根据特定的指标来衡量性能。丰富的数据是 Netflix 的一项关键资产，它不仅可以推动用户参与度，还可以衡量性能并相应地调整产品。

6.6 本章小结

- 推荐系统为客户提供个性化推荐，使用户能浏览更大的产品或服务目录，并提高其参与度。

- 基于内容的推荐系统使用用户的历史记录(用户访问的页面、购买的产品等)来推荐目录中类似的项目。
- 协作过滤是另一种方法,它可在社区中找到具有相似爱好的用户,并在他们之间共享推荐。
- 正如 Netflix 案例研究中所展示的,推荐系统是现代电子商务和媒体分发平台的基石。

第 II 部分
构建人工智能

恭喜你完成了本书第I部分。到现在为止，你已经非常熟悉人工智能相关的技术了。你知道可以使用的数据类型，以及最适合每种类型的算法。第II部分将建立在你新发现的知识的基础上，指导你朝着将人工智能引入企业迈出第一步。

第 7 章讨论如何选择在企业中最具前景的人工智能机会。第 7 章的最大成就是定义第一个人工智能项目，并将其格式化，成为技术团队可以理解的机器学习友好型语言。第 8 章介绍构建人工智能项目的主要组成部分：模型、数据和人才。第 9 章介绍构建成功的人工智能策略可以遵循的过程。第 10 章是本部分的最后一章，在这里你将视野扩展到企业之外，探索人工智能对社会的短期和长期影响。

第 7 章

准备好寻找人工智能机会

本章内容包含：
- 理解人工智能愿景与人工智能项目的区别
- 在企业中寻找人工智能机会
- 确定优先级并测试你的人工智能项目想法
- 将现实世界中复杂的人工智能产品分解成独立的机器学习驱动组件
- 使用 Framing Canvas 将业务需求转换为机器学习任务

在本章，你将迈出进入人工智能创新世界的第一步。把机器学习想象成一个装满各种东西(如锤子、螺丝刀和锯子)的工具箱。在阅读了本书第I部分之后，你将了解如何使用所有这些工具来构建产品。下一步是了解使用这些工具构建什么以及如何构建。

本章首先介绍开发框架，以识别、选择和验证企业中最有前景的人工智能机会。本章还将展示如何将复杂产品分解为对机器学习更友好的、可以独立构建的组件。最后，本章的框架画布(Framing Canvas)将教你如何将所有这些初步工作的输出转化为一个技术团队可以使用的项目描述。

7.1 不要被炒作所迷惑：业务驱动的人工智能创新

第I部分介绍了 FutureHouse 的故事，这是一个虚构的房地产平台，用户可在网上买卖房屋。我们创造了神奇的人工智能功能，并设想它们如何帮助 FutureHouse 吸引更多用户。我们一直都在试图解释背后的技术概念。

我们没有把注意力集中在幕后故事上：FutureHouse 是如何提出这些想法的？该公司如何选择最好的想法来付诸实践？除非你为一家科技巨头工作，否则，机会就是你的企业要在人工智能之旅中迈出第一步，你也可能面临这些问题。

这就是为什么我们决定回到 FutureHouse 的人工智能之旅的开端，想象一下在会议室里发生的对话。从一个虚构的启动会议开始：

CEO：人工智能现在成了新闻头条，似乎将在任何企业中扮演重要角色。在竞争对手或某家科技初创公司开始之前，我们肯定需要开始研究它。

CTO：你说得对，它发展速度很快，我们需要做好准备。建议开始投资基础设施，这样就可处理所有数据。然后训练工程师或雇用新的数据科学家，开始构建人工智能算法。

市场部经理：老实说，伙计们，我认为这是一种时尚趋势。现在说"我们使用人工智能"看起来很酷，但它最终会逐渐消失。

人工智能领袖：我认同有些人快速地追赶时髦，但我认为完全忽视人工智能是短视的。当然，这不是灵丹妙药；我们需要一个策略来确保我们能够从人工智能擅长的方面获得价值。

CEO：嗯，但我不确定我是否完全知道人工智能擅长什么。媒体上的信息庞杂而混乱，我很难理解什么是真实的，什么是炒作的。

人工智能领袖：在我看来，这是首先需要解决的问题。不如为高管团队组织培训，让我们更清楚人工智能可以做什么，然后规划下一步的行动。

CTO: 我认为这是个好主意; 这也有助于技术团队和业务人员的合作。

市场部经理: 好吧，开始吧。也许它能帮我改变对这项技术的看法。但我认为从战略开始是至关重要的。如果没有某种形式的人工智能愿景，最终会损失时间和金钱。

人工智能领袖: 很高兴你们都对进行人工智能培训感到兴奋，我完全同意你们的看法，我们确实需要有一个愿景。此外，我认为我们需要更多的经验来构建人工智能愿景。光训练是不够的，在花时间做长期计划之前，我们需要行动起来。建议在训练结束后，我们去寻找一些人工智能项目开始试验。它们将引导我们定义人工智能愿景。

CEO: 我喜欢这一点。我们是否都同意接受一些人工智能训练，并开始测试这种技术？我想从现在开始进行为期四个月的试点，然后总结一下，看看我们学到了什么，之后开始讨论总体战略和愿景。听起来怎么样？

这个对话包含了许多刚从人工智能起步的组织的元素。事实上，在咨询过程中，这个脚本的部分内容多次出现在我们眼前。让我们看看它最重要的部分。首先，希望你把注意力集中在"人"身上。这是一段对话，而不是一个独白或者被某些人驱动的强制策略。要使任何富有成效的改变发生，你需要一个团队，而不是孤军奋战。

接下来，这个脚本有四个具有特定特征的字符:

- 发起者——发起讨论的人可以是从新闻上听说过人工智能的人，有经验并看到机会的人，或者只是想启动新项目来推进职业生涯的人。在示例中，假设这个人是公司的 CEO。这是一个理想场景，但发起人也可能是经理或员工。
- 技术人员——对人工智能技术有第一手了解的人，这里指的是CTO。这类人通常倾向于关注人工智能的技术方面而忽略了业务影响。重要的是，技术人员的观点与更注重业务的人的观点保持平衡。

- 怀疑论者——这里指的是不相信人工智能有任何价值的人。通常,这些人要么认为人工智能只是一种时尚,要么认为它只是一种"统计数据"。有时,这些人在了解了人工智能后,会对人工智能产生热情。有时他们需要亲眼看到结果。在示例中,怀疑论者是市场营销经理,但也可能是组织中的其他人。
- 人工智能领袖——这是一个了解人工智能的人,有一定的经验,并确保技术的使用能为企业带来价值。他们对业务有很深的了解,并且知道人工智能的核心原理,以便找到两者之间的交叉点。我希望,在读过本书并且获得一些经验后,这个人可能就是你。

对话中的关键因素是人工智能领袖。再过几分钟,这场对话可能会走错方向,导致企业在人工智能方面的努力可能陷入死胡同。但是,对于虚构的公司而言,人工智能领袖能够介入并提出了好的策略,防止这种情况的发生。

该对话的第一个警钟是,没有一个参与者(发起者、怀疑论者和技术人员)对人工智能有足够的了解,无法做出下意识的决定。此种情况的风险是,谁的声音最大,企业就会跟随谁,即使他们在盲目地领导团队。更糟的是,持怀疑态度的人可能提出偏见而不是真正的知识来反对,非常有灾难性。

然后,人工智能领导者提议对所有的决策者进行非技术性训练。"教育"是这次谈话的第二个焦点。确保"业务人员"(CEO、CMO等)了解人工智能对于在企业中成功实施人工智能非常重要。除非你从事核心技术开发,否则"业务人员"是掌舵人,你希望他们知道船是如何航行的。

在建立了业务团队的知识基础之后,持怀疑态度的管理者会适时地提醒大家,人工智能必须被用作服务企业的工具,一开始就有明确的人工智能愿景很重要:一条明确的路径用来定义人工智能将在人工智能时代做什么,将如何帮助员工更高效地工作,以及如何塑造产品以更好地为客户服务。

对于任何企业来说，拥有人工智能的愿景无疑是至关重要的，我们完全鼓励每个人找到自己的愿景。然而，正如人工智能领袖所指出的，人工智能愿景不会在梦中出现，也不会在咨询公司的幻灯片演示中出现。相反，它是经验和实验、成功和挫折的结晶。如果你还没有在使用人工智能方面采取任何措施，如何能想出一个全面的人工智能愿景呢？根据经验，我们注意到，那些忽视实验而专注于长期战略的公司往往会以"头脑风暴死亡谷"告终：他们不断地想出对自己应该做什么样的假设，但由于缺乏行动，他们错失了证明自己走上正轨所需的信息。其结果是持续不断地思考，没有足够的行动来验证战略。

构建长期人工智能愿景的好方法是开始关注人工智能项目：范围很广的计划，使用人工智能来构建新的产品或功能，或者优化现有的流程。通过运行人工智能项目，你将获得需要的经验，并学习你还不知道的东西，从而形成一个富有成效的人工智能愿景。

人工智能项目可或多或少地复杂(理想情况下，你可从一些小的事情开始，稍后再做更多)，但必须有一个坚实和可衡量的业务影响。你可将其视为两到六个月的工作；企业中的一个团队组成一个人工智能项目组，构建一个由机器学习驱动的产品或服务，具有定义良好的输出、KPI 和预期的业务影响。本书中所有的行业案例研究都是人工智能项目。第 2 章的第一个案例研究就是关于人工智能项目如何实现人工智能愿景的完美例子，它描述了谷歌如何彻底改变其数据中心的能耗优化方式。

让我们深入研究一下谷歌的案例研究，看看它是如何建立基于机器学习优化的数据中心的。引发这场革命的第一个火花是一个简单项目，由谷歌数据中心工程师之一 Jim Gao 构思并领导。Gao 利用谷歌的 20% 政策，每周花一天时间构建一个简单的机器学习模型，以预测数据中心冷却系统的关键性能指标之一，并考虑其他操作参数。这个项目看起来很有前景,下一步是通过模拟不同条件下的冷却系统并手动选择最佳冷却系统来测试 Gao 的模型。

下一步是让谷歌人工智能子公司 DeepMind 接手。DeepMind 改进了 Gao 的模型,使得谷歌削减 40%的能源支出。这并不是该计划的最后一步:谷歌仍然依靠工程师来审查算法的选择并加以实现。随着上一个 DeepMind 项目的完成,完整的愿景变得更接近现实,它使得机器学习能够接管建议,工程师们只需要检查一下没有出什么问题。

谷歌数据中心经验的主要收获是,培育小项目是开始形成更广泛的人工智能愿景的最佳途径。通过完成图 7-1 所示的整个人工智能项目,你将了解如何完成人工智能项目。

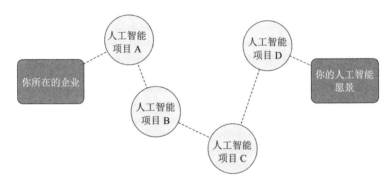

图 7-1　人工智能愿景将是几个人工智能项目的产物。这种愿景很少会走直线,你可能需要构建几个不同方向的人工智能项目

看看谷歌的案例,似乎人工智能愿景的最终目标应该从一开始就很明确,每个人工智能项目只是这个更宏大计划的一部分。这是个很洒脱的谎言。事实上,洞察力的流动是相反的。单个人工智能项目可以(也应该)告诉你和企业哪里有潜力,哪里有死胡同,为投资提供信息,并帮助你根据从每个人工智能项目中发现的东西,去发展自己的愿景。

下一节将研究如何设计新的人工智能项目,通过测试确定它们的优先级,以及选择将精力集中在哪里。在继续之前,我们想提醒你,虚构的对话中的其他元素在现实生活中可能更棘手。

首先,案例中的发起人是公司 CEO。这是最幸运的案例;假设 CEO 是怀疑论者,在此情况下,你必须争取他们的支持。我们虚构人物的另一个幸运因素是,在案例中,人工智能领袖迅速引入两个要素:投资教育和将重点从长期战略转移到短期人工智能项目。如果你没有人工智能领袖呢?如果怀疑论者、发起者和技术人员不像开明的虚构人物那样容易被说服呢?正如本节开头所说,人工智能创新必须由团队来完成,而不是由一个人来完成。这意味着,如果你是人工智能领袖,你必须努力让大家参与进来,启发他们,帮助他们认识到教育和实验的价值。

7.2 创造:寻找人工智能机会

从上一次谈话将近两周。虚构的团队已经接受了一些关于人工智能的训练,他们现在准备组建一个人工智能工作组来启动第一个项目。下面是他们在训练后的谈话。

CEO:我真的很喜欢这次训练。通过训练,我更了解什么是人工智能,以及它如何帮助我们。你们觉得怎么样?

CTO:老实说,即使我是个技术人员,也意识到我对人工智能有很多误解。

市场部经理:一样。不过,我还是希望在成为粉丝之前看到真正的效果。

人工智能领袖:太棒了,伙计们;让我们开始头脑风暴,好吗?你有什么想法吗?

CEO：我看到在手机上谷歌有一个新功能，可以根据图片的内容对图片进行分类。如果我们帮助人们根据房间自动分类房子的图片呢？这样，卖家上传图片，买家找到自己感兴趣的东西(浴室、厨房等)就容易多了。

CTO：这个主意不错。我也一直在想如何利用所收集的数据。我的团队有成百上千的房屋销售记录，我想知道是否可以利用这些数据成为房地产投资者的财务顾问；我肯定会使用这些数据。也许第一步可以是一个预测房屋售价的算法。

市场部经理：就我而言，我想知道如何使用人工智能使营销流程自动化。也许我们可以尝试通过将经纪人所做的一些任务的自动化来降低成本，或者甚至考虑构建一个超级强大的人工智能经纪人？

人工智能领袖：这些都是好主意！建议试着勾勒出一些项目，并把它们列为优先项目。你们觉得呢？

计划将人工智能引入组织的第一步可能让人望而生畏。从哪里开始？如果你对项目没有想法怎么办？如果你有太多想法怎么办？想法是好是坏？虽然创造力和商业直觉是无价的，但有一个心理框架来指导努力总是很有用的。

从零到定义一个可靠的人工智能项目有三个阶段：
- 创造——我们能建什么样的项目？
- 优先顺序——我们应该开始关注哪些项目？
- 验证——这些项目值得追求吗？

在前面的对话中，你看到了第一步是创造。虚构人物很有创造力，很快就想出了一些有趣的不同想法，但是依靠个人创造力并不总是一个好的策略。这就是为什么我们设计了一个心理模型，可以帮助激发创造力和商业力。下面的心智模型可以帮助你寻找人工智能项目，然后可对这些项目进行优先排序和验证。如图 7-2 所示，它首先将探索空间分成两部分：企业内部和企业外部。

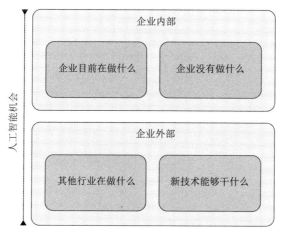

图 7-2 可在企业内部和外部寻找人工智能机会

当你查看企业内部时,可以遵循以下两种方法。

(1) 看看企业现在做的事情,然后问:"如果我能做得更好/更便宜/更快呢?"

(2) 看看企业现在没有做的事情,然后问:"人工智能可以帮我提供这个产品/服务吗?"

回顾一下房地产团队的虚构对话,营销经理正在做的是:他建议分析公司当前的流程,思考人工智能如何帮助公司做得更好。这种方法通常会将你带到渐进式创新项目中,使企业向前迈进一步,从而提高生产力、效率和结果。

第二类项目源于企业从未构建或提供的活动、产品或服务,但它们可能是使用人工智能构建的。这就是 CTO 正在做的事情:他说很想拥有一个人工智能驱动的个人财务顾问,并开始琢磨如何才能建立起这样的财务顾问。这些项目具有更大的破坏性,有可能定义改变游戏规则的产品类别。一个例子是第 2 章介绍的 Square Capital 使用的贷款资格算法。小企业贷款从来就不是银行特别关注的业务,因为利润潜力很小,风险很高,评估过程也很昂贵。Square 意识到人工智能是进入这个几乎未被触及的市场的关键。

谈到寻找企业外部的想法，我们在经验中发现了两个有效的选择：观察其他行业正在做什么，以及新技术在支持什么。谈话中虚构的 CEO 同时也在做这两件事：他关注的是谷歌正在做的事情，这是由新的计算机视觉技术实现的。大多数情况下，研究其他行业意味着看科技公司。如果你专注于硅谷的数字公司，其中的大多数都比"传统"行业的大多数大型成熟企业先进 10 年。这让我们可以窥视未来，看看人工智能在应用于大规模问题时能做什么，并试图看到什么是可以学习和参考的行业。谷歌在其数据中心的工作就是一个例子。谷歌在为其产品部署人工智能方面处于领先地位，这一经验启发了 Gao 将这种方法应用到优化能耗这一尚未探索的新领域。

另一个受新技术启发的有趣创新例子是 FaceApp，这是一个应用程序，它使用人工智能生成照片中人脸的高度逼真的转换。这个应用程序可以改变一张脸，使它微笑，看起来更年轻，看起来更老，或者改变性别。这款应用在市场上已经有一段时间了，但在英伟达发布了一款具有类似功能的开源人工智能模型后，这款应用就迅速走红。FaceApp 背后的工程师们很有可能利用现有的新技术，开发了一个功能更强大的应用程序版本，增强了吸引力。

如果你正在与团队举行头脑风暴会议，那么刚才讨论的四种方法以及图 7-3 所示的方法是一个很好的起点。在头脑风暴会议的最后，你很有可能得到一些必须优先考虑的想法。下一节将介绍两个高级概念，帮助你对新想法的潜力进行首次总体评估。

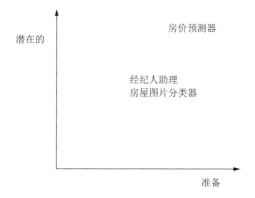

图 7-3　比较虚拟头脑风暴会议产生的项目想法

7.3　优先级：评估人工智能项目

我们都经过了这样的过程：你和几个人开了个头脑风暴会，每个人都有想法，并认为自己的想法是最好的。虚构的帮派可能就是这样。理想情况下，你想测试每一个想法，但事实是，大多数情况下，你必须决定优先考虑什么。本节将帮助你进行评估。

在这个阶段，大多数人通常考虑的最简单事情是项目的预期投资回报(ROI)：在所有项目中，优先考虑那些潜力最大的项目似乎是个好主意。根据经验，仅仅关注项目的投资回报率是一种短视策略。在选择项目时，还需要考虑另一个甚至更重要的变量：

准备情况。如果不考虑如何准备好处理一个人工智能项目，就可能陷入困境。

对于每个项目，可通过考虑以下因素来估计准备情况。

- 复杂性——人工智能项目建设有多困难？我们能在一个月内得到证明吗，还是需要两年的研发？读完接下来的两章，你会更好地理解这一点。

- 技能——你是否拥有相关的人工智能项目经验，是否能配备人工智能人才以实现想法？
- 数据——你有需要的所有数据吗？
- 易测试性——还需要什么来测试这个项目(例如，我们需要移动应用程序还是网站)？

根据这些问题的答案，你可以比较一下是否准备好启动你提出的每一个项目，并做出决定。为使这个概念更具体，下面介绍一个大型企业的故事，我们曾帮助其启动人工智能。

我们称该公司为 ACME，假设它生产出一种快速消费品，如卫生纸。当我们开始集思广益时，公司的生产主管对建立一个可改进生产计划的算法非常感兴趣。回报也是巨大的。毕竟，ACME 每天都在生产数百卡车的卫生纸，如果能够对其生产进行更有效的调度，将提高效率，从而获得数百万美元的潜在回报。然而，这个项目也存在一些挑战：

- 这个问题很复杂，有太多变量在起作用，需要经历长期昂贵且有风险的研究。
- ACME 还没有任何人工智能经验。
- ACME 的 IT 部门仅仅在一年前升级了数据收集基础设施，所以只有一年的数据。
- 测试这个项目非常困难：你必须改变生产计划，对于一个每天生产大量货物的公司来讲，说起来容易做起来难。

即使投资回报率可能是巨大的，我们建议把这个项目放在 ACME 列表的底部，在他们有了更多数据和经验，以及对人工智能更有信心之后再重新开始。相反，我们把重点放在回报率较小的小项目上，可以在几周而不是几年内完成。在投资回报率和速度之间的权衡尤为重要。

如果复杂性、技能、数据和易测试性是评估项目准备程度的四个变量，那么，如何评估投资回报率？有时候你可以被商业头脑所引导，但是指导方针会有所帮助。

一个人工智能项目的潜力与它在多大程度上利用了人工智能的两个

主要优势：可扩展性和准确性直接相关。

"可扩展性"是指一个简单的事实，让计算机接管一项任务有明显的优势。最常见的优点是速度和成本效率，但根据需要，你可能会获得不同的收益。例如，可以帮助你将枯燥繁杂的任务自动化，来减少员工的无聊感，或者可在自动化生产线上提高危险任务的安全性。显然，可扩展性是每个软件应用程序的优势，但人工智能极大地扩展了软件所能触及的范围(例如，我们已经看到传统软件通常无法解决计算机视觉问题)。

利用可扩展性优势的项目通常是自动完成任务、削减成本或缩短时间。一个例子是第 5 章中介绍的黄瓜分类项目，它为一个日本农民节省了大量时间。

"准确性"的能力是指机器学习从数据中学习并创建比传统软件工程误差更小的模型。有些问题在准确性和结果之间有着直接的关系，以至于你可以将一美元的金额与预测精度的每一次提高联系起来。显而易见的经典例子是在金融领域：你对苹果股票的未来价格预测得越好，赚的钱就越多。利润和准确性越相关，人工智能从数据中模拟世界的能力就越能为项目带来积极结果。

本书介绍一些成功的项目，主要是因为人工智能使决策更准确。其中之一是第 3 章中 Target 公司的项目；这家美国零售商使用贵宾卡的数据，针对即将生孩子的家庭。或许，传统的选择应该是广泛针对特定年龄段的所有家庭。很明显，更好的目标定位精度可产生比现状高出一个量级的回报。

最好的人工智能项目利用人工智能的可扩展性和准确性。这些项目具有很高的颠覆潜力，可以完全改变一个行业，如第 2 章中的 Square Capital 案例。Square 利用小企业的财务数据来决定是否给他们贷款。Square 的成功与它对企业财务状况如何影响其偿还贷款能力的理解程度直接相关：准确性越高，他们在管理风险方面就越成功，并将贷款提供给有信誉的企业。以 Square 为例，可扩展性实际上是该公司成功的主要原因，因为它使公司能够为小企业贷款提供长尾服务，而这些贷款在其他方面是不可能的。

谷歌数据中心项目利用了人工智能的可扩展性和准确性。在人工智能系统实施之前，工程师们利用热力学知识对数据中心的能耗进行优化。即使是工程师也要睡觉，所以一个能实时监控工厂并做出决策的可扩展系统是非常有价值的。此外，谷歌的算法比人类工程师更精确，为公司做出了重要贡献：节省了 40% 的费用！

如果高可扩展性和准确性是项目的两个关键驱动因素，那么你可能会看到一些非常高的 ROI 潜力。一旦知道了这一点，你就可为每个具体项目做好准备，以决定在接下来的几个月里人工智能实验的精力集中在哪里。

为了澄清这个过程是什么样子的，再看一看虚构的房地产人工智能工作组在头脑风暴会议上的项目：

- 房屋图片分类器——根据房间自动对图片进行排序的功能。
- 房价预测器——预测房屋销售价格的功能。
- 经纪人助理——一种聊天机器人，可以简化经纪人的工作或完全取代他们。

先看看他们的潜力。房屋图片分类器具有很高的比例因子，因为它使得人们可以在瞬间上传和排序图像，而不是手动排序。然而，它的准确率很低：我们不在乎算法是否比人类更好地识别浴室和厨房，只要它足够好。

房屋价格预测具有很高的比例因子，因为现在猜测销售价格是留给有经验的房屋经纪人的任务，他们很忙，需要几天才能做出预测。这个项目可以帮助客户在 1 秒钟内得到报价，而不是几天。准确度系数也非常高，因为预测房屋价值的能力越强，就越能帮助客户进行财务规划。

经纪人助理同样具有很高的规模价值，因为它可以加快客户的响应速度，并避免经纪人回答简单的问题，帮助他们专注于他们能做得最好的活动。不过，准确率并不是很高，因为经纪人已经非常擅长回答客户的问题。

现在来评估你的准备情况。你已经有房屋图片来构建房屋图片分类器。而且，这项技术并不难构建，甚至可以从第三方供应商那里购买。另一方面，测试它需要在模型和当前平台之间建立一些管道。

对于房价预测器来说，你已经拥有了需要的所有数据。它也是一个核心业务数据项目，数据结构良好，不会带来很多技术挑战，也不需要狂热的技术人才(下一章中，你将更好地评估项目的复杂性)。为了测试它，你还需要用模型插入网站(或者在下一节中使用其他一些聪明的黑客方法)。

经纪人助理是构建起来最复杂的一个，因为正如第 5 章介绍的，文本数据是所有数据类型中最复杂的。你可能有一些数据，可以使用 Facebook Messenger 平台进行测试。

如果在创造阶段，我们列出一个项目清单，那么在优先排序阶段，首先根据项目的可扩展性和准确性因素对项目的潜力进行有根据的猜测，然后根据项目的潜力和实施项目的准备情况对其进行排序。现在我们知道，房价预测器是目前最值得关注的项目，因为它具有很高的潜力，而且比其他所有项目更容易构建。现在，看看如何验证并开始构建它。

7.4 验证：分析风险

有两种主要的威胁会阻碍人工智能项目的成功：商业威胁和技术威胁(见图 7-4)。看看每一个都意味着什么。

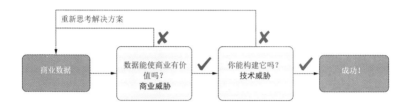

图 7-4 在通往成功的道路上,人工智能项目将面临商业和技术两方面的威胁

"商业威胁"与新的人工智能产品或服务的价值和有用性有关。即使你的产品有惊人的技术,也不一定意味着人们需要它或想使用它。就房价预测而言,它的商业成功有许多潜在威胁。例如,用户可能不想要或不信任它。在这两种情况下,不管技术有多好,他们都不会使用它。请记住,我们对用户的定义相当宽泛。假设你正在为企业构建一个内部工具;例如,一个有助于工厂质量评估部门的算法。在这种情况下,该部门的员工可以被视为用户,作为"外部"用户,他们可能会发现新产品有用,也可能不会。"技术威胁"与人工智能模型的性能以及它们能为客户提供什么有关。你现在已经熟悉了机器学习模型的精确性的概念,以及机器学习并不完美这一事实。机器学习算法所犯错误的大小和性质可以接受,也可以不接受,这取决于具体的应用程序。例如,与大多数移动应用程序相比,工业自动化等安全关键型应用程序的精度要求更严格。

降低实施风险的一个好方法是,将潜在威胁视为项目成功所需的一系列假设。当你开发人工智能项目时,继续列出你必须做出的任何商业和技术假设。对于房价预测器来说,这些假设是这样的。

商业假设:
- 用户关心的是能快速估计房屋价值。
- 客户相信自动化的价格估计,并愿意把资金投入到输出上,不管技术上有多精确。

技术假设:

- 我们有正确的数据来构建模型,并且可以随着时间的推移保持最新。
- 该模型的精度很高,其估计值是有用的。

因为通常有一种方法可绕过技术障碍,建议首先测试商业假设。在编写任何代码行或收集任何数据字节之前,有一些方法可以测试业务假设。例如,可添加一个标记为"在 5 分钟内为住宅获得报价"的按钮,并将请求连接到人工经纪人。我们把这个验证策略称为 cocierge-AI:通过人员来测试打算用人工智能实现的一个新特征的吸引力。这是一个暂时的解决方案,不会扩展到数百万用户,但可用它来衡量一小部分潜在客户的兴趣。

一个更简单的测试是插入一个标记为"在 5 分钟内为住宅获得报价"的假按钮,它将用户重定向到一个简单网页上,内容是"很抱歉,这个功能将很快推出"或"正在维护中"。你可以对几个用户尝试这个技巧,并计算有多少用户单击了诱饵按钮。伪造一个功能并不理想,但它可以让你在几天内(基本上没有预算)而不是几个月内验证人工智能项目的潜力。

这种测试的输出可以是正面的,也可以是负面的。如果很多用户都在单击"在 5 分钟内为住宅获得报价"按钮,那么是时候进入下一章的内容并开始构建该功能了!在这种情况下,营销经理制定的人工智能愿景似乎是卓有成效的:有空间将房地产平台转变为一个全面的房地产投资财务顾问。

结果也有可能是负面的。如果没有足够多的人对新功能感兴趣,也许没有人觉得他们需要闪电般快速地评估房屋价值。这种情况下,不要绝望:产品前期实验让你节省了大量的金钱和时间去建造一些没人想要的东西。这意味着营销经理的人工智能愿景需要转向其他方面,你可着手开发下一个人工智能项目;在本例中是房屋图片分类器。

假设你测试了房屋图片分类器,这是一个巨大的成功。它的推出告诉你,客户确实非常看重愉快的挂牌体验。有了这些额外的内容,你可以决定专注于创建一个具有最流畅用户体验的房地产平台。当你实现并发布这个特征时，就可自由地跳进未来的项目中去，相信所有这些人工智能项目在整个人工智能愿景中都有一席之地。图 7-5 显示了这些实验和分类流如何帮助你专注于人工智能愿景。当然，这只是一个简化的例子。现实世界是一个更混乱的地方，有大量失败的尝试，每一个转折点都令人头疼。然而，主要观点仍然存在：大多数成功的人工智能本土公司一开始并没有一个完整的战略，而是把这些点连在一起，直到人工智能任务的出现。

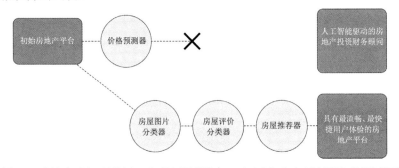

图 7-5　房地产平台示例的人工智能愿景的演变，以及我们在实现该愿景时讨论的不同人工智能项目

如果你想把人工智能作为一种变革性技术，你也需要改变思维方式。我们鼓励每一个企业无论大小，都要采取数据驱动实验的思维方式，并逐步投资人工智能，从每一个项目中学习，并在此过程中形成自己的愿景。最好的方法是在一开始就专注于人工智能项目，并试着从每一个项目中学习。如果你仔细倾听，项目本身会告诉你人工智能愿景应该走向何方，它们将成为建立愿景的基石。

深入研究产品实验的方法学已经超出了本书的范围，但是你可以在网上或者其他关于这个主题的书中找到很多资源。好的起点是埃里克·瑞斯(Eric Ries)的《精益创业》(Crown Business，2011)或史蒂夫·布兰克(Steve Blank)所著的有关内容。我们想留给你的是，在开发新产品时，没有免费的午餐，即使你使用人工智能这样强大的技术也不可以。如果你没有测试商业假设，而且想法有缺陷，即使是最强大的人工智能也救不了你。

一旦商业假设被测试过，就到了将想法转化为机器学习项目的时候了。这是接下来的章节中要讨论的。

7.5 解构人工智能产品

假设房地产公司已经验证了构建聊天机器人来简化用户和平台之间的交互想法。这样做的目的是让平台感觉像是一个有血有肉的经纪人，这样你就可以要求列出"曼哈顿金融区有三间卧室的房子"，并且可以像人类经纪人那样收到一份精心策划的结果列表。这几乎是房地产领域的苹果 Siri。既然你验证了这个想法，现在是时候去和一些人工智能专家谈谈构建产品了。在这种情况下，假设的对话如下。

经理：嘿，约翰，我们想为房地产领域建造一个 Siri。这可行吗？

数据科学家(约翰)：听起来很酷，但我需要更多信息。输入数据是什么？

经理：用户直接与应用程序或网站交谈，并得到良好的结果显示。

约翰：嗯，这意味着输入的数据是语音，输出可以是……有什么事吗？

经理：是的，输入是语音，输出是用户问题的答案。NLP 很难，所以我们认为可以通过减少应用程序的深度来降低复杂性：这个特征将帮助用户查询房屋，而不是其他。现在就开始吧。

约翰：好吧，这很有帮助，但我想这里讨论的是两个不同的人工智能项目。

经理：什么意思？

约翰：嗯，我们不能直接处理音频并给出答案，这需要一个中间步骤。首先需要将音频转录成文本；这是一个称为语音到文本的通用应用程序。然后，以明文形式提出用户的问题后，理解其意图。可以将此应用程序称为文本分类或意图检测。这是可行的，但必须分成两部分。

让人工智能项目准备好被一个技术团队消化可能并不像你期望的那么简单。在一些例子中，许多人工智能可解决的问题相对简单，可以用单一想法来描述。例如，房屋价格预测模型是单一产品。在其他情况下，最终目标更复杂，需要进一步分解，然后才能讨论将其转换为机器学习友好的术语。在这个例子中，经理发现他的人工智能项目实际上是两个完全独立的机器学习算法的组合。现在我们将教你如何理解人工智能项目目是不是几个机器学习算法的组合。

以一个你可能每天都在使用的例子为例：像苹果 Siri 这样的语音助手。假设我们希望私人助理只做两件事，即打电话和发短信。感谢你在本书中所学到的知识，你知道解决任何机器学习问题的第一件事就是考虑所涉及的数据。在例子中，输入数据是通过麦克风记录的使用助手的人声。输出是手机采取的一种操作，即发短信或给某人打电话。我们只需要按照图 7-6 所示的动作来完成。

图 7-6　语音助手产品基本方案

基本上，我们描述的是一个监督分类问题：输入是音频数据，输出是类别。类别是什么？理论上，你应该为联系人名单上的每个人开设"给马克发信息""给马克打电话""给马克发短信""回复马克"和"回拨马克"等类别。听起来有点疯狂，对吧？问题不仅在于我们有很多类别，而且直接将音频文件映射到类别是非常困难的。事实上，如果你试着记住本书中提到的所有应用程序，就没有这么困难了。

让我们看看，如果将问题分解成更小的步骤，使用本书中介绍的技术并从输入数据开始，会发生什么。第3章中讨论了音频数据，可以使用深度学习来构建语音识别系统，将音频数据转换为文本。这项技术已经相当成熟，尤其是对于英语和西班牙语等最流行的语言而言。这意味着我们可以非常有信心，如果用户说"给马克发短信"，就有可能建立一个系统，接收这种声音并将其转录成书面文字。

这一步之后，处理的输入数据发生了根本性变化；现在处理的是文本数据，而不再是音频。我们仍然需要了解用户是想打电话还是发短信，以及他们想和谁交流。让我们继续采用将问题分解为核心组件的方法，并将重点放在第I部分。我们想将一个书面句子映射到两个动作中的一个：打电话或发短信。

第5章讨论文本数据时，广泛地描述了如何使用机器学习将一部分文本分类到不同的类中。在这种情况下，我们可以训练一个包含数十个句子和标签的机器学习模型，如下所示：

- "给马克打电话"->打电话
- "你能给马克发短信吗？"->发短信
- "给马克回信"->发短信
- "给马克回电话"->打电话
- "给马克发短信"->发短信

正如第5章中所介绍的，即使有几十种或数百种表达相同意图的方法，单词嵌入也大大简化了我们的工作，使我们能解决这个问题。现在的情况是：我们知道用户想要采取什么样的行动，只需要了解从联系人列表中选择谁。这相当简单，并不是机器学习任务。因为我们有用户所说的语音转录，所以可以简单地检查他们所读的所有单词并查看联系人。当我们找到一个与用户所说的相匹配的名字时，就知道该给谁发短信或打电话。

如你所见，一个看似不可能的问题在分解成小任务后变得很容易，每个任务都通过机器学习和传统软件工程的结合来解决。图7-7是完整产品的体系结构图。

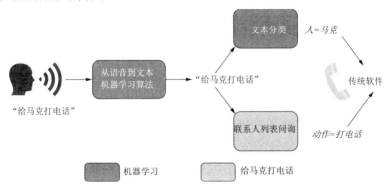

图7-7 语音助手可分成几个组件,这些组件将用户语音转换为软件命令

你可按同样的过程来分解更复杂的项目。下面列举一个典型案例,即制造一辆自动驾驶汽车。想象一下,作为一个普通人,你会采取什么样的步骤将汽车从旧金山的后院开到洛杉矶,并了解一个电脑司机要处理什么。坐到驾驶座上后,你将开始分解步骤:走出车库,并入高速公路,选择一个电台,在几小时内尽量不感到无聊,最后,你在朋友位于洛杉矶的车道上停车。在到达目的地之前,所有这些高层次的目标都必须被进一步分解:转向哪条街道,选择哪条车道,等等。除此之外,你还得遵守交通法规,注意其他司机的行为,以免造成事故。

这种直觉将有助于开始打破人工智能系统,实现自动驾驶。道路路线并不需要人工智能组件,因为我们可以重复使用谷歌地图中相同的导航算法。此外,"感知"(perception)组件将有大量的机器学习,其任务是找出行人、骑车人和其他汽车与车辆本身的关系。因为自动驾驶汽车中最常用的传感器是摄像头,所以,在图像分类和对象定位模型中使用深度学习(如第 4 章所述)是很自然的选择。对于这个组件,输入数据是从安装在汽车上的正面和侧面摄像头捕获的图像,输出是附近物体的位置。

仅仅了解街道上有汽车和行人是不够的;你还需要预测其他道路参与者将要做什么,以便自动驾驶汽车能够做出最佳和最安全的决定。

例如，除了知道行人在人行道上，你还希望人工智能帮助你预测他们是否要过马路，为安全起见进行减速。这个机器学习任务比前一个任务(对车辆周围的对象进行分类)更难，所以来看看如何用机器学习术语来定义它。我们甚至不确定想要从模型中得到什么：仅有一个简单的分类，例如"可能移动"和"不可能移动"就足够了，还是模型也必须预测移动的方向？这两种选择都是有效的(一个真正的项目可能同时运行这两种选择)，但后者更有用，其代价是更复杂的训练数据。从输入数据的角度看，最相关的可能是位置(城市或高速公路)、环境(街道交叉口、人行道、办公室入口)和实体类型(行人、骑车人或车辆)。

所有这些信息都会输入一个"决策"(decision-making)组件，该组件决定如何在交通流中安全地驶向目的地。例如，即使汽车需要向左并道才能上高速路，但如果车道被占用，突然转向会导致车祸，汽车也应该放弃向左并道。将决策模块作为传统软件工程和机器学习的混合体来实现可能是最有意义的。这是因为有些规则是硬性的和快速的(红灯意味着"停车")，而其他许多行为则更微妙(如果汽车在尾随，急刹车是危险的)。

最后，关于道路行为的决定，例如右转或在红绿灯处停车，必须转化为方向盘和汽油的动作，从而使汽车移动(并停止！)。这个任务不太适合机器学习，因为我们有精确的数学规则，根据停车距离、乘客的重量等来表达刹车动作的力度。这意味着该组件是传统软件工程的主要候选组件。

图 7-8 概述了我们讨论过的所有组件，以及它们如何相互依赖来提供如此复杂的行为。这个描述显然不是详尽无遗的，但是分解这样一个复杂项目有助于你理解传统工程和机器学习如何最好地互补。如果你花时间回顾那些可能用作输入的数据，并将输出作为一个可测量的值，即使是最复杂的问题也可以得到解决。

现在，自动驾驶汽车是一种技术密集型的"登月"项目，有一些我们无法真正反驳的要求：自动驾驶汽车至少要像人类驾驶员一样安全驾驶、安全停车。当你将一个商业机会转换成一个或多个机器学习项目时，通常在定义机器学习项目的边界方面有更多自由。例如，在最初的"房地产领域的 Siri"中，你可以轻而易举地将用户体验从语音转换为文本；不让人们与平台对话，而是用自然语言编写查询。这可能会给用户带来你所期望的大部分价值，完全取消了一半的人工智能项目(你不再需要构建任何语音到文本的技术了！)。

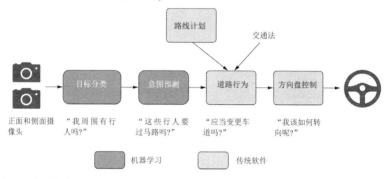

图 7-8　自动驾驶汽车是一个复杂的产品，包含许多子组件，其中一些组件使用人工智能，而其他组件则最好使用传统软件工程实现

从一个人工智能项目的想法开始，这一部分教你如何将它分解成可以单独处理的更小子组件。下一节将完成这项准备工作，主要是向你展示如何为每个组件开发一个工程师友好的描述。

7.6　将人工智能项目翻译成机器学习友好型术语

在上一节中，数据科学家约翰帮助我们发现了"房地产领域的 Siri"人工智能项目比想象中的要复杂。然后我们了解到，将人工智能项目分解成最小的技术组件是很重要的，这样它们就可以成为单一的技术工作。想象一下与约翰的另一次谈话，这次他提出了一个更简单的房价预测方法。

人工智能领袖：约翰，我们最近在网站上测试了一个新功能，即预测房价。基本原理是，用户输入房产信息，我们会立即给他们一个估值。我们用人工经纪人做了一个有限的测试，10分钟后就获得了成效，大家都很喜欢。现在，我们想建立一个人工智能在几秒钟内完成这项任务。

约翰：听起来很棒！所以我们需要预测的变量是房子的售价，对吧？

人工智能领袖：没错。

约翰：基于什么呢？你对应该使用机器学习模型的哪些特征有一个粗略的概念吗？

人工智能领袖：是的，我们采访了最专业的经纪人，列出了他们在做这项工作时考虑的所有事情。有些功能很简单，比如面积和卧室数量。有些更复杂，比如公共交通的邻近性、社区的声誉等。我可以分享他们所说的内容。

约翰：听起来是个不错的开始。构建此模型的最佳方法是使用过去的交易信息。这样，机器学习模型将了解房屋的实际售价。我们有这样的数据集吗？

人工智能领袖：是的，我已经查过了。过去六年我们一直在收集有关交易的信息，有成百上千条交易记录。

约翰：我认为可以从中创造出很多事情。我们是否已经知道应该达到什么样的绩效才能认为项目成功？

人工智能领袖：我们估计用户会接受与实际价格偏差±3%以内的预测。

请注意，这段对话的展开有多顺利。它之所以如此富有成效，是因为人工智能领袖已经做好了功课；他们已经知道数据科学团队需要从他们那里得到什么来构建人工智能项目，并已进行了一些初步分析。这些都是企业和技术人员之间顺利合作的最佳原料。

当你不是编写人工智能算法的人，你很容易忘记它们是如何工作的，最终会与工程师进行毫无结果的对话，浪费时间并感到沮丧。需要提醒一下，下面这些都是人工智能项目的糟糕起点，会让任何技术团队畏缩：

"我们将使用互联网数据来预测人们会购买什么。"

"我们将使用客户数据来找到最好的。"

让我们重新梳理一下。这些想法没有错,只是太模糊了。它们可能是一个很好的营销材料,但会让每一个数据科学家叹息,因为它们没有带来任何有用的技术信息。一般来说,每个人工智能应用程序都应该具备以下特征:

- 目标明确的输出。
- 连接输入和输出的一个或多个数据集。
- 一个可衡量的、定义明确的成功标准。

熟悉机器学习的技术人员习惯用这些术语来思考,并且通常能够毫不费力地正确考虑这些关键点来构建机器学习问题。然而,根据经验,我们注意到非技术人员有时会在这一过程中迷失,并从构建思维的帮助中受益。鉴于此,我们设计了图 7-9 所示的 Framing Canvas;这是一个五步工具,可用正在处理的项目信息填充。它将指导你完成所有必要的元素,以启动一个适当范围的人工智能项目。

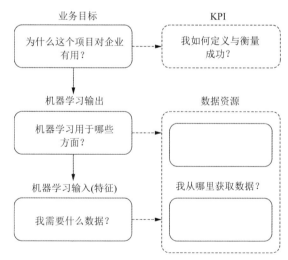

图 7-9 该 Framing Canvas 指导你完成将业务项目转换为机器学习项目所需的步骤

为了指导你了解 Framing Canvas 的概念，我们将再次从第I部分中选取两个案例研究和一个示例。本节中使用的三个项目的业务目标如下：

- 减少客户流失——第 3 章中介绍了一个例子，通过使用一个模型，可以识别哪些客户将要取消订阅服务(如电话计划)。
- 提高数据中心冷却系统的效率——在案例研究的第 2 章结尾，谷歌使用监督学习削减 40% 的电费开支。
- 通过向小企业提供次日贷款来应对小企业贷款市场——这就像第 2 章中介绍的 Square Capital 案例。

对于每个业务目标，重要的是要记住它的 KPI，一种用于评估其成功与否的量化指标。第一步是找出哪个参数将用于跟踪项目的投资回报率。这三个项目的三个 KPI 如下所示：

- 客户流失率(每月或每年)。
- PUE(能源使用效率，一个评估数据中心能效的参数)。
- 符合条件的小企业比例。

现在，我们需要为每个变量建立一个接受限度。换句话说，我们需要为每个 KPI 确定一个值，该值表示可接受的最低性能，低于该值时，产品还不能成型。

一个起点可以是维持现状解决方案(status-quo solution)，即查看当前的问题解决方案，衡量它在确定的 KPI 上的性能，并将其视为一个限度。如果你要引进一种新的产品或服务，可能会运行财务效益计算，在模型开始具有财务意义之前告诉你需要什么样的性能。

另一个要点是，你必须选择如何衡量 KPI。我们已经讨论了各种关键指标，以及假阳性或假阴性如何对客户产生截然不同的影响。假设你正在开发一个人工智能系统来处理脑部扫描并诊断是否有肿瘤。显然，在这种情况下，假阳性和假阴性的权重是不一样的：假阳性会让病人接受不需要的额外检查，而假阴性意味着病人被错误地送回家，面临更严重的后果。

假阳性和假阴性在不那么糟糕的情况下也有不同的权重。例如，回到三个例子中，客户流失预测和贷款资格评估都要求我们深入思考想要优化的指标。在流失预测的例子中，我们已经讨论了假阴性(被机器学习算法标记为 OK 但实际上会流失的用户)和假阳性(机器学习算法标记为"有风险"但实际上不会流失的客户)之间的区别。在第一种情况下，你会错过留住客户的机会，而在第二种情况下，你会采取本可避免的挽留行动。成本与这两个错误相关，在这两个错误之间找到一个平衡点是决定哪一个是最佳 KPI 的方法。

贷款资格算法也是如此。这种情况下，如果有一个假阳性，我们借给一个企业钱，但实际上该企业不能偿还贷款，这会对我们造成损失。假阴性意味着我们拒绝向一家小企业发放贷款，实际上这家企业会偿还贷款，这对我们来说也是一个成本机会(对客户来说是一个错失的机会)。在这里，你还可以进行计算，并在这两个能够代表 KPI 的错误之间找到一个最佳位置。

为便于讨论，假设以下是我们发现的三个示例可以接受的指标：
- 召回率高于 90%。
- 在 95%的时间里，预测值的 PUE 在±3%浮动。
- 精度高于 95%。

图 7-9 左栏中的"机器学习输出"区域就是机器学习进入的地方。在这里，需要具体说明你希望机器学习做什么来帮助实现目标。回到以上三个例子，下面是我们正在进行的三个项目的潜在选择：
- 预测每个客户的流失概率。
- 预测冷却系统的未来性能。
- 评估每个客户的贷款资格。

一旦知道了机器学习算法将提供什么来构建应用程序，就可以开始考虑机器学习输入，本书第I部分提到了这些特点。记住，提出相关特征的一个良好起点是问自己"如果必须接管算法的工作，我需要什么信息？"这个列表可能并不详尽，你可以随时添加(或删除)项，尤其是在数据科学家的帮助下或在你获得模型经验之后。然而，填写这些特征的初稿将为你提供一个起点，以确保可以构建所设计的内容并被开发人员理解。下面列出一些如何用前面的示例填充这些框的示例。

- 产品使用、人口统计、订阅类型
- 室外温度、湿度、水压、数据中心负荷
- 现金流、业务规模、位置、行业

下一步(也是最后一步)是考虑数据源。在前两个步骤中，确定了模型需要学习的信息类型；现在是时候考虑从哪里获取这些数据了。可以根据需要拥有任意多个数据源，并可在画布中绘制需要的所有方框，以说明你打算使用的所有信息源。对于这三个例子，以下是可能的答案：

- 输出是以前未订阅的客户。输入是客户关系管理(CRM)数据。
- 数据中心设备和天气数据的日志。
- 客户关系管理(CRM)数据、交易数据，金融市场数据。

Framing Canvas 将指导你完成一个过程，该过程生成清晰定义的机器学习规范，可将这些规范传递给技术人员来实现。下一节将根据第I部分介绍的案例研究，详细介绍 Framing Canvas 的实现情况。

7.7 练习

对于你来说，真正理解如何构建人工智能项目的最佳方法是通过实践本书中展示的案例研究来填充 Framing Canvas。建议你将 Framing Canvas 应用于以下三个案例研究：

- 通过分析客户行为改进目标定位(第 3 章 Opower 案例研究)
- 利用计算机视觉实现工业过程自动化(第 4 章黄瓜分类案例研究)
- 帮助客户选择内容(第 6 章 Netflix 案例研究)

对于每一个项目，请遵循 7.3 节中所做的，并试着想想如果你领导这个项目，你会如何做。从写下项目的业务目标的简明描述开始，并定义其 KPI 和相应的验收标准。在机器学习输入和输出方面，找到一个机器学习友好型项目定义,并就可能使用的数据源进行头脑风暴。通过阅读案例研究,你应该掌握这些练习需要的所有信息。不要害怕走寻常路。在这个过程中,很少有选择是错误的,而实验是测试的唯一方法。完成后,将你的想法与我们的评论以及每次练习完成的画布进行比较。

7.7.1 提高客户定位

从第一个实践案例研究开始。Opower 尝试了解其客户的能源使用模式,以细化目标活动。乍一看,这个业务目标很明显:"了解客户如何使用能源。"这是一个很有价值的目标,甚至可能成为一个令人兴奋的创业宣传。但是,如果你停一下,就会意识到这仍然是一个相当抽象的陈述,在继续前进之前,需要先澄清一下。例如,如果业务目标是"了解客户如何使用能源",你将如何跟踪模型的结果和收益?事实上,我们希望你在尝试为这个目标定义 KPI 时就意识到这一点。

相反,试着把重点放在项目更具体的方面。"了解客户如何使用能源"对于广泛的管理层决策来说已经足够集中,但还不够具体到让人工智能项目启动。那这个呢?

根据客户的能耗模式对其进行分组。

投入很大的精力来定义一个更具体目标会立即得到回报,因为你会发现定义一个适当的 KPI 来跟踪项目的成功是很自然的。对于 Opower,明显的指标如下:

从能量消耗模式中提取的行为是准确的。

请注意,写下 KPI 是对我们在上一步中找到的业务目标进行的一次健全检查。根据我们的经验,如果目标不容易衡量,还有一些工作要做。除了 KPI 外,还需要定义验收标准,这些标准将告诉你项目何时足够好,可以交付给客户。根据项目的不同，在设置这些数字时，可能会考虑几个因素：项目对企业的重要性、安全和财务风险等。以下是我们认为该项目的良好起点。

与行为面试相比，不到 10% 的客户被错误分类。

提到模型准确性的表示，这是一个典型的 KPI。在下面两个例子中，我们将看到更多定义 KPI 和验收标准的复合方法。

在 Framing Canvas 过程的这一点上，头脑中应该有足够的细节，以便从特定于机器学习的问题开始。基于刚刚概述的业务目标，我们期望从模型中得到的机器学习输出是能源消费者的聚类。换言之，我们希望该模型能够将具有相似消费模式的客户聚集在一起。当谈到机器学习输入时，这个项目最明显的候选对象是 Opower 在第二颗粒度收集的电能表数据。然而，我们也可以想象将人口统计、天气和位置数据添加到混合数据中，因为它们可能会提高结果模型的准确性。这意味着数据将通过现有的电能表网络收集，并辅以从第三方购买的外部数据源。

图 7-10 显示了本练习的完整 Framing Canvas。

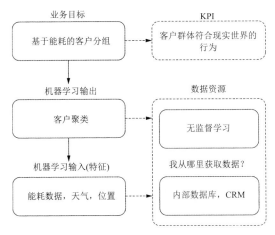

图 7-10　Opower 案例中的完整 Framing Canvas

7.7.2 工业过程自动化

让我们继续进行第二个案例研究。这个项目是关于在一个小型农业设施中自动化黄瓜分类。一个正确的且相当宽泛的业务目标是"提高农场的效率"。但是，从我们对前面例子的讨论中，你已经学会了设定更具体的目标，因此我们为本项目提出了以下业务目标：

根据质量等级自动分拣黄瓜。

一个很好的 KPI 是：

在没有人工参与的情况下，对黄瓜进行分类。

这是一个相当雄心勃勃的目标，至少当你提升整个项目的时候。然而，它为我们制定验收标准提供了良好基础：

只有不到 5%的黄瓜被错误地分类为更高等级的类别(这对声誉不利)，而不到10%的黄瓜被错误分类为较低等级的类别(这会损害收入)。

或者，我们可根据节省的人力资源，甚至生产率的提高来制定 KPI 和验收标准。本项目的机器学习输出如下：

将黄瓜按质量等级分类用于销售。

这是一个相当标准的图像分类问题，这类问题在第 4 章中都有描述。对于这个项目，机器学习输入最明显的候选者也是正确的：

从上到下和从两边的角度观看高分辨率彩色黄瓜图片。
从安装在黄瓜选择传送带上的摄像头收集的图片。可以调整照明、定时和方向以获得最佳效果。

总之，本练习是一个图像分类问题的教科书应用，其中设置数据收集策略的部分工作将涉及实际设置传送带旁边的摄像头。

图 7-11 显示了本练习的完整 Framing Canvas。

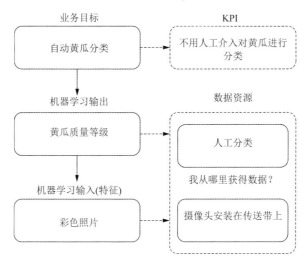

图 7-11　黄瓜分类练习的完整 Framing Canvas

7.7.3　帮助客户选择内容

最后一个练习是关于 Netflix 视频内容的个性化主页。我们的愿景是"帮助消费者在 Netflix 平台上找到可以观看的内容。"以下是业务目标：

减少观众选择观看内容的时间。

很自然地找到这个目标的 KPI 的方法是比较个性化主页的性能和 Netflix 平台上随机选择的内容。这是一个很好的方法，可以立即跟踪项目的影响，并且会使企业的其他成员很难忽略项目。这个选择看起来是这样的：

浏览个性化主页的用户可以更快地选择要观看的内容。

以下是相应的验收标准：

与随机列表相比,浏览个性化主页的用户选择观看内容的速度要快20%。

一般来说,你应该始终尝试将项目的成功与用户行为指标联系起来,因为这是衡量付出的影响的最直接方法。这个概念被广泛地称为 A/B 测试,因为你是在比较一个特征或产品的新变体(基于新的人工智能模型)与现状。A/B 测试的最佳候选对象是那些用户或项目流恒定的项目,因此你可将其分成两组:一组发送到旧系统,另一组发送到新系统。通过比较两个用户群组的性能,你将对项目的进展情况有最好的了解。

转移到 Canvas 的机器学习输出部分,我们需要具体说明如何使用机器学习模型的输出来实现主页的个性化。以下是最直接的选择:

用户最可能喜欢的五部电影的列表。

但请记住,正如第 6 章末尾所介绍的,现实世界的实施将有几个不同的列表,以增加吸引用户注意力的机会。我们确信你已经认识到这个示例是推荐系统的典型应用,这意味着机器学习输入将如下所示:

目标用户和平台上所有其他用户的查看历史记录。有关电影的信息(导演、年份、类型等)。

你打算从哪里收集这些数据?我们没有很多选择:

查看从视频服务器收集的历史记录。从内部数据库收集的电影信息。

事实上,这个例子是典型的:你不必寻找太深层的数据资产,因为它们对于企业的运作已经是至关重要的,因此可能会被仔细收集和管理。简单地说,任何视频流媒体平台都已经存储了关于电影类型、演员和导演的信息,以便在向用户呈现电影时使用这些数据。获取这些信息并将其用于机器学习并不是什么大问题。同样,查看历史也很容易获得,因为它必须为财务目的进行跟踪(例如,支付版税)。图 7-12 显示了本练习的完整 Framing Canvas。

这一章介绍了很多材料。你了解了长期人工智能愿景与单个人工智能项目之间的区别，以及后者如何帮助企业塑造前者。我们还探讨了使人工智能项目对企业有价值的属性，并告诫推出新项目时遇到的潜在风险和陷阱。最后介绍了 Framing Canvas 作为一个重要的工具，可帮助你将"业务演讲"提炼为"机器学习演讲"。

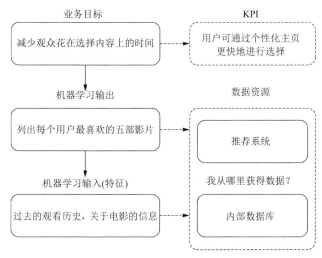

图 7-12　完成 Netflix 练习的 Framing Canvas

下一章将展示如何使用这个机器学习友好型定义，并组建一个团队和计划，以便企业可用它实现项目。

7.8　本章小结

- 企业的人工智能愿景是一条清晰的道路，它定义了企业在人工智能时代的形象，人工智能如何帮助员工更有效地工作，以及人工智能将如何塑造产品来服务客户。

- 人工智能项目是一个定义明确的计划，可使用人工智能来构建新产品或特征，或优化现有流程。
- 一些复杂的人工智能项目需要划分为独立的机器学习任务，定义 KPI、输入和输出以及你打算使用的数据资源。Framing Canvas 可帮助你做到这一点。
- Framing Canvas 可帮助你用机器学习术语来表达人工智能项目的目标和远景。

第 8 章

设置——准备数据、技术和人员

本章内容包含：
- 识别企业内外的潜在数据源
- 评估数据的质量和数量
- 组建高效的人工智能团队

本章承接第 7 章。既然你已经知道如何使用 Framing Canvas 为项目创建一个机器学习友好型愿景，现在是时候把你需要的其他成分放在一起了。将项目付诸实践需要三个要素：机器学习模型、数据和人员。选择好的机器学习模型是技术团队的一项任务，但你的工作是招募团队并制定数据策略，以便团队能开始工作。本章重点介绍如何查找和管理数据，以及如何为项目招募一支具有适当技能的团队。

8.1 数据策略

本书的目标之一是让你批判性地思考数据，并理解工程师如何使用数据来构建机器学习模型。因为数据非常重要，开发一个连贯的数据策略对于任何项目的成功都至关重要。在第I部分中，我们理所当然地讨论了数据，即你可以随时使用这些数据来构建模型。你可能会猜到这种情况很少发生；本章将填补这片空白，帮助你了解需要多少数据、从何处获取数据以及如何管理这些数据。

需要区别企业的数据策略和你的人工智能项目的数据策略。当商业媒体或高管谈论"数据策略"时，他们通常是在谈论公司范围内获取、存储和使用数据的总体策略。这一策略是由公司的长期目标和对未来的愿景驱动的。

本书的重点是项目的数据策略，对于单一人工智能倡议来讲是特定的。将重点放在特定项目比放在广泛项目更好，原因有以下两个。

首先，即使是为单个项目开发数据策略，也会迫使你对构建项目所需收集的特定数据、需要的数据量以及将从何处获取这些数据进行具体说明。为了开发人工智能策略，你可以说，"我们将构建基础设施，从用户与平台的交互中收集数据。"但是要构建一个人工智能项目，你需要说，"我们将根据用户单击量、他们在每页上花费的时间、社交共享情况，并结合 CRM 数据来推荐内容。"这一级别的规范帮助你思考构建项目所需收集的信息。必须有人决定到底要收集什么，如果你给 IT 团队的指导太宽泛，他们通常不知道业务情景，然后会不断地向你寻求帮助。

考虑人工智能项目数据策略的第二个(也是更重要的)原因是，企业范围内的战略应该由你计划实施的每个人工智能项目的需求来决定。在没有任何经验的情况下，开始考虑企业范围内的数据策略，就像你单身时开始考虑家庭一样。你根本不知道自己需要什么；你是没有孩子，还是会有五个孩子？你和伴侣在哪个城市生活会更方便？你的伴侣有什么样的偏好？你能负担得起什么？就像单个人工智能项目帮助你形成更明智的人工智能愿景一样，你可以建立数据策略，因为项目所需的最小数据集可帮助你确保你正在收集需要的数据。

如果你从人工智能项目开始，构建组织数据策略将是一个简单的练习，将你通过实施每个项目所获得的经验相结合(见图 8-1)。

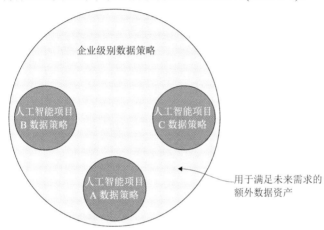

图 8-1　企业数据策略结合了每个单独项目的需求(加上一些为将来投入的杂费)

为人工智能项目构建数据策略，你需要知道从哪里获取数据以及需要多少数据。下面将深入讨论每个主题。

8.1.1　我从哪里得到数据？

在本书中，数据是一个基本概念。我们讨论了各种各样的数据：结构化核心数据、图像、声音和自然语言。如果你想建立一个人工智能项目，一个更重要的区别会影响到你：你所拥有的数据，你未拥有的数据。

首先假设你的企业拥有构建人工智能项目所需的数据。因为这些数据是由企业生成和拥有的，我们将其称为"内部数据"(internal data)。第 2 章已经介绍了一种被称为"核心业务数据"(core business data)的特定内部数据的价值：对企业的顶部或底部有直接影响的数据。对于房地产平台来说，这可以是房价数据；对于 Square Capital 来说，这是客户的交易数据；对于谷歌来说，这是其数据中心的耗电数据(基本上，这是其唯一的可变成本)。

企业也可能从业务流程中生成数据，这些数据可能与你的主要收入或成本来源没有直接联系。我们将这种数据称为"辅助数据"(ancillary data)。在房地产示例中，房屋图片和房屋评论可以被视为辅助数据：这些数据仍然有趣和有用，但数量不如在售房屋的特征和售价那么多。

更具体案例是像亚马逊、美国的 Zappos 或欧洲的 Zalando 这样的电子商务平台。在这些案例中，核心业务数据是每个客户的购买量，因为这些数据与公司收入直接相关。辅助数据可以是客户访问的页面、打开的电子邮件、产品评论等。你可以使用辅助数据构建令人惊叹的项目，但它很可能不如使用核心业务数据构建的项目那么有影响力。在介绍下面的内容之前，我们想提示你的是，拥有一个数据集并不意味着你可以毫不费力地使用它。你可能计划使用客户数据，但并没有这样的权限，无论是客户拒绝授权，或者隐私政策没有针对当前的使用方式进行说明。即使你有权使用数据，根据我们的经验，大多数人都低估了从"我们有数据"到将数据真正存入数据科学家的笔记本电脑供处理所需的时间和挑战。即使你百分之百确定企业拥有项目所需的数据，我们也衷心地建议，你应该尽可能考虑到会减慢实际使用速度的所有潜在因素。

在我们曾参与的一个项目中，一家公司的法律部门很难输出我们需要的数据，以至于我们不得不坐飞机，进入他们的办公室，连接笔记本电脑，加密数据，然后把数据存入硬盘带回家。在另一个项目中，我们知道公司有所需要的数据，但很难理解数据集中的变量意味着什么。但问题是设计数据收集流程的人已经退休了，我们不得不花整整一个月的时间进行访谈，以了解我们正在查看的数据。

现在讨论一下尚无项目所需数据的情况。你有三种选择：
- 开始收集数据，直到你收集完所需数据。
- 找到开源数据或从网上免费获取。

- 从供应商那里购买。

第一种选择是最慢的；有时也是最贵的，但在某些情况下，你可能别无选择。假设你经营一家实体服装店，没有会员卡系统或任何其他方式来追踪谁买了什么。如果一个顾客走进来，你不会追踪到他的名字是约翰，他只是花 129 美元买了几双 42 号的 Nike Air Jordan 运动鞋。如果你没有存储这些信息，你认为其他公司会储存吗？很显然，在这种情况下，唯一的选择是建立新的流程来收集这些信息，直到收集到足够的数据。

另一方面，有时项目需要无法收集或不想努力收集的数据。在这种情况下，第二种选择是使用开源数据。

你能从互联网上获得数量惊人的免费数据。例如，你可以自由使用开源项目。例如，你可以使用你所在国家的收入数据，把营销重点放在最富裕的地区。以下是其他一些寻找开放数据集的好地方：

- kaggle.com——公司或个人可以在该网站举办机器学习竞赛并上传数据集。
- arxiv.org——免费的科学论文库。当研究人员收集新的数据集时，他们会撰写并发布科学论文，向科学界展示这些论文，同时经常发布数据集。
- github.com——开源代码库。

当使用第三方数据集时，你应该关注数据的质量和相关法律问题。其中许多数据集都是在"尽最大努力"的基础上生成的，并根据需要进行收集，以支持新算法或应用领域；通常数据质量得不到保证。此外，许多公开可用的数据集都是以非商业性许可证发布的，这意味着它们不能用于商业目的；请检查是否可以将开放数据集用于预期目的。

第三种选择是从供应商那里购买数据。这种策略有时会非常昂贵，也会使你处于危险境地，因为你可能会永远依赖这些提供商。在决定走这条路之前，建议你首先花足够的时间评估相关的长期成本，并确定是否存在多个供应商来购买它。如果只有一个供应商，你需要找到一个策略来保护自己，以防供应商倒闭或业务战略改变而停止出售数据。

在这两种情况下，我们鼓励你对来自企业外部的数据集进行批判性思考。根据定义，如果某些数据可以免费或公开获取，这意味着其他所有人也可以获得这些数据。通常，基于外部数据源的项目在市场上会比较困难，因为它们很容易被竞争对手复制。一些最强大的人工智能项目建立在专有数据集基础之上，其他人很难复制。

总之，如图 8-2 所示，企业的围墙(或其数据中心的虚拟围墙)对人工智能项目的数据策略产生了重大影响。如果数据位于企业边界内，你就有了一个可以使用的独特并且非常有价值的数据集。否则，你要么使用免费数据，要么购买相关数据。在这两种情况下，都要考虑这些选择带来的责任。

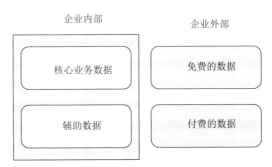

图 8-2　企业的数字或物理围墙定义了数据类型之间的界线：企业内部的核心和辅助数据，以及企业外部的免费或付费数据

当然，可将内部和外部数据结合。实际上，这通常是个好主意。一个例子是房价预测：我们可以使用免费的政府数据、每个社区的收入来改进模型。你甚至可以使用 OpenStreetMap 或 Google Maps 的数据来检查各个社区的服务和公共交通状况，为房价预测增加另一个维度。

对于我们为大型企业建立的一个项目而言，我们使用了各种各样的数据。该公司有来自其门店的销售数据，但我们希望看到销售业绩与人口统计之间的相关性，因此我们收集了免费的人口普查数据。大多数情况下，免费提供的人口普查数据是没有问题的，但对于一些城市而言，我们需要更精细的人口图片。然后我们求助于专业的外部提供商并整合数据。请注意，虽然销售数据每天都在更新，但人口结构的变化要慢得多，因此依赖外部资源并不是问题。

无论你在何处获取数据，一条信息都可以决定项目的成败：标签。记住，如果你在训练一个监督学习算法，计算机需要学习根据其他数字(特征)生成一个数字或类(标签)。大多数情况下，你可以设法处理缺少的功能，但如果没有标签，你可能会遇到大麻烦。换句话说，当涉及数据时，标签比特征更重要。以房屋价格预告器为例，标签是房子的售价，特征可以是面积、房间数量、花园的存在等。

假设在为房地产网站设计界面时，你没有考虑添加一个字段，让用户指定他们家是否有花园。因此，数据库中没有这些信息，也不能用它来构建模型。然而，你仍然有其他相关的特点包括在房屋清单表，包括面积、房间数量和位置。即使没有"花园"字段，你仍然可以构建一个非常精确的模型。

此外，如果你忘了问用户售价，你就会完全迷失方向。没有标签，就无法建立一个监督学习模型。

可以通过三种方式收集标签：
- 自然收集
- 通过黑客攻击获得
- 付费购买

"自然标签"(natural label)由业务流程生成。例如，如果你的房地产平台要求客户在删除房源时输入房屋售价，你自然会得到标签。谷歌自然会根据其数据中心的能耗性能保存数据，因为谷歌在运行这些数据中心。亚马逊在数据库中存储你买的所有东西。所有这些信息都是为使业务运行而存储的，并可在需要时用作标签。

有时，标签不那么容易得到，但你仍然可以找到聪明的黑客方式或间接方式来获得它们。例如亚马逊对产品评论的做法。当你写一篇关于你对新吸尘器的积极评论时，你还加了一个星级(比如从 1 到 5)。分数可以作为情绪分析系统的标签。你给亚马逊的输入(文本评论)和标签(星级评分)可用来建立情绪分析技术，这是免费的。另一个例子是 Facebook，在早期要求用户通过单击脸来标记照片中的朋友。Facebook 本可以简单地让你写下照片中的人，但是单击一张脸，就给了 Facebook 一个大概的图像识别算法标签。最后，你可能会想到，在注册一个新的互联网服务时，你被一个乏味的任务所提示，比如在图片中找到汽车来证明你是人类。这项服务被称为谷歌人机验证(Google reCAPTCHA)，现在你可能已经猜到它的用途了：你在免费为公司的机器学习算法提供标签。

在某些情况下，唯一的选择就是付钱给人们贴标签。标记数据的一种常见模式是使用众包平台，如 Amazon Mechanical Turk，它可以按需付费访问分布在全球各地的临时员工。对于 Mechanical Turk，唯一可以依赖的是承包商将有一个互联网连接；因为他们通常未经训练，你必须准备训练材料和标签界面，工人可以使用该界面为训练示例选择正确的标签。图 8-3 显示了两个标签接口的示例，用于为图像分类和对象定位任务收集标签。

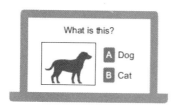

图 8-3　用于图像识别和对象定位的标记界面。可以使用键盘快捷键进行选择，以提高数据输入速度

一般来说，众包平台对于那些不需要太多训练的标签任务来说是很友好的。如果你在做一个需要高水平人类推理的项目(比如说，在显微镜扫描中发现癌细胞)，最好把自己的高技能员工组织起来。

表 8-1 总结了通过三种策略收集标签所需的成本和时间。

表8-1 三种标记策略的成本和时间要求

标签策略	成本	时间要求
自然收集(免费的)	零成本——你已经在收集这些标签了	零成本——你已经有了这些标签
通过黑客攻击或间接手段获得标签	低成本并且是固定的——你只需要建立新的数据收集过程	取决于具体情况
付费购买的标签	高成本并且是变化的——你需要基于想要的标签数量进行支付	取决于给一个示例贴标签所需的时间和你有多少人手

一旦你清楚地知道从哪里获得需要的数据，下一步就是找出需要多少数据。

8.1.2 我需要多少数据?

根据我们作为顾问的经验，经常看到人们陷入"大数据"的陷阱。认为拥有大量数据是释放惊人机遇的灵丹妙药，这一点令人欣慰。但正如你将在接下来的章节中看到的，数据质量通常比数据数量更重要。

构建人工智能产品需要的数据量很大程度上取决于产品本身。如此多的变量在起作用，所以给出精确的规则在实践中是不可能的，比如"你需要10 523个客户的数据来建立一个准确率为93%的客户流失预测模型"。我们能给是一些指导方针，可以帮助你梳理对商业世界中数据需求的直觉，这些都是最常见的问题类型。我们认为，按照项目将要处理的数据类型来划分演示文稿是有意义的，就像本书第I部分所介绍的。

首先讨论一下需要结构化数据的项目，例如预测房价(第2章)或客户流失(第3章)。你需要考虑三个因素：

- 目标(你想要预测的东西)是一个数字(回归)还是一个选择(分类)

- 对于分类问题，你感兴趣的类别数量
- 影响目标的特征数量

让我们从特征开始。请记住，结构化数据是打开 Excel 工作表时看到的数据类型，它被组织成行和列。考虑数据需求的一个好方法是想象一下，如果你可在一个屏幕上查看数据集，那么你希望数据看起来很窄很高，如图 8-4 所示。你需要更多的行而不是列。这是因为行表示示例，而列表示模型必须学习的特征。直观地说，一个模型需要学习的信息(特征)越多，为了理解特征如何影响目标(这意味着更多的行)，需要看到的示例越多。

如果你没有足够的例子和太多的特征，一些专栏甚至可能是无用或是误导的！以第 2 章中的房价数据集为例。添加一个带有卖家十二星座的栏目，不太可能提高价格预测的准确性。然而，机器学习模型不能先验地得出常识性结论：模型需要从数据中找出结论。只要有足够的行(示例)，大多数模型族确实能够做到这一点，并将理所当然地"忽略"十二星座标记列。然而，如果训练数据太少，模型仍然会尽力估计十二星座是如何影响价格的，得出数字上正确但有误导性的结论。

举一个极端例子，假设数据集中只有 100 万美元的房子是由双子座售出的。当然，这并不意味着双子座的房价预测应该高于白羊座。如果数据集包含许多百万美元的别墅(一个有很多例子的数据集)，大多数模型都能避免这种错误，因为买家会属于不同的星座，效果可以被正确估计。然而，如果你没有太多的例子，模型可能会"认为"十二星座是房屋价值的驱动力。

现在来讨论分类或回归问题的细节。在分类问题中，你试图预测一个示例是否属于两个或多个类。第一个分类示例如下：

- 第 2 章中 Square 的贷款资格算法为客户提供了两个类别中的一个：合格贷款或不合格贷款。
- 第 3 章中的客户流失预测，将客户标记为即将放弃服务或不放弃服务。

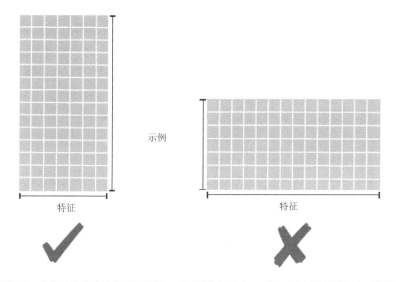

图 8-4　左侧的数据集有很多示例和一些特征(高且窄),是一个很好的机器学习数据集。右侧的数据集有很多特征和一些示例(矮且宽),对于机器学习来说不是一个好的数据集

假设你有一个数量适中的特征(比如说 10 个),你应该为问题中的每个类计划至少 1000 个例子。例如,在只有两个类(忠诚和非忠诚)的客户流失模型中,你可能需要计划至少 2000 个示例。直观地说,为了学习如何区分所有的类,模型需要处理的类越多,需要看到的示例就越多。

回归模型很难给出相似的经验法则,因为它们可为更复杂的场景和现象建模。许多回归模型都基于时间序列数据,时间序列数据(time-series data)是一种特殊的数据类型,它描述了标准或数字如何随着时间的推移而演变。谷歌数据中心案例研究就是一个典型例子,它收集一整天的环境测量数据。另一个你可能更熟悉的例子是财务数据(如股票价格)。你可在图 8-5 中看到时间序列数据的样子。

时间	室内温度	室外温度	...
下午 1:00	20.3	15.4	...
下午 1:01	20.7	15.8	...
下午 1:02	21.1	16.1	...
下午 1:03	20.9	15.9	...
...	...	...	...

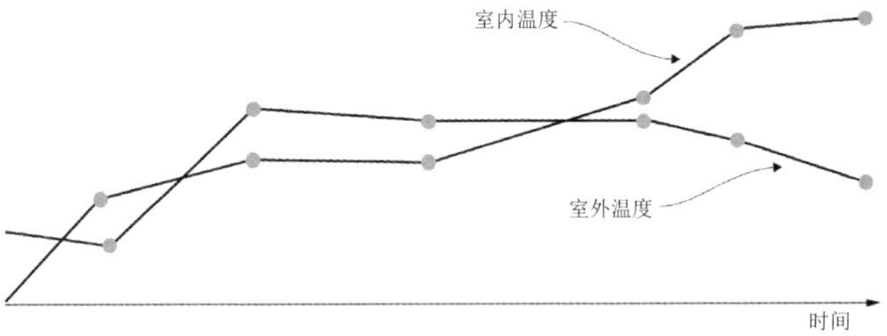

图 8-5 时间序列数据看起来像一个随时间变化的测量数据流(如温度)。图右侧的值比左侧的值新

在时间序列数据中,收集的数据点的数量不如收集它们的时间跨度重要。原因很直观,假设你是 Jim Gao,即本书第 2 章所介绍的数据中心工程师。如果你收集从 1 月到 3 月的数据,有近 800 万个数据点(3 个月×30 天/月×24 小时×60 分钟/小时×60 秒/分钟)。有这么多点,你可能认为你有一个卓越的数据集,而且模型可能非常准确……就这么过了好几天。

但是当夏天越来越近,气温升高时会发生什么呢? 该模型不知道数据中心在一年中最炎热月份的表现,因为它只使用冬季数据进行训练。

谈到人工智能在媒体领域的应用(AI for media),最简单的图像分类任务(比如猫和狗)要求每个类有大约几百个示例(著名的 ImageNet 数据集的每个类大约有 700~800 个图像)。如果你要选择彼此更相似的类(比如狗的品种),所需样本的数量会激增到数千个,因为模型需要更多例子来吸收细微差异。如果你在利用迁移学习，可从一个现有模型开始训练，这个模型是在像 ImageNet 这样的大型数据集上训练的(如第 4 章中所解释的)，你可以在较少的数百幅图像(甚至对于非常简单的任务是几十幅图像)上获得良好性能。

给自然语言应用程序提供类似的指导更困难，仅仅因为任务的环境更加多样化。对于情感分析或主题分类这样的简单任务，假设你使用的是迁移学习和单词嵌入，那么每种分类 300~500 个例子就足够了。

既然你已经有了关于应该考虑收集多少数据的指导方针，那么你应该明白，在训练模型时，并不是所有数据点都具有相同的重要性。添加特别糟糕的例子甚至可能适得其反，降低模型的整体精度。这是下一节的主题。

8.2 数据质量

主流媒体上关于人工智能的许多讨论表明，基于人工智能的决策本质上比人类更理性，因为它们基于数学和数据。换句话说，它们坚持认为人工智能是数据驱动的，因此不受人类偏见的影响。本节中的三个故事非常有说服力。

机器学习就是在数据中寻找模式，对有偏差的数据进行训练会导致模型做出有偏差的决定。有偏见的数据(biased data)是什么意思？第 4 章已经展示了一个示例，介绍研究人员收集了一个哈士奇和狼的图片数据集，并着手建立一个模型对两者进行分类。乍一看，这个模型做得很好，但研究人员发现该模型能够区分哈士奇还是狼，是因为它依赖于这样一个事实：所有哈士奇的照片背景都是雪，而狼的照片则没有。

结果表明，即使是标准的数据集也会受到同样的问题的影响。如图 8-6 所示，当出现没有绵羊的草原图片时，神经网络喜欢产生有绵羊的幻觉。同样，如果你给一个神经网络显示一个孩子抱着一只绵羊的图像，神经网络很可能把羊归类为一只狗。这是因为训练数据集是有偏见的：

绵羊只出现在绿色的原野里,而大多数被人抱着的动物都是狗。因为机器学习模型大多使用 steroid 模式匹配机器,所以模型可能已经了解到,"绵羊"只是山景上一个微小的白色斑点,"狗"是任何四条腿且亲近人类的东西。

Tags: grazing, sheep, mountain, cattle, horse

图 8-6 神经网络倾向于将绿色山丘的图片与绵羊联系起来,因为它们大多出现在训练数据集中(来源:https://aiweirdness.com/post/171451900302)

潜在问题是训练集是不完整的:它缺少一些重要的因素组合,这些因素有助于模型自主地寻找图像中最重要的特征。例如,这个问题可以通过添加人们抱着其他动物的图像和其他不寻常位置(海滩上、房子里、船上等)的绵羊图像来解决。通过这种方式,模型将学会将绵羊从其上下文中分离出来,并正确地"理解"绵羊到底是什么。

让我们开始讨论另一个更微妙、更隐秘的数据偏差案例。该项目的目标是建立一个模型,通过观察病人的身体照片,自动筛选出皮肤癌患者。结果发现,当皮肤科医生给病人拍照时,他们通常会在癌细胞旁边放一把尺子来衡量比例。这意味着大多数病人的照片里都有一把尺子。不用说,模型学会了识别尺子的存在,因为这比一小块深色皮肤更容易识别。缺乏识别尺子的能力是一个令人困惑的征兆,这个模型对未来的病人完全没有用。我们喜欢这个例子,因为它证明了看似无关紧要的细节是如何影响训练数据集的质量,从而影响结果模型的质量。换言之,如今的人工智能模型对世界的理解如此肤浅,以至于所犯的错误可能是极其愚蠢的。

对于癌症患者和直尺来说,至少一个有经验的工程师应该能够找到并指出问题所在。然而,一些偏见的来源更难发现。假设所有病人的照片都是在一个有荧光灯的房间里拍摄的,所有健康受试者的照片都是在有LED灯的房间里拍摄的。图片中细微的颜色变化很难用肉眼察觉,但对任何神经网络来说都是一个诱人的暗示。结果,你将面临一个潜在的灾难:你认为模型已经学会了识别癌症,但实际上它学会了对LED灯进行分类。

前两个故事的共同主题是训练数据对模型的行为有直接影响。基于人工智能的公正性和数据驱动的理性就这么多了!在这两种情况下,问题都是数据集中缺乏逆向的例子(例如,绵羊在柏油路上行走,孩子们拥抱小虎,以及不同光照条件下的皮肤癌)。然而,数据质量也会因为更深层次的错误假设而受到影响。来看看最后一个例子。

第二次世界大战期间,同盟国和轴心国都在不断寻找改进战斗机和轰炸机的方法。其中一个最重要的目标是使飞机更轻,以便飞得更远。因为飞机需要引擎和油箱才能飞行,所以减轻重量意味着要去掉在敌人火力下保护飞行器的装甲,这有可能挽救飞行员的生命。工程师们想知道飞机的哪些区域最脆弱,因此那个区域就需要更重的装甲。军方开始检查受损飞机的机身,并制作出如图8-7所示的图像。看来机身和机翼受损最严重。这意味着飞机设计师应该在最容易遭受打击的地方加强装甲,对吧?与直觉相反,这完全是错误的做法!我们只看那些返航的飞机,而不是那些被敌人击落的飞机。所有这些都能告诉我们,与当初所想的相反,在不丧失飞行能力的情况下,飞机的机身可以承受猛烈的火力。事实上,设计师们应该给引擎加上最坚硬的盔甲,即使他们在引擎上只发现了几个弹孔，因为这意味着引擎被击中的飞机已经坠毁。

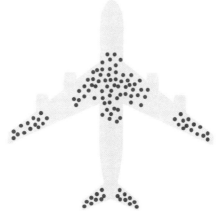

图 8-7　第二次世界大战期间，执行任务后回国的盟军飞机机翼和机身经常受到重击

与前两个数据不平衡或不完整的例子相比，这个故事告诉我们，数据收集可能会产生明显的误导，并导致我们走上完全错误的道路。这种现象通常被称为"幸存者偏差"(survivorship bias)，这种现象通常也适用于人工智能之外的其他领域。一般来说，任何时候当你选择物品或人的子群时，都应该注意幸存者偏差效应，因为它会阻碍你的努力。假设你经常惊讶于看到有那么多 20 年前的汽车开着，可能倾向于认为新车型不会持续那么长时间，因为现在的汽车总是出故障。幸存者偏差建议你还应该计算出几年前抛锚后已经停在垃圾场的旧车。你看不到任何一个开车的人，因此数字会有偏差。

这三个例子展示了数据收集工作可能导致你因树木而忽略森林，最终开发出无效模型。不过，不要绝望，这些是当今最活跃的研究领域。同时，最好的方法是"深而广的方法"(deep and wide approach)。"深度"指的是高效地收集构建精确模型所需的大量数据。"广度"指的是用一个(可能更小)不寻常和棘手的示例数据集来补充其深度，可用它来复查结果。

请记住，主要的挑战是我们只有有限的工具来分析人工智能模型是如何做出决定的。正如科学家在显微镜发明之前对细菌知之甚少，机器学习工程师必须猜测模型的作用。因为了解模型对特定输入的反应的唯一方法是运行它，所以模型必须在实际数据上进行测试和验证。例如，自动驾驶汽车公司收集一年四季和一天中的所有时间段的数据，以确保目标检测模型能够可靠地检测出行人，无论他们穿的是短裤还是外套。也就是说，请确保把各类事情混合在一起，在海滩拍哈士奇的照片。

既然我们已经讨论了数据策略的主要方面，本章其余部分将讨论一种技术含量较低但同样具有挑战性的资源类型：人类。

8.3 招募人工智能团队

本节将指导你完成招聘团队的过程，该团队具有实施人工智能项目所需的适当人才和经验。以下三大类技能很有帮助：
- 软件工程——从各种来源提取数据，集成第三方组件和人工智能，并管理基础设施。
- 机器学习和数据科学——为特定问题选择正确的算法，对其进行调整，并评估准确性。
- 高等数学——开发前沿的深度学习算法。

你可能想找一个拥有所有这些技能的人，这种人通常被称为"独角兽"，基本上是不存在的。然而，你可以找到擅长其中一个或多个技能的不同的人(或团队的人)。

2012 年《哈佛商业评论》将人工智能定义为"21 世纪最性感的工作"，每家公司都在寻找数据科学家，但没有人能准确描述这份工作是干什么的。

问题是，在许多人的心目中，数据科学家是一个多面手：他可以解决任何涉及数据的问题，从简单的分析到复杂的机器学习模型的设计。此外，还希望理想的数据科学家也能展现出商业头脑。对数据科学家所做的事情的期望在理论上如此之高，以至于在实践中往往得不到满足。

建议你在以下情况下寻找数据科学家：
- 你还不确定企业将采取的方向。拥有一个拥有广泛技能的人可以帮助你保持灵活性，直到你有了一个明确的方向。
- 你在技术方面没有非常复杂的需求。如果你所需要的是一个能够分析中等规模数据集(高达几 GB)来做出商业决策并建立一些机器学习模型的人，那么自称为数据科学家的人通常是很合适的人选。

如果你特别想建立一个人工智能团队来处理更复杂的人工智能项目，并把它们部署到现实世界中，你可能想开始招募那些擅长不同技能的人。我们可以确定三大类人才，每一类都有自己的独门绝技：
- 软件工程师
- 机器学习工程师
- 研究员

图 8-8 有助于你直观地看到这些角色拥有的三种核心人工智能技能的组成：软件工程、机器学习/数据科学和高等数学。

图 8-8 典型的软件工程师、机器学习工程师和研究人员在软件工程(SW)、机器学习(ML)和高等数学中具有不同水平的技能

让我们来看看这些职业是如何与人工智能项目的数据/模型/基础设施分类相匹配的。软件工程师主要从事项目的基础设施方面，设置从内部或外部获取数据的系统，并将机器学习模型集成到现有的产品或服务中。

还有一种特殊的人被称为数据工程师。这个人通常在处理大量数据(很多兆字节)时出现，甚至计算数据库列的简单平均值也是一个挑战。因为你可能会在项目的基础设施中雇用数据工程师，而不是为其机器学习模型雇用数据工程师，因此我们将他们视为处理超大数据集的特殊类型的软件工程师。

机器学习工程师拥有人工智能和机器学习的专业知识。他们对本书第I部分的内容了如指掌，其工作从清理和分析数据开始，最后为人工智能项目选择最合适的模型。他们还将负责编写代码来训练模型并评估其性能。机器学习团队的工作成果通常是一个经过训练的模型，以及对其准确性和用于训练的数据的描述。机器学习工程师处理模型的性能改进，并将指导你收集更多或更好的数据。虽然一些机器学习工程师也知道如何有效地部署模型，但这通常不是他们最喜欢的事情。在这三个职业中，机器学习工程师是与我们之前描述的数据科学家最相似的人。

最后，研究员是三者中学术性最强的角色。他们可以利用在某一特定领域的深入研究经验，为业内尚未充分探索的新问题找到解决方法。在这个项目的三类职位中，研究员处于模型阵营，在那里可以利用他们对最新技术的了解来构建人工智能算法，从而推动可能的前沿发展方向。大多数研究员擅长构建模型，但缺乏软件工程技能，通常对部署创作成果或找出所有错误不感兴趣。

研究员和机器学习工程师的主要区别在于前者是科学家，后者是工程师。这种区别可能有些武断，但他们有着截然不同的技能组合。如果你的项目是关于本书中解释过的任何问题或算法，你需要一个机器学习工程师。所有研究工作都已经完成，你只需要一个理解它并将它应用到具体问题的人。如果你想在行业标准问题和数据源领域以外进行尝试，你需要一位对理论有更深入理解并能提出创新方法来解决新问题的研究人员。

也就是说，这三种人的技能组合肯定是重叠的，在某些情况下甚至可以互换。你可以把这三种人看作不同种类的厨师。如果你想吃一道普通的菜，也许任何一位厨师都能做到。

随着级别的提高，厨师开始专攻特定的菜系或学科，在米其林三星级餐厅，你可能会找到糕点厨师、酱汁厨师、鱼类厨师等。

让我们看看谁能构建本书中设计的一些项目。价格预测是一个相当标准的机器学习项目(网上也有很多例子)，所以你可以找一个数据科学家或机器学习工程师。第3章中谈到的客户流失预测和追加销售分类器项目也是如此。第4章涉及媒体数据，这有点棘手。如果有很多用户同时使用你的平台，你可能需要一名软件工程师来确保基础设施的稳定，并且能够承受数百个需要同时处理的图像的负载。该算法是一个简单的分类器，任何熟练的机器学习工程师都可以实现它。第5章研究了文本数据，我们看到了不同难度的项目方案。对于最简单的项目，如文本分类器或情感分析，你可以继续与机器学习工程师切磋，但如果你想推进最先进的边界，并尝试建立超级强大的代理机器人，可能还需要聘请一名研究员。第6章讨论了推荐系统。简单的模型可以由一个机器学习工程师来构建，但是如果想构建特别复杂的模型，可以找一个研究员。你可能要求推荐系统非常快速和稳定。如果有很多用户同时使用服务，那么在这种情况下，速度是至关重要的。比如Facebook推送的资讯，它需要有数百万人查看资讯时立即推荐内容。这种情况下，软件工程师变得非常重要，因为他们可以构建一个能够承受这种负载的基础设施。

要获得这些角色的完整概述，请参见表8-2，其中突出显示了哪些类型的任务最适合哪类人才。

表8-2 当任务与其经验和背景相匹配时，软件工程师、机器学习工程师和人工智能研究员工作表现最好

软件工程师	机器学习工程师	人工智能研究员
通常具有统计学、数学和物理背景	具有计算机背景	具有计算机和统计学背景
构建和测试机器学习算法，开发数据策略，控制结果	开发新的算法，研究新的解决方法	实现应用程序，将其与现有基础设施集成，构建数据库，匹配项目

(续表)

软件工程师	机器学习工程师	人工智能研究员
复杂的 IT 基础设施，非常高的性能要求(例如，自动驾驶汽车，或者是 Facebook 这样有很多流量的服务)，庞大的数据集(数据工程师)	机器学习问题与可用最先进的机器学习解决的业务问题相关，就像本书中讨论的大多数示例一样	当解决业务问题所需的技术（例如，复杂的 NLP 任务)尚未开发出来时会很复杂

请时刻记住，团队的最佳技能集将随着项目的发展而变化，其至随着项目的不同组成部分的完成而变化。这些因素会促使你决定聘请专家顾问或聘用全职团队成员。建议不要犯这样一个常见的错误，即在没有坚实软件工程基础的情况下聘用一名炙手可热的人工智能研究人员，由于缺乏将工作投入生产的适当基础设施，新员工很可能受挫，并最终离职。一个常见策略是，首先开始招聘有多方面知识和经验的人员，这样他们就可以在公司的大环境中获得经验。依靠顾问获取像人工智能建模这样的小众知识更容易，因为他们的技能可以更广泛地在多个组织之间转换(毕竟，图像分类模型是相同的，无论你是试图分类黄瓜还是行人)。

最后，不要低估资历的重要性。尽管有些任务，如数据清理可由初级人员来完成，但人工智能项目可能很快变得一团糟，而且如果没有更高级人员的监督，你就可能得到无法维护的代码，会浪费更多资金和时间。

本章介绍了任何一个成功的人工智能项目的主要组成部分：数据收集策略、软件基础设施、与现有处理的集成以及一支技术娴熟的团队。我们还揭示了许多给缺乏人工智能相关经验的公司带来困扰的陷阱。下一章介绍如何将这些组成部分整合到人工智能项目中。

8.4 本章小结

- 人工智能项目的技术实现有三个主要组成部分：数据、模型和人员。
- 一致的数据策略会考虑内部数据和外部数据的相对优势和劣势。
- 除了数量，收集数据和标签的其他主要关注点是偏差类型、覆盖范围和一致性。
- 一个好的人工智能团队包括具有不同背景和技能的人员：软件工程师、机器学习工程师(或数据科学家)和研究员。

第9章

实践——人工智能实施策略

本章内容包含：
- 构建人工智能算法、从供应商处购买或使用开源软件的权衡
- 开发精益人工智能策略以使风险最小化
- 利用人工智能的良性循环
- 从人工智能的失败中吸取宝贵教训

前两章给出了定义和实现人工智能项目需要的所有构成要素。现在是时候把所有东西放在一起了。本章将介绍如何决定哪些组件是内部构建的，哪些是从第三方购买的，以及如何管理实现阶段。还将分析缺乏经验的人工智能建设者在道路上面临的最典型障碍。读完本章，你会有足够的信心开展今后的项目。

9.1 购买或构建人工智能

套用一个智者曾经说过的话，有时候成功完成一个项目的最好方法

就是从一开始就不要开始。作为一个人工智能的传播者,你能做的最有影响力的决定之一就是依赖人工智能提供商提供的产品和服务,避免构建人工智能项目所需的部分或全部技术。这个决定适用于项目的所有三个元素:数据、模型和基础设施。

本节将教你如何从战略角度思考"构建"或"购买"问题。实际上,我们认为,目前人工智能服务市场的现状要求我们增加第三种选择:借用。下一节将分别介绍这三个选项,需要记住的基本概念是"实施风险"(implementation risk)。当你决定购买或租赁现成的技术和基础设施时,就放弃了灵活性和知识产权,但显然同时要回避与自己投资技术相关的风险。

表 9-1 总结了购买、借用和构建解决方案之间的主要差异。你可以随时根据需要跳回本表,接下来的三节将对此进行详细解释。

表9-1 比较购买、借用和构建策略

	购买	借用	构建
需要数据	否	是	是
需要开发模型	否	否	是(可能使用开源模型)
需要基础设施	否	否	是(可能使用托管的基础设施)
风险	低技术风险,但你必须依赖于供应商的议程	对于机器学习平台来讲与购买一致,开源有技术风险	最高的技术风险
团队技能要求	网页开发	网页开发和小部分数据科学	网页和机器学习
先期费用	没有	数据收集	数据收集和模型开发
可变成本	少许	中等	在基础设施/云投资中摊销

9.1.1 "购买"选项：一站式解决方案

实现人工智能技术最简单的选择是使用谷歌、微软或亚马逊等技术提供商提供的一站式解决方案。这些购买解决方案(buy solutions)的做法也称为机器学习即服务(MLaaS)。

在 MLaaS 服务中，科技公司构建通用机器学习算法，负责数据收集、训练和工业化。你用他们的技术来解释数据，从而获得利润。

如图 9-1 所示，你所要做的就是发送要分析的数据，然后从其机器学习模型中得到预测。从技术角度看，你将使用应用程序编程接口(API)将数据发送到供应商并获得答案。例如，几乎每一个科技巨头(微软、谷歌、IBM)都提供了一个计算机视觉 API：你给他们发一张图片，他们把内容发给你。有些计算机视觉 API 特别花哨，可以提供有趣的信息，比如根据人的面部表情估计图像中的人的情绪。

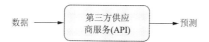

图9-1 一站式解决方案的提供商负责处理所有技术细节：你只需要发送带有数据的请求并获得响应

几年前，我们基于机器学习的一个小项目是为需要记录采访或讲座内容的记者和学生提供语音转录服务。在实现了网页应用程序并确认了对产品的需求后，我们决定找一个可以运行实际转录的人工智能提供商，但是面对太多选择，我们左右为难。谷歌、亚马逊和微软都提供了几十种语言的语音转录服务，还有几家专注于特定领域的小型提供商。

然而，当使用 MLaaS 解决方案时，你正在处理一个众所周知的黑匣子：你无法控制模型的构建、性能以及为其提供服务的基础设施。但在此情况下，你几乎不必做任何事情，因为供应商已经完成了收集数据、训练模型和设置服务基础设施的所有繁杂工作(见图 9-2)。剩下要做的就是将解决方案集成到产品中,这是任何网页开发人员都可以解决的任务,使你有可能在数小时内(而不是数周或数月内)得到人工智能应用程序的第一个快速原型。

图9-2 在购买解决方案时,供应商负责所有三个组件(数据、模型和基础设施)

为让你了解一站式解决方案提供的服务类型,让我们看看谷歌在撰写本书时的(非详尽的)价目表:

- 将语音转录为文本,每分钟两美分。
- 自然语言理解,每个文档一美元:从文档中提取结构化数据并执行情感分析。
- 翻译每百万字符 20 美元。
- 每幅图片 1 美元,用于检测图片上的 logo 或人脸。

这里有两个关键点。首先,所有一站式解决方案都集中在解决一般性问题上。这是有道理的,因为打磨和营销这些产品需要大量的投资,供应商只有在认为市场会有广泛的兴趣时才会给予承诺。例如,谷歌永远不会提供"黄瓜分类人工智能服务",因为市场需求永远不会高到足以收回开发成本。相反,对他们来说,提供一种更广泛兴趣的服务,可以识别猫、狗或汽车等日常物品,这对他们来说更有意义。其次,从财务角度看,购买解决方案的固定成本几乎为零,可变成本高于其他策略。事实上,有了这些解决方案,就不需要在数据收集、数据清理、机器学习工程和部署方面付出任何努力。你所要做的就是集成一个 API,一个普通网页开发人员只需要几个小时的任务。正如你在前面的价目表中看到的,这些费用都是按次付费的。

从技术角度看，使用这些解决方案相关的风险水平极低。因为你使用的是知名科技公司生产的产品，所以可以肯定的是，你将获得最先进的性能。当然，只有当你的应用程序适合为其设计服务的任务时，这才是正确的。

请注意，你外包了所有的技术风险并不意味着购买解决方案是无风险的。所有购买方案都有一个共同的主要威胁：因为你不拥有底层技术，你必须服从别人的议程。他们可能会决定停用你正在使用的产品，让你自食其力。我们最喜欢的警示故事是旧金山的初创企业 Smyte。该公司开发了机器学习模型和一个平台，通过主动识别评论和互动中的恶意趋势，帮助在线社区打击垃圾邮件、欺诈和骚扰。2018 年，当 Smyte 被 Twitter 收购时，客户醒来发现这个平台已经关闭，因为 Twitter 决定只专注于满足内部需求。像 Meetup 和 Zendesk 这样的知名客户都在争先恐后地寻找替代品，因为他们一直依赖的一站式解决方案停止了查询服务。

供应商关闭或更改产品的风险会对其服务造成锁定(lock-in)。锁定效应还延伸到安全和隐私，因为一站式解决方案仅限于在供应商的网络和云基础设施内运行，这在医疗保健和国防等注重安全的行业可能无法接受。

然而，这些解决方案凭借着难以置信的速度和较低的固定成本成为快速原型的完美案例，可以验证市场对产品的需求。

9.1.2 "借用"选项：机器学习平台

如你所见，一站式解决方案几乎可以保证许多通用人工智能任务的最先进性能。需求更具体的话会怎么样呢？例如，第 4 章中描述的黄瓜分类任务如何操作？正如我们所说的，你不会在亚马逊的人工智能平台上找到"黄瓜质量分类"产品，因为它的市场非常小。

相反，你可以选用机器学习平台产品。与一站式解决方案相比，机器学习平台允许你上传自己的训练数据，以根据特定需求优化现成的模型。在黄瓜分类的例子中,你可以利用谷歌图像分类模型,并使用标记的黄瓜数据集对它们进行微调。从人工智能的角度看,机器学习平台通常利用迁移学习的优势,允许像你这样的客户在适应小众需求(如黄瓜分类)的同时使用提供商在建模方面的大量投资。

从集成的角度看,机器学习平台就像购买解决方案;模型托管在提供商的云中,你只需要向其提交请求(见图9-3)。机器学习平台的价格比一站式解决方案高2~4倍,因为其复杂性增加了。但定价模式是一样的:你只需要为每个请求支付少量费用,并根据希望训练的自定义数据量支付代币金额。

虽然机器学习平台本身不需要预先投资,但是你需要为收集和潜在地标记数据进行预算,这样你就可以利用其可定制性。机器学习平台产品通常解决与一站式解决方案相同的广泛问题;例如,你可以上传自己的文本数据库以改进情感分析,或提交多语言语料库以提高翻译精度。我们为机器学习平台创建了一个"借用"类别,因为你正在投资一个"借用"的平台,但仍然不拥有模型的 IP。但是,你拥有的训练数据在许多情况下构成了你的真正资产。

图9-3 当借用一个解决方案时,供应商负责搭建模型和基础设施,你负责提供数据

尽管如此,机器学习平台的锁定效应可能比一站式解决方案更强大。后者非常普遍,即使提供商倒闭了,你也很可能从竞争对手那里找到类似的产品。另一方面,机器学习平台中的秘密武器和训练数据之间的交互可能更难复制。

人工智能供应商经常宣称机器学习平台非常适合使用第 2 章和第 3

章中描述的结构化业务数据。由于这些模型的计算需求通常不大,机器学习平台提供自动机器学习产品,可在数据上尝试多个模型,并自动选择最佳模型。值得一提的是,如果一个问题足够简单,可以通过这些自动化工具来解决,那么一般的机器学习工程师很可能会在有限的努力下获得类似性能。

在帮助公司完成项目的过程中,我们发现,对于处理结构化数据(通常是市场营销、销售或核心业务数据)的问题,目前最大的工作是清理和准备数据。

在一个例子中,我们需要构建一个算法来处理制药公司的呼叫中心数据。这些数据已经收集了14年,但没有人能够从中获取价值:这只是用于报告的沉没成本。当一位开明的管理者提出构建人工智能算法时,面临的第一个挑战是试图通过14年的历史来理解数据背后的逻辑,并清除异常值和潜在的数据输入错误。另外,多年来,该公司使用了两个CRM提供商,因此在收集的数据格式和字段上存在不一致性。长话短说,我们花了三个月的时间才把数据准备好使用。一旦准备好数据,构建一个性能良好的模型大约需要两周时间。

找到合适的模型并对其进行调整可能会非常迅速。机器学习平台不会让你从为机器学习应用程序准备好数据的初始工作中解脱出来,因此在时间和前期成本方面只会节省很少的时间。然而,他们确实增加了可变成本,因为其商业模式是按次付费。

9.1.3 "构建"选项:大干一场

如果购买或借用解决方案都不适合你的项目,那么你将不得不走构建路线。通过构建自己的模型,可以获得完全的灵活性和对技术的控制。一般来说,构建自己的模型意味着你需要考虑所有三个组件:数据、模型和基础设施(见图9-4)。

以下是两种最常见的情况,在这种情况下无法购买或借用解决方案:

- 你使用特定领域的数据——例如,如果你在使用三维核磁共振成像或其他医学诊断工具,你将使用三维黑白图像。你不太可能找到能够支持它们的一站式或机器学习平台产品。
- 你有非常具体的需求——例如,你可能想要建立一个机器学习算法,从肺部的 X 光片中识别出癌症,并突出显示癌症的位置。最后是一个对象定位任务,一个由很少或没有提供者覆盖的相对利基的应用程序。

图 9-4 构建解决方案时,团队必须处理好所有三个组件:数据、模型和基础设施

从开发风险的角度看,构建解决方案是风险最大的,因为团队要对产品负有全部责任。然而,他们并不孤单,他们可以依靠两个重要的提升加速器:开源模型和托管基础设施。让我们看看它们如何帮助你构建项目。

"开源模型"(open source models)是免费提供的解决特定问题的软件(通常还有训练数据)。只要它的许可证与预期用途(如商业用途)兼容,工程师就可以简单地复制代码,根据需要自定义代码,并在产品中使用它。如果你不熟悉开源世界,可能会想知道为什么人们会免费工作。好吧,开源模型的两大贡献者是大型科技公司和学者。像谷歌和微软这样的技术提供商发布尖端产品,以增强他们作为人工智能领导者的声誉,并吸引人们使用他们的全包产品和机器学习平台。学术界的研究人员发布软件是为了提高对他们工作的认可度,吸引资金和认可。对于更多的利基情况,你甚至可能根本找不到任何开源代码。最好的办法就是让研究人员从学术界挖掘出相关的科学论文。通常,本文中包含的对模型的描述足以让机器学习工程师毫不费力地复制它,然后你就可以开始收集训练数据了。

开源代码通常是启动开发工作的好方法。团队将能从一个有效的解决方案开始,并不断迭代,以适应特定问题。与机器学习平台相比,调整模型的能力使团队中的机器学习工程师能够调试问题并试验更改以提高准确性。

一般来说,如果你构建自己的模型,还需要为其提供和维护基础设施,通常的做法是管理自己的云资源。托管基础设施让你可在供应商的云中运行自定义模型,从而将软件工程师从这种负担中解放出来。只要模型符合供应商的技术要求(例如,在编程语言方面),你就可以使用他们的硬件和网络来运行模型。正如第 8 章中所解释的,构建人工智能的大部分魔力在于拥有正确的数据和创建好的模型。在过去几年里,用于管理执行的软件已经迅速标准化和商业化。

开源代码和托管基础设施可以大大减少构建自己的模型所需的投资,从而为团队节省许多人力成本。最重要的是,它们也能给你带来自信。在项目开始时,知道有人能解决同样的问题,将消除对其可行性的许多怀疑。在项目接近尾声时,可以选择将大部分部署工作交付给供应商,这会使团队更快地朝着终点前进。

在一天结束的时候,你选择哪一种场景(构建、借用或购买)取决于将要从事的每个人工智能项目的具体情况。下一节将指导你完成这个决定。

9.2 使用精益战略

购买、借用和构建策略中的哪一个最适合你的团队和你正在从事的项目?是否可能找到单个策略,能够适应项目的每一个阶段?本节介绍这个问题的答案:"精益人工智能战略"(Lean AI Strategy),这是由我们开发的框架,可帮助你逐步构建人工智能产品。

"精益"(lean)一词来自精益生产(lean manufacturing),是一种诞生于日本制造业(尤其是像丰田这样的汽车公司)的理念,旨在在不牺牲效率的前提下尽量减少生产浪费。埃里克·莱斯(Eric Ries)在其具有里程碑意义的著作《精益创业》中将这一理念与创业世界相适应。Ries 引入一种管理创新的流程,鼓励通过不断实验来测试市场和技术假设。这一战略背后的核心观点是,即使是 CEO 和创始人也很少了解市场真正的痛点,所以他们最好尽快构建产品的第一次迭代,看看客户是否喜欢,然后根据反馈对产品进行改进。

精益人工智能战略有着相同的目标:这是一个逐步实施人工智能项目的过程,同时尽量减少风险和资源浪费(时间、金钱和团队士气)。遵循精益人工智能策略,你将学会为给定项目选择最佳的实施计划(构建、购买或借用)。

当你启动这个项目时,第一步是了解与每一条人工智能开发路径相关的技术风险。每一个选项都有与短期风险相关的复杂性,同时使你获得与长期负债相关的灵活性。这些风险和灵活性之间的关系如图 9-5 所示。

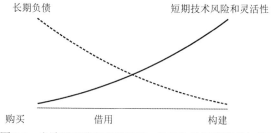

图 9-5　当涉及风险和灵活性时,构建与购买频谱叠加的要点

现在,假设你刚刚开始实施一个人工智能项目。这是不确定性最高的时刻,主要是因为以下三个因素:
- 商业风险——解决方案有商业价值吗?
- 工作流风险——我能否成功地将解决方案集成到当前的业务中?

- 技术风险——技术是否足够有效？

第 7 章介绍的方法旨在将商业和工作流风险降至最低，但没有任何方法可以与真实的人进行的实际测试相比。为了让新产品展现在真正的用户面前，你通常需要建立至少一些技术。这家精益初创企业引入了"最小可行产品"(MVP)的概念：在为客户提供价值的同时，你可以制造出最小的产品。在人工智能项目的世界里，从"最小可行人工智能"(MVAI)的角度考虑是很有用的：最小和风险最小的技术，可能为第一个 MVP 提供动力。

9.2.1 从购买解决方案开始

精益人工智能战略最重要的作用是让你走上构建 MVAI 的正确道路。考虑到高度的不确定性，在客户验证了想法的可行性后，将长期决策推迟到以后，是一个好主意。在图 9-6 中，从购买解决方案开始。

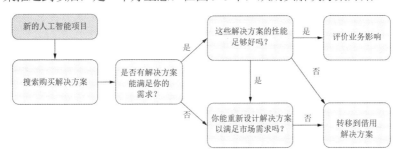

图 9-6　为一个新的人工智能项目建立精益人工智能战略的第一步是开始寻找购买解决方案，并遵循这个决策树

第I部分中讲授的技术词汇足以开始在谷歌上搜索购买解决方案。例如，假设你经营一家食品配送初创公司，想要将食品评论分为正面和负面两类。正如第 5 章所介绍的，这个应用程序被称为情感分析(sentiment analysis)。搜索购买解决方案的一个很好的查询是"情感分析 API"，它将返回多个结果。在很多情况下，你会发现来自大型技术提供商(如谷歌、

亚马逊或微软)和小型专业公司的一站式解决方案。在人工智能的世界里，你真的应该两者兼顾。大型企业具有规模优势，但小型企业也可能具有优势，因为他们的数据收集和工程设计工作可能更紧密地与项目的特定目标保持一致。

如果你在不断增长的人工智能供应商中找到想要的东西，那你就走运了。采用其中的一个可能是你开发人工智能项目初始迭代的最佳选择。

在其他情况下，你可能找不到项目所需的确切人工智能任务的解决方案。这并不少见；毕竟，供应商只投资于那些有巨大潜在市场的产品。如果你的项目属于这种情况，有两种选择：

- 重新设计人工智能项目，使之适合现有的购买产品。
- 提升技术风险阶梯，寻找借用解决方案。

你应该首先考虑选择 1。是否有办法重新表述人工智能任务，以便在不损害价值主张的情况下使用市场上的产品？例如，假设你是一家电信公司，想要测试一个超快的客户支持服务：用户写一条消息，人工智能自动将客户链接到最好的呼叫中心智能体；例如，"我的网络不工作"将是一个技术问题，还有"我想启动新产品"的商业声明。除了专门的人工智能公司为特定项目提供全面的产品，你不太可能找到一站式解决方案来完成这项任务。

此外，你会发现目前市场上有几种非常精确的情感分析算法。虽然这些算法不能 100%地解决任务，但如何使用它们将暴躁的客户直接发送给客户服务，并将中性客户发送给人工操作员进行手动排序呢？很显然，这不是最终解决方案，但它允许你测试基本的假设：

- 商业假设——用户是愿意通过自动系统参与客户服务，还是完全忽略了？
- 工作流假设——新系统是否为业务员节省了时间？

如果你无法像我们在本例中那样找到缩小问题规模的方法，那么是时候考虑转换为借用解决方案了。

当你尝试过购买解决方案，但它对项目来说运行效果不够好时，也可考虑使用借用解决方案。但首先，你应该重新考虑"足够好"意味着什么；即使是人工智能也不是完美的，从人类的角度看犯了明显的错误，这个项目对于企业来说仍然是成功的。即使不是这样，也要花点时间表扬一下自己。由于精益人工智能战略的实施，以及对一站式解决方案的关注，你已经发现了项目中的重要技术信息，但在技术方面几乎没有前期投资。下一步，让团队中的机器学习工程师一起找出购买的产品到底为什么不起作用。请记住，购买产品是大量工程投资的结果，因此团队只希望在一种情况下做得更好：缺少针对具体问题的训练数据(例如，黄瓜分类，或 NLP 任务中的利基词汇)。例如，如果你发现购买的模型在将文档从英语翻译成法语方面表现不佳，那么你不太可能超越谷歌以及通过添加更多训练数据来改进。如果你确定缺少特定于任务的训练数据正在扼杀项目，那么借用模型可能是你解决问题的方法。

9.2.2 使用借用解决方案

请记住，借用模型的力量来自于允许你用自己的训练数据扩充人工智能供应商的现有模型。我们称这些可定制产品为机器学习平台(ML platform)。如果你能很好地收集(并可能标记)适合你的项目的数据，将得到两个方面的最佳结果：在预先设计的模型上使用多年的投资，同时在特定任务上取得良好的性能。作为额外的好处，借用模型可以使你不必为项目设计、部署和维护基础设施耗费精力。通过使用借用解决方案，你还将开始培养推动数据收集工作的内部人工智能专业知识，并积累有关构建、比较和评估各种人工智能模型性能的专业知识。

也就是说，从购买到借用可让你在快速得到答案的同时，迭代项目的人工智能组件，因为机器学习平台本质上是一站式解决方案的替代品。要找到一个合适的借用解决方案，从你为购买解决方案所做的搜索开始，然后从那里开始。请记住，机器学习平台的选择可能比一站式解决方案更有限，因为为迁移学习添加定制点对于人工智能供应商来说是更大的工作量。

如果你甚至不能为人工智能项目找到一个借用解决方案,就必须做出同样的决定:你能重新设计解决方案,使之适合市场上的产品吗?如果没有,唯一的选择就是再次向技术风险阶梯靠拢,并开始构建自己的模型,如图9-7所示。

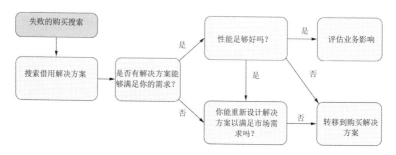

图9-7 我们为购买解决方案设计的同一个决策树适用于借用解决方案,具有不同的起点和终点(我们从失败的购买搜索开始,以转移到购买解决方案结束)

9.2.3 自己动手:构建解决方案

如果你到了精益人工智能战略的阶段,就没有多少东西可以决定了。你的项目不适合市场上任何购买或借用的产品,你也不能这样做。这意味着,团队成员将不得不挽起袖子,开始自己构建模型(很可能利用第8章中描述的开源社区和托管基础设施)。

因为购买解决放在精益人工智能战略的"终点",我们想对每一条可能导致项目的路径进行评论。最典型的情况是项目使用的数据不常见或非常具体。设想一个音频应用程序,它计划通过鸣叫声来分类鸟类。没有机器学习平台产品可能支持从动物声音中进行迁移学习,也没有哪个一站式解决方案能提供这一功能。

在其他情况下，我们看到有一个使用有效借用解决方案的团队希望尝试构建自己的模型，期望降低成本或提高性能。虽然构建模型(并管理其操作的所有方面)可能会降低可变成本，但许多团队犯了一个错误，即忽略了为创建他们一直喜欢的借用解决方案而投入的大量前期投资。感知到的性能收益通常也是虚幻的：市场上的任何借用模型都要经过大量测试，以验证其在各种场景中的准确性。人们很容易对积极的早期结果感到兴奋，并低估了使构建解决方案达到最佳状态所需的工作量。迁移到构建解决方案的最佳方法是将其视为一个附带项目，而不是将整个人工智能策略都押在它身上。与借用解决方案相比，这将有助于通过持续监控内部工作来降低转移风险。除了这些技术原因，有时组织或业务问题使构建成为唯一的选择。例如，一站式解决方案模型和机器学习平台通常都在人工智能供应商的云资源中运行。这一因素使得它们成为隐私或安全意识强的行业(如医疗或国防)的禁忌，因为这些潜在的敏感数据只有与供应商共享才能使系统正常工作。其他企业可能会决定投资创建第一方 IP，即使这种选择不是实现给定项目的最便宜或最快捷的方式。

我们不能反驳这样的战略观点，但请记住，在你制作出一个可行的原型后，将有足够的时间来开发自己的 IP。即使从长远看，你想开发自己的模型，我们仍然鼓励你从遵循精益人工智能战略开始，从购买解决方案开始。这可能只是一块垫脚石，但拥有一个快速工作的原型，可用来测试最紧迫的业务假设，这仍然是非常宝贵的。

最后，建议你不要太深入研发领域。当你决定要建立自己的模型后，很容易就会越界而变得越来越雄心勃勃。拥有前沿的人工智能模型的实验是令人兴奋的，并对人类有益。作为一个额外奖励，团队精力充沛，投入了 110%的精力。然而，如果你正在读本书，你和企业还没有准备好进行一个多年的研发项目来验证人工智能或全新算法的新用途。考虑在组织中的人工智能文化更成熟后，继续进行这些"登月计划"项目，然后着手实施。

构建选项的决策树如图 9-8 所示。

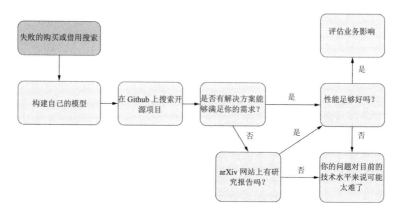

图 9-8　构建解决方案的精益人工智能策略决策树

总之,精益人工智能战略鼓励你通过延迟对昂贵和高风险的工程任务的承诺将实施风险最小化。相反,它鼓励你使用购买或借用解决方案启动项目,使你能够利用大型供应商的规模经济优势。随着项目和组织的成熟,你将有很多机会着手实施技术上更具雄心的实施计划。

遵循精益人工智能战略,当你从购买、借用、构建解决方案中开始时,可能很难决定何时开始并部署项目。第 2 章从技术角度出发,介绍了假阳性和假阴性的重要措施。下一节通过告诉你一个更高层次的故事来完成这个讨论,即性能是如何在一个典型的人工智能项目的生命周期中演变的。

9.3　理解人工智能的良性循环

回到本书的开头,我们第一次站在房地产网站经理的立场上。我们在一个平台上工作,房主可以把房产挂牌出售,潜在买家可以查看报价,安排看房,最后购买其中一套房子。我们设想建立一个新功能,使人工智能模型能自动和即时地预测房屋的最佳标价。

假设用户会喜欢这个功能,它将给我们带来与市场上其他房地产平台相比的竞争优势。如果我们是对的，人们将开始比竞争对手更多地使用我们的网站，从而增加收入、用户和数据。

当你有更多数据时，机器学习算法会发生什么？它们的性能通常会提高。产品可变得更好，预测更准确，让用户更快乐，从而更具吸引力。结果是出现了更多数据。

我们刚才描述的是人工智能的良性循环：如果人工智能改进了产品，带来更多用户和利用率，将产生更多数据，进而可以反馈到模型中，进一步改进模型。这是一个自我强化的循环，可能永远不会结束。图 9-9 将此循环可视化。

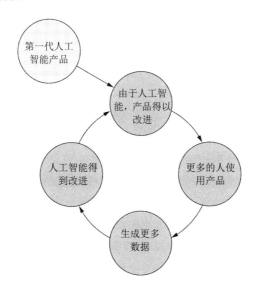

图9-9　人工智能良性循环。人工智能改进产品，更多用户希望使用它，从而产生更多数据，改进产品，带来更多用户

来看看人工智能的良性循环如何影响现实世界的产品，以房地产平台为例。在我们开始第一个人工智能项目之前，只有一个标准的网站，类似于同一领域的竞争对手的产品。我们决定开发的第一个人工智能产品是房屋价格预测器：这是一个机器学习算法，可从过去的房地产销售

中学习，并自动计算出市场上每个房产的最有可能的价格。

这一新颖奇特的功能引起了媒体的轰动，并为平台创造了一个新的优势，使我们有别于竞争对手。合理地说，我们认为新客户会开始使用我们的平台，被新的房价预测所吸引。新客户不仅带来额外收入，还带来新数据。当这些新客户开始出售房子时，我们收集的额外数据可用来用更多数据重新训练算法，从而提高算法的性能。一个更好的算法可为我们带来更多数据，从而带来更多客户等，如图9-10所示。人工智能的良性循环可一直持续下去，或者直到你开始从算法中得到递减的回报，并达到一个技术平台期。

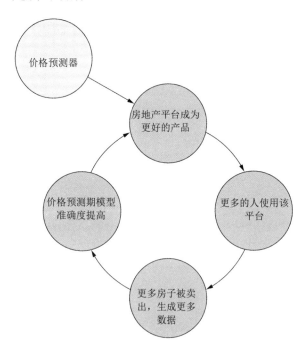

图9-10 应用于房地产实例的人工智能良性循环

你可能会问，如果没有太多数据，而最初的模型无法与当前产品的质量标准相匹配，怎么办？我们认为，这种情况下，人工智能的良性循环尤为重要，你应该为客户提供任何有价值的东西，即使它远远不够完美。

为理解其中的原因，让我们来谈谈技术创新是如何被采用和营销的一些基本概念。1962 年，传播学教授埃弗雷特·罗杰斯(Everett Rogers)出版了《创新的扩散》一书，在该书中，他提出了一个社会学模型，描述了新产品或创新的采用或接受。其主要观点是，一个市场不是由一个同质群体组成的，并被划分为具有相似特征的个体群体：

- 创新者——这些风险承担者具有较高的社会地位、社会性和资金流动性。这些人在新 iPhone 发布前一天在苹果专卖店前排队。
- 早期使用者——他们也是风险承担者，社会性强，购买力强。他们的选择比创新者更保守，所以可能不会在新 iPhone 发布的前一天排队，但你可以肯定他们会在第二天购买。
- 早期多数人——这是一个社会地位和购买力混合在一起的大群体，他们在一个创新产品发布一段时间后采用它。他们重视科技进步给生活带来的进步，但不想冒险。这些人要么在新手机发布数月后等待别人的想法，要么几乎无法分辨出与老款手机的区别。
- 后期多数人——这是另一大群人，主要是持怀疑态度和规避风险。他们更看重安全，而不是创新；在得到回报前，他们不想转向新的技术。这些人的智能手机落后了两到三代。
- 落后者——最后采用创新的人。这些人仍然使用机械键盘手机，在手机坏掉时用最便宜的型号替换。

1991 年，杰弗里·摩尔(Geoffrey A. Moore)出版了《跨越鸿沟：向主流客户销售高科技产品》，该书建立在上述理论的基础上，并增加了一个简单而关键的见解：在引入技术创新时，从早期使用者过渡到早期多数人并非小事，许多创新都未能做到这一点。摩尔引入了鸿沟的概念：在一个艰难的不确定时期，一个公司已经接触到市场上所有的创新者和早期使用者，并且需要达到早期多数人，如图 9-11 所示。这种鸿沟的存在是因为早期市场(创新者和早期使用者)和后期市场(早期多数人、后期多数人和落后者)的目标完全不同。前者重视创新及其带来的价值，后者重视安全性和规避风险，很难看到创新产品的价值。

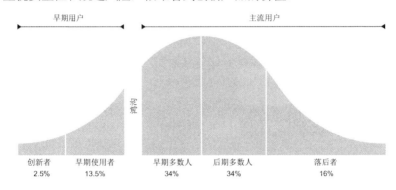

图9-11 技术创新市场分为五个客户群。在早期使用者后，遇到一个鸿沟：从早期用户切换到主流用户时存在高度不确定性

现在，回到房地产平台，看看基于机器学习的创新如何与介绍的五个小群体联系起来。假设第一个算法比人工经纪人更糟糕：假设算法预测有10%的误差，而人工经纪人的错误率只有5%。忙碌的房主不会担心错误率的增加，他们更感兴趣的是在不等待人工经纪人来访的情况下立即获得号码。或者他们是技术爱好者，急于尝试你提供的基于人工智能的新功能。他们是将启动良性循环的创新者和早期使用者。

在获得更多数据后，你会开始使用产品。你可以使用这些新数据再次训练人工智能算法。假设算法的性能得到改善，并且更接近于一个有血有肉的经纪人，比如说有 7%的误差。现在，你开始缩小与人工经纪人的准确度差距，不太勇敢的用户会选择牺牲 2%的准确性来提高速度。结果，同样会有更多数据可用来不断改进模型。

现在想象一下，由于你通过原始机器学习模型收集到新的数据，最终达到了人机对等的关键里程碑：算法和专家经纪人一样好。在这个阶段，使用你的产品是一件很简单的事情；用户可获得与专家经纪人相同的性能,但只需要一秒钟就可以获得,不必安排访问时间。这是吸引早期多数人所需的绩效水平:只要与现状相比,新技术不会带来任何负面影响,他们就可以使用新技术。

与其他任何商业风险一样,你必须能够正确地向人们传达你的技术性能,并能让人们理解它。这不是小事,你也不应该认为这是理所当然的。

如果你成功地传达了技术潜力,房屋销售商会希望使用你的模型为他们的房子提供即时报价。你能猜出结果会怎样吗?你是对的:更多数据。现在,算法可以从这些额外的数据中获益,甚至超过人类的精确度。恭喜你,现在有了超人,可通过人工智能预测房屋价格。图9-12显示了技术性能与使用之间的自我强化关系。

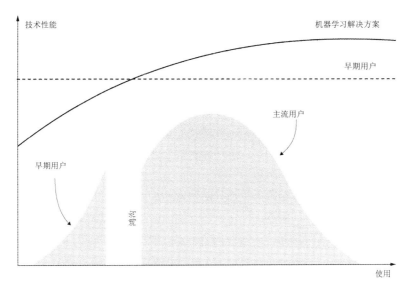

图9-12 由于数据的力量,基于机器学习的问题的性能取决于市场的接受程度。早期用户可能愿意在性能上妥协,但随着他们使用产品和数据的增加,你将改进技术,直到能进入主流市场

如果你没有发布第一个原始产品,就永远不会启动这一过程,这一

过程导致一个卓越的人工智能价格预测器。因此，重要的是要考虑到人工智能的良性循环，即使人工智能产品并不完美。尽早发布，设计策略，使每个产品迭代都能改进算法，直到你的优势强大到无法被忽略。

如果你确信获取更多数据是使你相对于竞争对手获得优势的关键，那么你可以考虑用非正统的方法来吸引那些最早期的用户。一个极端策略可以是新服务大幅打折，甚至免费赠送，这样就可以迅速吸引早期用户。开启人工智能良性循环非常重要，你甚至可计划付钱让人们开始使用产品。在人工智能良性循环开始后，技术开始快速改进，主流市场开始使用新服务并为它带来的价值付费，你将弥补最初的损失。

9.4 管理人工智能项目

精益人工智能战略帮助你决定是构建、借用还是购买技术解决方案。不管选择哪种方法，仍有一些开发工作要做。例如，即使你为房屋价格预测问题采用了借用解决方案，团队仍然需要编写管道代码，以便将模型的输出连接到网页应用程序中。

业内最保守的秘密之一是，管理工程师就像养猫一样。本节将提供一些输入，以便在人工智能项目的实施阶段领导日常操作。即使你不想亲自承担这一责任，或者决定将整个工作外包给顾问，了解现代软件工程实践是什么样子还是很有用的。精益理念还延伸到实施阶段。最好将开发分成几个部分，每个团队成员可在一到两周内完成。如此快速的迭代使得能跟上来自组织的不断变化的需求，甚至是来自客户和产品用户的反馈。

精益还意味着在很多情况下，只要 MVP 准备好了，就要尽快发布软件。我们看到许多团队不断追求完美，从而推迟了从用户那里获得有意义信息的关键时刻。

精益方法提供了一个概念框架，强调快速迭代、持续改进和关注反馈。但是在人工智能任务组的日常活动中，这是如何实现的呢？本书不是关于项目管理的,但可提供一些相关的管理知识。

Scrum 是敏捷开发的一种风格,它与精益人工智能战略的原则很好地吻合,并且被当今大多数硅谷公司所使用。把 Scrum 看作一个实际的实现和规则手册,它帮助团队将精益人工智能战略的概念付诸实践。快速迭代是通过在两周时间内进行计时来实现的,称为 sprint。总体目标的进展是按故事分解的,故事代表了一个独立的工作项目,向产品提供一个完整特征。在每个 sprint 开始时,团队决定他们在接下来的两周内要编写哪些故事。

每两周需要对任务进行决定和分配,所以有很多机会来适应不断变化的需求。在人工智能的许多领域,可能花几个星期开发一个模型,清理数据,并进行训练,结果发现这种方法的性能不如预期。这些情况下,保持快速迭代对于确保团队最终集中于解决方案至关重要。

精益是一个通用概念,对许多类型的软件工程项目非常有用,特别当涉及技术不确定性或不断变化的需求时。这也适用于人工智能项目,在许多情况下,除非你在任务中尝试过,否则你不知道模型执行得有多好。然而,在某些方面,人工智能改变了游戏规则,本节将告诉你如何改变。我们决定将重点放在两个主要方面,这两个方面是将人工智能项目推离正轨的罪魁祸首:

- 你总是担心数据。
- 人工智能项目从来没有真正"完成"。

第一个问题是,数据收集(和清理)和模型开发通常由团队中的不同人员执行,只是因为所需的技能集不同。这就产生了一种鸡和蛋的问题:软件工程师依赖机器学习工程师来取得进展,而机器学习工程师手头上没有用于实验的数据。

遵循增量迭代的原则,打破这种恶性循环的好方法是对数据收集和模型开发的多个周期进行定时。一旦软件工程师完成了训练数据集的一小部分,就可以把它交给机器学习工程师,让其开发和试用模型。同时,可以继续改进和扩展代码的规模以提高性能,同时从机器学习人员那里得到关于最重要的改进领域的反馈。这个过程在下一个周期重新开始，为你提供了一个很好的方法来衡量一段时间内的进度。

现在来讨论第二个问题：人工智能项目从来没有真正"完成"。如果你在开发传统的软件项目，明确的要求可以帮助你弄清楚产品什么时候"完成"。如果你领导一个制作家庭报警系统的团队，肯定需要确保打开一个窗口就会触发警报。作为一个人工智能布道者，你不能有这种奢侈。因为当代人工智能是以机器学习为基础的，因此永远不会达到我们与传统工程相联系的100%完美度。

在许多项目中，很难将组织范围内的指标(如收入增长)与模型准确性联系起来。当你努力告诉团队你需要什么样的绩效水平时，就会知道你正处于这种状况。同样，增量迭代可成功地让你摆脱此类状况。越早得到一个项目的工作原型，就能越快让企业使用它，从而了解模型准确性与企业改进(或用户的幸福感)之间的关系。一个很好的示例预测流失率，因为我们可以立即看到对模型的改进是如何提高留存率的。即使是低精度的原型对企业来说也是巨大胜利，毫无疑问，它将帮助你传达信息。

我们确保本书中包括一些失败的人工智能项目和容易被人误解的技术要点的例子。作为一个有责任心的作者，在结束这一章之前，还需要完整讨论当人工智能开始出错时应该怎么做。

9.5 当人工智能失败时

从事技术的人员告诉我们，如果一切都按广告宣传的那样运作，许多人就会失业。构建和维护软件很难，人工智能也不例外。如果有的话，人工智能会增加更多挑战。本节主要讲述人工智能项目失败的故事。我们有两个很好的理由这样做：

- 警告人工智能不是万能钥匙。
- 证明人工智能策略中的错误可能是灾难性的。

我们不是要吓唬你不要做项目，而是希望读者能发现本书中介绍的一些策略是如何拯救这些故事的主角的。我们决定把它们留到后面讨论，这样你就可以看到一切都是如何安排好的。

9.5.1 Anki

第一个例子是关于机器人创业公司 Anki，该公司在获得超过 2 亿美元的资金后于 2019 年倒闭。早在 2013 年，Anki 就曾大放异彩，在一年一度的苹果主题演讲会上，它享受到难得的特权。在那里，苹果首席执行官蒂姆·库克(Tim Cook)向数万技术爱好者宣告，这家刚刚起步的公司将"把人工智能和机器人技术带到我们的日常生活中。"

六年后，该公司的发言人告诉 Recode：

尽管我们过去取得了成功，但仍在寻求各种融资渠道，为未来的产品开发和平台扩张提供资金。我们没有足够的资金来支持硬件和软件业务，也没有为长期产品路线图搭建桥梁。

在公司停产之际，其市场上最先进的产品是 Vector，这是一款售价 250 美元的机器人玩具，开创了 Anki "情商"，即感知环境和向附近人类表达情绪的能力。然而，Anki 已经在广告中宣布，它正在制定更具雄心的计划，远至人形女佣。

我们不想沉溺于空谈式批评，但确实想指出我们看到的短期胜利和长期战略之间的潜在不平衡。本书强调了运行时间限制的人工智能项目对组织快速回报的重要性。相反，Anki 将资源从产品开发转移到"未来的人工智能"，这是一个统治世界的总体计划，但从未真正实现。基于人工智能的"日常机器人"愿景已经形成，但它从来没有被分解成可随时间推移而实现的更小部分。

9.5.2 Lighthouse AI

另一个失败故事来自 Lighthouse AI 公司，该公司筹集了 1700 万美元的资金，用于制造一款人工智能驱动的家庭安全摄像头。摄像头使用人工智能从录制的视频中提取有用的信息,并允许你用自然语言询问你外出时发生了什么。例如,你可以问:"孩子们昨天几点到家的?"然后得到的答案便是录像。

听起来很有用,对吧?市场却不认同。正如首席执行官 Alex Teichman 在公司网站上写道:

> 我对 Lighthouse 团队通过先进的人工智能和三维传感技术为家庭提供有用和可访问的智能而完成的开创性工作感到无比自豪。然而,我们没有取得期望的商业成功,并将在不久关闭业务。

尽管从技术角度看,这款产品确实给人留下了深刻印象,但看起来该公司在进入合资企业之前并没有做足够的市场调研和试验。在投入数百万美元研发之前,你可以使用不同的策略来测试市场兴趣;例如,进行众筹活动或收集预订单。很难说这个策略是不是一个确定的解决方案,但你肯定可从这个例子中学到,即使是最酷的技术也不足以创造市场。相反,找出项目最大的商业威胁(首先,人们不愿意购买它),以及设计创造性的策略来管理它们。

9.5.3 应用于肿瘤治疗的 IBM Watson

现在来谈谈另一个关于人工智能失败的宏大案例,即 IBM Watson 在肿瘤治疗领域的失败。2013 年,IBM 发布了一份新闻稿,吹嘘其与一家全球领先的医疗中心合作:

> 德州大学 MD 安德森癌症中心和 IBM 今天共同宣布,MD 安德森正在使用 IBM Watson 认知计算系统来消灭癌症。

短短五年后,*STAT* 杂志(一份专注于健康行业的杂志)回顾了 IBM 关于 MD 安德森癌症中心项目的内部文件,并分享了参与试验的一位医生的一句话:

这个产品很糟糕，我们买它是为了推销，希望你能实现这个目标。我们不能在大多数情况下使用它。

这里发生了什么？这一次，市场需求绝对强劲：地球上每个人都希望看到癌症被根除。我们在这个案例中看到的第一个问题是对长期人工智能愿景的不合理关注。"根除癌症"是一种幻想，因为一家科技公司不可能仅因为它与一家医院达成一项协议就可以单枪匹马地解决这个问题。在此基础上，你将能发现一系列技术错误，因为我们对 IBM Watson 肿瘤学的内部工作原理有所了解。这项医疗技术建立在 IBM 为美国游戏《危险边缘》(Jeopardy)所做工作的基础上，在 2011 年战胜两位人类冠军后，这项技术引起了一些关注。

《危险边缘》是一个智力竞赛节目，参与者收到他们需要猜测问题的答案(基本上是一个反向测验)。IBM 是如何改造 Jeopardy 模型来帮助肿瘤学家的？它从找到合适的数据集开始。其中一个是美国医师协会(ACP)的 5000 个医学问题。以下是数据集中问答对的示例：

问：结直肠癌筛查试验与最高患者依从性相关。
答：粪便免疫化学检测。
问：以结外侵犯和细胞周期蛋白 D1 的过度表达为特征的非霍奇金淋巴瘤。
答：套细胞淋巴瘤。
问：急性精索静脉曲张并发肾癌的机制探讨。
答：睾丸静脉阻塞。

IBM Watson 使用文本数据作为模型的输入和输出。第 4 章介绍了文本数据仍然是人工智能最棘手的部分，那么让我们看看 IBM 在将其技术转移到医院时必须面对哪些具体问题。在 MD 安德森癌症中心，一种血细胞癌"急性淋巴细胞白血病(acute lymphoblastic leukemia)"和"过敏症(allergy)"都经常用缩写 ALL 来称呼。显然，癌症和过敏是两种截然不同的医学状况，但 Watson 无法区分这两种疾病，因为它们使用了相同的首字母缩略词。

此外，Watson 很难兼顾患者的诸多方面，从而导致潜在灾难。例如，它建议一个 65 岁的被诊断出患有肺癌并有严重出血迹象的男性患者应该同时接受化疗和贝伐单抗(bevacizumab)药物的联合治疗。但贝伐单抗可能导致"严重或致命的出血"，不应该用于严重出血的患者的治疗。

我们能从中学到什么？文中出现一些问题：文本数据很难处理，尤其是在极其复杂的上下文中工作时。在用于描述人工智能应用程序复杂性的宽度-深度框架(第 4 章)中，Watson 在宽度和深度方面得分都非常高。宽度很高，因为模型需要理解来自医学领域不同分支的大量单词，以及所有可能的首字母缩略词和缩写词。深度也是非常高的，因为我们要求算法产生一个句子来描述一种潜在的复杂药物组合。

Flatiron Health 首席医疗官、杜克癌症研究所的前癌症研究主任 Amy Abernethy 博士认识到了处理这类数据的挑战。在 2017 年《美国国家癌症研究所》杂志上发表的一篇论文的采访中，她表示："MD 安德森癌症中心的经验告诉我们，解决非结构化数据中的数据质量问题，对人工智能来说是一个超出预期的挑战。"

简化问题的一种方法是将问题作为处理结构化数据的分类任务来降低深度。另一种方法是通过限制特定癌症的应用来减少宽度。通过应用这两种方法，他们将使用一个以数值表示患者信息的表格(例如，"血压=110mmHg")，而不是给算法输入充斥着医学术语的冗长句子。该算法的反应是从许多预先知道的建议疗法中选择一种。这样的项目当然比不上用自然语言进行响应的无所不知的人工智能那么酷，但是我们认为，拥有简单而有效的东西比复杂的不起作用的东西要好。

9.5.4 情感日记

最后，介绍两个在我们的咨询工作中遇到的情况。我们修改了一些细节，以保护客户的隐私，尊重保密协议，但这些例子的教训仍然有效。

第一个例子实际上是避免了灾难。一家医疗保健公司想开发一款应用程序，为正在接受生育治疗的夫妇提供情感支持。这些夫妇不仅因为受孕困难而压力过大，而且给女性开的激素也会对她的情绪产生强烈影响。最初的想法是为这对夫妇制作一个"情感日记"应用程序。每天，都会让他们上传一张笑脸或者愁容满面的自拍照片。算法可以识别情绪，并用一个适当的激励句来回答。在治疗结束时，该应用程序会为这对夫妇经历的情感历程制作一个"日记"，希望以孩子的诞生作为美好礼物而结束。

该公司已经开始收集各种技术供应商的报价，并制定了一个营销计划，在治疗中心推广该应用程序。一天早上，我们发现微软提供了一个"情感检测 API"：这是一个简单服务，可让你向微软的服务器发送私信，服务器运行人工智能算法，并返回他们对此人所表达情绪的评价。我们要求暂停这一策略一天。第二天，我们带着一个与微软服务相关的应用程序原型回来了，里面已经包含几句话来鼓励这对夫妇。

我们带着初始版应用程序去了一个生育中心和用户交谈。判决是一致的：女人们想把手机扔到墙上。我们认为这是一个支持性工具，却被视为对他们隐私和亲密关系的无礼侵犯。她们已经有了压力，也怀疑自己是否会成为母亲；她们最不想要的是一款应用程序要求她们自拍，并给她们一些虚无的励志名言。

我们取消了这个项目，回到原点。快速的原型设计和 API 的使用让我们在开发过程的早期就发现我们即将无路可走。

9.5.5 愤怒的电话

另一个例子是一家需要人工智能算法的公司，它可从语音记录中识别情感。在打电话的过程中，应用程序应该在说话人生气、伤心、高兴或中立的时候做出提示，并提供处理负面情绪的建议。客户找到我们，声称他们已经找到了一家可靠的技术供应商，我们毫不怀疑这项技术，就直接投入执行。我们一起起草了一个全面战略，一个商业计划，并设计了 MVP，集成了第三方技术。一发布 MVP，我们就发现技术供应商的表现与他们声称的效果相差甚远。

显然，该软件是围绕德语使用者的数据集设计的。我们需要把它应用到意大利市场，结果发现愤怒的德国人和愤怒的意大利人听起来完全不同。在承认供应商表现不佳之后，我们深入研究了科学文献，了解了这项任务的最新表现。我们发现，即使是最先进的技术也远远不能达到其他人工智能任务中 90%以上的准确率。我们从中学到了什么？测试、测试，还是测试。总是质疑和验证你所读的。即使一个技术供应商声称有一个很棒的产品，也要花一两天时间来研究最新技术，并测试它能否达到你需要的性能。

9.5.6 销售业绩不佳

在另一个例子中，一家大公司要求我们对其销售数据进行聚类，以发现表现不佳的客户账户。这个请求来自 IT 部门，该部门管理大量数据，并希望证明数据收集工作的价值。我们进行了分析，发现了一批业绩不佳的商店，通过改变销售策略，公司每年可以多赚 850 万美元！大家都很兴奋，所以我们为 CEO 做了一个漂亮的演示。几分钟后他对我们说：" 朋友们，你们并没有告诉我任何新消息。10 年前我们与这些称为业绩不佳的商店做了一笔特别交易；我可以告诉你，他们的利润非常高。你看错了指标。"

结果发现，有问题的商店有定制的批量折扣，预订方式不同，因此没有出现在我们使用的数据库中。我们从中学到了什么？在设计一个人工智能项目时，一定要考虑到商业观点。不要陷入以技术为先的方法设计人工智能项目的陷阱；在考虑算法之前，确保商业价值存在。

你可能注意到，这些初出茅庐的项目解决方案都不是投资于更好的技术。他们需要的英雄不是一个技术高超的数据科学家，而是一个开明的领导者，他能够理解本书中涵盖的原则，并具有领域知识、批判精神和将人工智能引入企业的动力。

这几章介绍了许多真实情况和故事的材料，帮助你在组织中找到并完成有影响力的人工智能项目。你现在已经准备好批判性地思考人工智能如何使企业受益。深呼吸，为最后一章做好准备，我们退一步，讨论你所学的人工智能工具将如何塑造未来的社会。

9.6 本章小结

- 在构建人工智能项目时，你必须决定是构建技术、从技术供应商那里购买，还是通过结合使用第三方技术和数据来借用解决方案。
- 精益人工智能战略通过指导你进行构建/购买/借用，帮助你将实施风险降至最低。
- 人工智能良性循环使你能通过利用产品收集的新数据来不断改进人工智能模型。
- 人工智能不是万能的。无数公司在人工智能方面失败了，这通常是因为战略不力或市场缺乏对其基于人工智能的产品的兴趣。

第10章

人工智能的未来

本章内容包含：
- 人工智能对社会可能产生的负面影响
- 人工智能重塑人类最有前景的方式
- 人工智能对特定行业的破坏潜力

　　这是本书的最后一章。到目前为止，你已经拥有了所有的工具来理解什么是人工智能，以及最重要的算法家族可用来做什么。我们分享了和业界领袖通过构建人工智能项目所学到的经验教训。然而，就像爬山不停下来看看风景就不完整一样。如果没有对人工智能的未来有更广泛的了解，我们的旅程也不会完整。由于你对人工智能的技术和企业方面的最新认识，你现在希望能取得突破，批判性地思考这项技术在未来5~10年内将如何塑造社会。

　　本书关注的是人工智能在企业边界内能做些什么。本书最后一章更具哲理性，将讨论的视野扩大到整个社会。为使前景尽可能平衡，我们决定从威胁和机遇的角度来讨论。本章还包括一些你应该注意的行业特定趋势的回顾。请记住，讨论的这些想法是我们自己的，我们鼓励你挑战这些想法并进行批判性思考。

10.1 人工智能如何威胁社会

每当人类开发出突破性技术时,都需要一段时间才能意识到它的潜在风险和缺点。你有没有看过二战后那些过于乐观的核能广告?据推测,我们都将使用原子灯泡和浓缩铀的早餐。20 世纪 40 年代的第一架喷气式飞机有方形窗户,因为它们更容易制造。经过几次碰撞,工程师才意识到尖角常导致机身出现致命裂缝。似乎一些生理上的偏见促使我们忽视了新技术的缺点。

我们不应该在人工智能上犯同样的错误。当今软件产品最重要的特征之一是,它们非常容易扩展,可以为数百万甚至数十亿人提供服务。想象一下,如果一个误导性的、有缺陷的或者完全危险的人工智能应用程序被分发给数十亿人会发生什么。结果将是灾难性的。

幸运的是,我们已经有了一些这样的例子。2016 年,微软发布了一款聊天机器人,可以根据人们发送的推文学习发推特。不到一天,这个机器人就变成一个十足的种族主义者。如果说这个实验能告诉我们一些东西的话,那就是人工智能很快就会出问题,这就是为什么了解这些技术的弱点并在设计产品时考虑到这些是很重要的。

本节重点介绍我们认为当基于人工智能的产品和服务开始获得临界量时,社会和企业将面临的主要威胁。作为技术专家和乐观主义者,我们在这里疾呼:我们的目标是给你知识,你要形成自己的观点。

10.1.1 偏见与公平

在第 8 章中,我们警告过大家有偏见(或不平衡)数据的危险,以及它如何经常导致类似的有偏机器学习模型的开发。本节对这个问题的社会和伦理影响进行更深入的讨论,来结束这一技术性报道。

一般来说，你应该意识到两种类型的偏见：
- 训练分布偏差
- 标记偏差

第 8 章介绍了一个训练分布偏差的例子，讨论了一个计算机视觉模型，它很难区分绵羊和绿地。因为大多数羊的例子都有草的背景，所以模型学会了这样的幻觉，即使是在没有羊的田野里。模型也标注出羊。你可能认为这种偏见没什么大不了的。它所能做的最坏事情就是惹恼用户，降低模型的准确性，对吧？再想想。

亚马逊人工智能部门开发了一个自动选择求职者的人工智能模型。训练集是通过将现有员工的简历与在职绩效评估结果相匹配得到的。然而，众所周知的是，科技公司存在性别差距问题。根据麦肯锡公司和 Pivotal Ventures 2018 年的一项研究，"重新启动代表权：利用企业社会责任和慈善事业来缩小科技领域的性别差距"，只有 26%的科技员工是女性。对于高管职位，这一比例降至 11%。

既然你对机器学习有了更多了解，那么大概可以猜出当 HR 数据被输入机器学习算法时发生了什么。由于目前劳动力中的大多数"正面"例子(因此在训练数据集中)都是男性，该模型将发现男性是良好工作绩效的预测因素。即使是在人工智能中，性别模糊的问题也解决不了。例如，在英格兰，只有 5.6%的足球俱乐部成员是女性。这意味着，模型可以很容易地发现，在简历中列出足球的任何人都很可能是男性。

语音识别是另一个训练偏差会毁掉整体的领域。字幕电影是一个很好的数据来源，可以用来训练将口语对话转录成书面文字的算法。然而，事实证明，大多数好莱坞演员的发音都是完美无瑕的。移民和以英语为第二语言的人会发现，模型很难识别自己的声音，因为他们的口音在训练数据集中没有得到很好的体现。只要这些系统部署在多余的产品(如 Siri 语音助手)上，就没什么大不了的。但是，当它们开始成为我们生活中必不可少的一部分时，会发生什么呢，比如在汽车或政府办公室？如果这些算法不能理解移民的带有口音的英语，他们必然会受到歧视，失去获取信息的机会。

影响人工智能系统的第二种偏差是"标记偏差"(labeling bias)。关于人工智能的日常叙述的一部分是,机器将变得更公正,因此比人类决策者更少歧视。相反,机器学习模型只是学习复制在其训练数据集中出现的相同偏差。

关于本问题的另一个示例是替代性制裁的惩罚性罪犯管理分析系统(Correctional Offender Management Profiling for Alternative Sanctions,COMPAS),该系统由美国法院用来帮助法官量刑。基于机器学习的系统估计被告将来再次犯罪的"风险",并建议对更可能犯罪的人判处更严厉的刑罚。原则上,COMPAS 是一个好主意,可减少司法系统中的种族和社会偏见。然而,独立非营利组织 ProPublica 在 2016 年发表的一篇文章"机器偏见"报道说,这一系统对有色人种的歧视非常严重。虽然我们对 COMPAS 是如何设计和实现的还没有直接的见解,但似乎用于训练模型的数据集本身就对有色人种有偏见,因为它是基于以前的司法判决。也就是说,使用从人类决策中获得的训练数据构建的模型与最初做出这些决策的人一样有偏见。在讨论人工智能的伦理含义时,偏见和公平经常一起出现,因此很容易混淆。你可以把偏见看作一个数学问题。数据集或算法可能偏向于特定的特征,但这不一定是个问题。此外,"公平"是一种社会结构。

想象一下,我们正在构建一个算法来帮助一个足球队根据前一个赛季表现最好的球员来选择自己的球员。这个算法很可能偏爱年轻力壮的玩家,而不是年长、超重的玩家。这种行为肯定会偏向健康的年轻人。我们会说这不公平吗?大多数人不会这么认为,社会承认足球运动员必须年轻和健康,而具有这种行为的算法将被认为是有效的,不会特别不公平。现在设想一个类似的算法,负责为一家科技公司的人力资源部门做出招聘决策。如果它继续选择年轻健康的男性而不是其他人口统计数据,我们肯定认为这是不公平的。

不过,并不是所有希望都破灭了。通过选择如何分配标签,我们间接地决定了希望在算法中鼓励的行为类型。如果我们正在为人力资源开发算法,并根据以前的人力资源决策来分配标签,我们就是在促进人力资源决策的简单自动化,这可能受到以前人力资源经理的偏见的影响。另一方面,如果我们能找到一种根据员工绩效来分配标签的方法,我们就是在推动高绩效员工的选拔。同样的方法也可用于其他微妙的、可能改变生活的决定:

- 根据人们实际偿还贷款的方式(而不是前银行官员的决定)来决定贷款的资格。
- 根据人们的实际健康状况(而不是保险公司过去的决定)做出健康保险决策。
- 评估囚犯出狱后犯罪的风险是基于以前被释放的囚犯的历史行为,而不是法官过去的假释决定。

请记住,更聪明的设计选择和偏差感知标签可能不是一个完整解决方案。许多其他形式的歧视可能影响一个人的生活,从而以微妙的方式给数据注入偏见。例如,即使我们考虑到员工的实际表现,但由于偏见,女性得到的升职机会也会减少,这种偏见会泄露到数据中,算法也会学习到这一点。

这个问题的解决方案是在使用数据构建和部署人工智能应用程序之前准确地分析数据,这也许并不奇怪。研究人员正在努力建立能够自动发现数据偏差的复杂力学模型。与此同时,我们需要提出正确问题,并对数据可能隐藏的社会偏见形成敏感度。

偏差和公平性是我们投入大量精力帮助你理解数据如何影响机器学习算法的最重要原因之一。因为我们希望你能成为人工智能时代的主角,所以你必须意识到这些威胁,并努力构建服务于所有人的技术。

10.1.2 人工智能与就业

人工智能对就业的影响充斥了整本书,但仍然给我们留下未经检验的假设和未答的问题。这一小段距离完整的答案还很远，但我们还是想提供一些思考，帮助你围绕这个复杂的主题发展自己的思考。

首先，请注意，本书讨论了"任务"。正如你所了解到的，现代机器学习非常适于解决定义非常明确的问题，具有非常具体的输入和输出。这意味着我们应该把叙述从"人工智能将取代人类的工作"改为"人工智能将取代人类的任务"。

现在，有些工作非常简单，可以简化为一项任务；这些工作有可能完全消失。卡车司机就是一个例子，他们把大部分时间都花在驾驶上。正如你所了解的，自动驾驶技术在过去几年里取得了一些惊人的发展，可能很快就能完全取代人类驾驶。这意味着有一天，机器将能完成卡车司机花费 90% 时间的任务。

我们应该问自己一个问题：如果一个工作可以简化为执行单一的任务，因此可以接受今天的人工智能，我们确定它首先适合人类吗？我们会毫不犹豫地部署机器来接管危险的工作，比如检查核电站或监测海上石油钻井平台。然而，有些工作在不危及人身安全的情况下摧毁了人的灵魂。例如，某家公司有多名工人跳楼自杀。我们认为，任何工作都不应该如此压抑灵魂，以至于迫使人类自杀，如果这些工作被没有灵魂的机器接管，人类可能会过得更好。

毕竟，历史上充斥着手工劳动被机器取代的故事。人们可以很容易地得出这样的结论：过去的技术革命，如蒸汽机或复印机，最终推动了经济增长，提高了许多人的生活质量。

然而，这些眼花缭乱的论据似乎并不能说服那些工作岌岌可危的工人。据推测，人工智能将取代一些工作岗位，但也会创造一些新的工作岗位。这是真的，不仅仅是数据科学家和机器学习工程师这样的高技能职位。事实上，一个新的不断增长的趋势是培训人们标记机器学习任务的数据。例如，在硅谷，每一家拥有数百名工程师的自动驾驶汽车公司，都有数千名贴标工人在查看录像，并创建训练数据集。不过，说实话，这些新的工作岗位不太可能像被人工智能扫地出门的那些工作一样多，薪水也不高。

我们的观点是，我们需要考虑其他行业，这些行业可以吸收其他更容易自动化的行业的失业人员。具体而言，医疗保健和教育是两个重要的行业，在过去十年中，即使面对日益增长的数字化和更高效的流程，其成本也在不断上升。例如，根据圣路易斯联邦储备银行的研究，目前上大学的成本增长速度几乎是工资的 8 倍。医疗保健方面的情况似乎并没有好转；《美国医学会杂志》(JAMA) 报道，从 1996 年到 2015 年，美国的医疗开支增加了近 1 万亿美元。我们希望，交通运输和制造业等行业因自动化而失去的工作岗位，能够被那些需要"人手"的行业吸收，而这些行业永远不适合完全自动化。然而，这些现象背后的动力极其复杂。

我们开始讨论时强调人工智能将取代任务，而不是工作。与被完全取代相比，大多数工作将以更微妙的方式受到影响。我们期待着"人工智能增强"工作或"人工智能辅助"工作的增长，即人工智能帮助人们更快、更好、更愉快地完成工作。

第 5 章关于 Translated 的案例研究中展示了两个例子。该公司利用人工智能帮助项目经理根据具体的工作要求对数千份简历进行排名，从而为翻译任务挑选最佳翻译。还为专业翻译人员提供了第一次翻译尝试，让他们可以自由地更正，并将精力集中在选择正确的单词上。据 Translated 联合创始人 Marco Trombetti 称，这项技术确实受到了翻译人员的赞赏：

技术不仅为我们创造了很多机会，也为翻译人员创造了很多机会，最终不再一次又一次地纠正同样乏味的东西，而是把时间用在追求更人性化、传达文本的真正含义、更具说服力和创造性。

事实是，目前，人工智能正在改善我们的工作方式，而不是把人抛弃到大街上。

10.1.3 人工智能过滤器气泡

像 YouTube 和 Facebook 这样的在线平台已成为接收世界新闻和评论的主要媒介。鉴于这些平台上的内容数量基本上是无限的，算法决定了我们看到什么，我们看不到什么。从某种意义上说，推荐系统承担了信息的主要把关人角色。想想看，你观看 YouTube 结果第 10 页上一段视频的概率有多大？不管是好是坏，算法决定我们要消费哪些内容。

事实上，个性化会变得如此极端，以至于媒体消费者被困在一个过滤气泡(filter bubble)中，他们消费的所有内容都是根据其信仰和世界观来选择的。这个词是由互联网活动家 Eli Pariser 在 2010 年发明的，当时他注意到朋友们的社交媒体上要么支持民主党，要么支持共和党，但很少同时显示两者。更一般地说，过滤气泡描述了推荐系统，这些系统已经非常精确地调整到用户的偏好，以至于他们根本就不呈现任何反事实的内容。想象一下，你在 Facebook 上加入几个 Flat Earth 小组，然后你的新闻提要充斥着与 Flat Earth 相关的内容和热情的评论。不久，我们容易产生偏见的大脑就会开始严重夸大社区中的 Flat Earth 小组人群的数量。事实上，过滤气泡的另一个常见习语是回声室效应(echo chamber)，因为自动推荐的内容和社交互动倾向于强化现有的心态，而不是用对立观点挑战你。

类似情况也发生在 YouTube 身上，它的推荐引擎被指控通过关注越来越极端的视频来助长极端主义。《纽约时报》有一篇著名的报道说，开始看关于素食主义的视频会产生关于素食主义的建议，就像关于慢跑的视频会导致对马拉松赛跑的推荐一样。更令人担忧的是，同样的动态也适用于更敏感的领域，比如关于政治或暴力的错误信息或假新闻。事实上，许多社区已经开始向 YouTube 和政府表达担忧，要求对网站上发生的事情进行更多监管。

从技术角度看，你应该意识到这些问题都不是技术本身固有的。许多推荐算法都基于相似性，无论是跨不同的项目还是社区中的其他用户。

YouTube 的工程师们没有调整"仇恨言论"按钮来提高网站的参与度。相反,这些极端的动态是商业目标的直接结果,而商业目标首先推动了推荐系统的采用。这些算法旨在提供我们可能参与的内容,不管我们喜不喜欢,我们都希望看到自己同意的内容。当兴趣开始转向一个主题时,任何进一步的建议都将开始集中在这一个主题上,从而导致我们消费更多内容,产生更具针对性的建议等。图 10-1 描述了这种恶性循环。

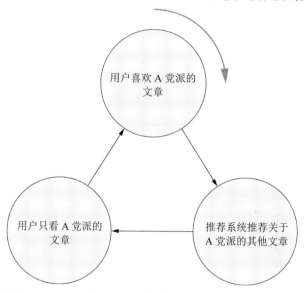

图 10-1　推荐系统在决定日常媒体消费方面拥有如此强大的力量,以至于可在社交媒体中制造极端主义泡沫

推荐系统只是没有抽象能力来理解,向 20 多岁的客户推荐假牙是一个愚蠢的商业想法,但展示政治辩论的双方对于一个健康的社会是至关重要的。相反,他们对待后者就像对待前者一样,把人们拉进一个越来越大的过滤气泡里。

在 2016 年美国总统大选和英国脱欧公投后,各大社交媒体平台都加强了对激进和极端主义的打击力度。而解决方案很可能是在混合中加入更多人工智能。在当今主要社交媒体网络的大规模运作中,依靠人类来控制虐待和不道德行为是不可行的。相反，自然语言处理和可视化人工智能模型可用来自动处理和阻止禁止的内容。

核心问题仍然存在：要向公众提供健康饮食信息，需要人们阅读他们同意和反对的内容。然而，向人们展示他们不同意的内容对商业没有好处，所以这个问题仍然悬而未决。

10.1.4　当人工智能失败时：边角案例和对抗攻击

二战后，当第一批航空公司开放民用运输时，飞机是不可靠的，坦率地说，飞机是危险的野兽。由于对军用飞机的使用经验有限(由于明显的原因，其寿命不长)，工程师们未能很好地理解飞机在运行过程中会发生的故障，如发动机失火、机身裂纹等。接下来几十年里，他们汇集了足够的知识、理论和经验，使航空旅行成为我们今天享受的极为安全的交通方式。当人类开始在生死关头依赖人工智能，比如医疗保健或自主交通，我们对人工智能局限性的理解需要相应地增长。本节将教你人工智能的两种重要失效模式，即"边角案例"(corner cases)和"对抗攻击"(adversarial attacks)。

如今的人工智能以机器学习为基础，从海量数据中学习浅层统计相关性的能力中汲取力量。然而，目前已知的算法或系统没有显示出人类所具有的泛化和逻辑推理能力。人们可以说人工智能算法非常关注细节，但当涉及从其知识中得出明显结论或处理非典型情况时，它是"愚蠢的"。以特斯拉自动驾驶仪为例，它可以在高速公路上无缝行驶数百英里，但在2017年却发生了车祸，因为它把一辆漆得很浅的卡车误认为是一片蓝天，直接驶过了它。没有人会把卡车上的天空图片误认为是真实的天空，然而，当今最先进的技术之一却识别错了。这些都是边角案例：在训练数据中很难找到，而且模型可用愚蠢的方式解释的罕见情况。

除了收集更广泛和详尽的数据集，开发更健壮的模型外，我们对边角案例无能为力。然而，说到人工智能模型带来的灾难，边角案例并不是我们唯一应该关注的问题。还有一个更微妙的风险存在：对抗攻击(adversarial attack)。结果表明，有进取心的研究人员已经找到了"混淆"神经网络的方法，并产生视觉干扰(见图 10-2)，而神经网络几乎 100%的时间都会错误分类。换言之，他们已经找到了一些方法来产生一种看似随机的色斑，而模型却一直将其归类为真实物体，如汽车或披萨。人们可以想象用打印出来的图 10-2 来使该地区的自动驾驶汽车瘫痪。更微妙的是，看似无害的对抗图片可以被注入在线内容，迫使其被归类为恶意内容。

图 10-2　目标检测模型可正确识别左侧的 Gianluca。然而，Nicolò 持有的彩色图像专门用于混淆模型，使其无法检测到他

对抗攻击的产生和防御的研究仍在进行中。边角案例和对抗攻击是

同一枚硬币的两面，我们不能相信机器学习模型的输出，需要找到保护社会免受其错误影响的方法。

保护自己不受这些问题影响的一个修补程序是使用不基于人工智能的冗余系统。例如，在自动驾驶汽车的情况下，许多公司使用传统的雷达来检查汽车行驶路线上是否有物理障碍物。不管汽车的人工智能是否将摄像头发出的信号解读为蓝天，如果雷达检测到物体，你最好停车。尽管这些解决方案可以提供一些保证，但它们仍然是修补程序。从本质上讲，人工智能的一些应用程序仍然不够鲁棒，无法部署在潜在的危险应用程序中。

10.1.5　当人工看起来真实时：人工智能生成的虚假内容

第 4 章和第 5 章都是从能够理解媒体和语言的人工智能模型开始的，但也展示了可以同时创建这两种模型的算法，例如将斑马的照片变成马的照片。这是令人兴奋的，因为它完善了人工智能的能力，允许我们建立创造性的(而不仅是分析性的)应用程序。然而，这些创作现在是如此现实和令人信服，以至于对于想要伪造"现实"的恶意演员来讲，它们是一个强大的新武器。

也就是说，这是人工智能带来规模优势的另一种情况：现在制作虚假内容既容易又便宜，社会需要面对它被用于不道德目的的风险。第 5 章没有告诉你的是，OpenAI 最先进的文本生成模型 GPT-2 最初并没有向公众发布。该模型生成的文本非常有说服力，以至于研究人员担心坏人利用它在互联网上发布无意义但诱人的内容(单击诱饵)。他们决定发布一个功能不那么强大的模型，等待 NLP 社区赶上并开发出能识别这些虚假内容的模型。

其他参与者就没那么认真了。事实上，最早一次宣称"生成网络"的是 2017 年，匿名的 Reddit 用户 Deepfakes 发布了几段以名人为主角的色情视频。那些明星实际上从来没有在这些视频中出演过。相反，

Deepfakes利用"生成网络"将著名女演员的面部特征应用到现有材料中，粗略地复制和粘贴她们的面部和表情。Deepfakes关注名人是因为有了训练数据(很容易找到成千上万的名人照片)，但同样的技术也可以用于我们的爱人甚至政客。

如何避免虚假内容的传播？好吧，因为可扩展性既可以是问题，也可以是解决办法。随着算法在生成虚假文本和虚假图像方面越来越出色，能够识别它们的算法也越来越出色。这是一场谁想骗我们，谁想保护我们的军备竞赛，而这场战斗中的武器都是复杂算法。当我们的感官停止辨别真实和非真实时，唯一能做的就是向算法寻求帮助。

10.2 人工智能在社会中的机遇

从某种意义上讲，本书致力于探讨人工智能的力量和潜力，本节不再重复。相反，我们将关注人工智能对社会的更高层次的影响，而不是对单个企业的影响。

10.2.1 技术民主化

最近人工智能技术的上升很大程度上是由技术和知识的民主化推动的。第1章已经介绍了过去20年人工智能发展的驱动因素：可用的大量数据和廉价的计算能力。

此外，还必须提到开放研究和开源软件在过去几年中所起的作用。人工智能社区是非常开放的，正如第8章中所介绍的，可以在arXiv这样的平台上找到免费发布的最新研究成果(https://arxiv.org)。开放式研究是人工智能发展的一个令人难以置信的催化剂。把你自己放在一个需要解决复杂机器学习问题的研究员的立场上：可以免费获得由领先的人工智能团队发表的大量研究论文。通常，这些论文都附带了代码和数据，因此每个人都可以自己尝试算法，并根据需要进行调整或改进。

正如开放研究允许每个人自由获取知识一样，开源代码工具也允许免费访问最先进的工具。像谷歌和 Facebook 这样的大型科技公司争先恐后地构建自己的机器学习框架，使开发人员能够快速高效地构建机器学习算法的软件库。为了更容易吸引人才，这些企业有很大的兴趣将自己的框架作为标准。例如，谷歌在营销其名为 TensorFlow 的机器学习框架上投入了大量资金，以至于我们经常听到企业高管将其称为"必备"技术。

如果数据的可用性、廉价的计算能力、开源研究和工具是过去 20 年推动人工智能向前发展的因素，那么在未来 20 年里，什么会推动人工智能的发展呢？

数据可用性和计算能力的激增尚未耗尽，它们将在未来几年继续推动人工智能创新。然而，我们已经开始看到第一批公司和研究机构从其开放性中退一步的例子。上一节提到 OpenAI 由于担心恶意参与者而推迟了其语言生成模型的发布。

即使公开研究的发布可能会放缓，其他因素也在发挥作用。人工智能的瓶颈之一一直是人才的匮乏，很难找到具备合适技能的人来从事人工智能。值得庆幸的是，越来越多免费、高质量的在线人工智能课程已经帮助数以万计的人掌握了人工智能。这一趋势将持续下去，为人工智能领域培养急需的人才。

我们也对为非技术人员开发机器学习工具感到兴奋。例如，谷歌引入了一个叫做 Cloud AutoML 的工具，以扩大从机器学习算法中获益的客户群。由于机器学习模型开发中最棘手的任务的自动化，它拥有更简单的用户体验。你可以这样想，在 Excel 问世之前，使用计算机的唯一方法就是学习编程语言和编写代码；有了 Excel，突然有更多的人掌握了创建一个用于记账、时间跟踪或其他一千种用途的工作簿的技能。同样的情况也发生在人工智能和 Cloud AutoML 等产品上。

不难想象，将来不必编写任何代码就可构建一个完整的机器学习产品。本书的前提是，你的工作是设想新的基于人工智能的产品，让数据科学家来接管，但你很可能很快就能用更好、更简单的工具来处理整个过程。如果我们能做到这一点，人工智能项目的进入门槛将基本为零，唯一瓶颈就是你对新项目的创造力和灵感。

10.2.2 可扩展性

人工智能最吸引人的承诺之一是，它将使知识和专业知识的边际成本非常接近于零，向那些事先负担不起的受众开放产品和服务。它们非常便宜，谷歌甚至可以随时免费翻译网页。就像价值10美元的智能手机首次让10亿人上网一样，想象一下1美元的人工智能医生、教师或律师能为世界做些什么。当收集数据和开发一个模型的投资完成后，继续运行它的可变成本非常低(基本上只是计算能力，它一直在变得越来越便宜)。

如果谷歌将知识和搜索民主化，并免费提供给地球上任何与互联网相连的人，那么更先进的人工智能技术将保证在洞察力和智能方面也能做到这一点。世界上许多经济体正因缺乏知识和熟练劳动力而受到阻碍，这些劳动力不容易出口或培训。相反，想想贫穷国家的学龄前儿童可以使用基于人工智能的工具，当没有足够的教师来教他们读写的时候。那么，自适应工业控制算法在技术工人匮乏的欠发达地区实现工业化怎么样？

可扩展性的潜力也不局限于发展中经济体。在世界上大多数国家，许多基于知识的产品和服务由于其价格结构而受到限制。有多少癌症患者因为一年只看一次医生而没有得到足够早的诊断和治疗？每天(甚至每小时)用可穿戴传感器给他们做一次基于人工智能的初步检查怎么样？如果每个人都能得到这样的服务，还能挽救多少人的生命？

与可扩展性概念密切相关的是人工智能的良性循环。基于人工智能的产品更便宜，因此可以在更大范围内进行部署和销售，从而积累更多数据，进一步提高产品的质量，使其对用户更具吸引力。

10.3 人工智能在工业领域的机遇

本节将挑选出我们认为在不久的将来,人工智能最可能改变和破坏的行业。当然,这个列表并不是详尽无遗的,它的目的是让你了解不同领域发生的事情,以及一些培养批判性思维的要素。我们鼓励你不要把这一节当作福音真理,而是把它作为一个起点,你可以凭借背景和新发现的人工智能知识来建立新列表。

第 7 章试图找到客观标准来评估人工智能项目的潜力。我们的结论是,这种潜力与它在多大程度上利用了人工智能的两大优势——可扩展性和准确性直接相关。我们可以很容易地将同样的标准用于整个行业。毕竟,一个行业的颠覆可能被视为来自一个或多个公司的众多人工智能项目的复合效应。

在人工智能项目的背景下,"准确性"是衡量企业从某项任务的准确性提高中获益的程度。要将精度因子应用于整个行业,请将其含义扩展到构成该行业的一组核心流程。例如,一个很大程度上数字化并且已经很有效率的部门,可能不会从人工智能带来的准确性提高中获得什么好处。此外,人工智能影响最大的依然是那些以低效和无效技术为特征的行业。

"可扩展性"也是如此。当谈到单个人工智能项目时,比例因子衡量的是当任务通过人工智能自动化时所带来的积极影响。现在我们正在分析整个行业,该标准同样适用。如果一个行业经常通过手工执行的"粗糙"过程来运作,那么人工智能很可能造成冲击。

在人工智能项目的背景下,我们还根据企业的准备情况对项目进行评估和排序。同样的概念也适用于整个行业。正如你现在所知,现代人工智能很大程度上依赖于大数据集的存在来训练机器学习模型。如果一个行业仍然由类比过程(也就是笔和纸)驱动,那么在人工智能能够发挥作用之前,它将不得不经历痛苦的数字化工作。另一方面,已经投资于数字化和数据管理的行业可以立即开始应用人工智能。注意,这并不意味着技术准备程度低的行业人工智能的潜力很低。低技术水平告诉我们的只是，颠覆性的改变需要更长时间。

10.3.1 社交媒体网络

在某种意义上，我们可以说，社交媒体网络是当今人工智能投资激增背后的主力军。通过让数十亿人上网，他们允许研究人员收集开发高级人工智能模型所需的大量数据集。同样庞大的用户群也为低风险实验提供了一个巨大平台，比如自动人脸识别和推荐系统。

社交媒体用户产生了本书中探讨过的所有类型的数据，从关于广告、用户流失和激活的核心业务数据到庞大的文本和图像数据集。我们可以将两大类应用程序分开。

- 提供社交媒体平台的主要目的：让广告商接触到合适的用户。
- 提供服务。

第5章介绍了情感分析，这是NLP工具箱中的最基本工具之一。社交媒体为大规模部署情感分析提供了理想平台，因为与公众的互动对公司来说具有巨大价值。然而，这个信息已经很老旧了。如今的社交平台使用人工智能算法来模拟用户的行为和兴趣，以优化营销信息和广告活动。在此情况下，人工智能的准确性将继续推动内容推荐和广告投放的效果。

本章前面讨论过个性化威胁。这种情况下，我们希望关注人工智能的规模潜力提供的机会。第一个应用是自动防止和检测滥用：Facebook和其他社交媒体巨头已经部署了可以检测不道德和滥用内容的模型，并防止这些内容在其网络上被分享。

例如，每一个主流社交网络都使用人工智能，在将内容上传到该平台并为数十亿用户提供服务之前，自动识别暴力或色情内容。想象一个没有人工智能的世界，每当你发布一幅图片或一段视频时，坐在办公室里的人必须检查它是否合适；那样的话，社交网络根本就不存在(即使存在，也充满了人类的各种堕落)。计算机视觉算法实现了这种大规模的检查，它们在保证社区安全方面做得非常好；例如，在 Facebook 上很难发现暴力或色情内容。

虽然内容个性化和适度化已经变得老生常谈，但我们还是求助于一位专家来设想人工智能和社交媒体之间的未来关系。我们询问了曾与许多知名机构合作过的意大利社交媒体营销人员卢卡拉·梅萨(Luca La Mesa)对未来趋势的看法。他强调了一个正面的故事，Facebook 的安全检查功能使用 NLP 模型来扫描消息并发现自杀倾向的早期迹象。人类专家手动审查由该算法标记的案例，并在适当时向当局发出警报。

但他也引用了《华盛顿邮报》的吉利安·布洛克(Gillian Brockell)报道的更险恶的一幕。怀孕期间，布洛克在社交媒体上发布了"怀孕 30 周"或"孩童大爆炸(babybump)"等标签。这些算法在她的帖子上找到了线索，并针对她投放了婴儿用品广告。然而，后来布洛克流产了，但即使她在谷歌上搜索"假宫缩"或"婴儿不动"之类的词汇，她仍然被婴儿产品广告盯上，这些广告只会让人伤心。她唯一能阻止的方法就是给推特写一封公开信。

正如卡拉·梅萨告诉我们的，人工智能似乎总是将其规模优势带到人类互动的更深层次。如果说屏蔽暴力内容是我们所有人都期待这些平台提供的"必备"功能，那么 Facebook 的安全检查是一个漂亮的附加功能，让许多人未曾料想到。没有人期望社交媒体平台能够提供这样的服务，唯一可能的原因是人工智能极大地提高了处理文本数据的能力。卡拉·梅萨提到的反面例子再次证明人工智能根本不适合边角案例。希望这些算法理解文本的深度会不断提高，像布洛克这样的案例也会越来越少。

10.3.2　医疗健康

医疗健康是一个极其复杂的部门，有许多具体的挑战、多个利益相关者和复杂的监管环境。在如此广泛的行业中，分解单个应用程序是很有帮助的。人工智能将在三个主要领域影响卫生保健：
- 诊断
- 药物发现
- 运营效率和新的护理模式

表 10-1 列出了这三个领域在精确性、可扩展性和技术准备方面的叠加情况。

表 10-1　人工智能在医疗健康中应用的潜力和技术准备情况分析

	精确性	可扩展性	技术准备
诊断	高	高	低
药物发现	高	高	指数增长
运营效率和新的护理模式	高	高	低

利用人工智能改善医生诊断疾病的方式，可能是人工智能最理想的应用之一。世界上医生的数量有限。像所有人一样，医生依赖于生活中看到的有限数量的例子、模糊的数据和相当多的直觉。

试想一下，每次 Netflix 向你推荐一部电影，它都在使用数百万个数据点和世界级数据科学家多年来不断改进的最新技术。每次医生给你开治疗处方时，他们的决定都是基于几年的训练，也许是几百名他们治疗过的类似症状的人，以及一组非常有限的数据。Netflix 在推荐电影方面比医生推荐药物要复杂得多。很明显，一个以数据驱动为主导的诊断和处方方法可起到很大作用。

使用人工智能来提高诊断肯定具有较高的准确因子。我们都同意，如果我们有机会提高其准确性，人类将受益匪浅。这个特定应用程序也可以有一个大的比例因子。虽然人工智能很可能用来支持医生，而不是取代他们，但世界上有些地区根本没有医生可用。在此类情况下，人工智能医生在大规模提供基本医疗健康方面大有可为。

世界上最富裕的国家也是如此,但对于那些不常由医生治疗的疾病。皮肤病就是一个例子。以痤疮为例,正如创业公司 MD Algorithms 报告的那样,90%的痤疮患者从来没有看过皮肤科医生。这是一个机会,该公司通过建立计算机视觉算法,可根据一张自拍照诊断出患者的粉刺类型。

然而,访问数据可能是阻碍这些应用程序的主要因素。大多数医疗过程仍然是模拟的(你见过多少次医生拿着纸和笔走进医院?)。即使最近对电子健康记录(EHR)的推动在某种程度上改善了这种状况,该行业仍然必须面对数字化管道的影响。

此外,仅有的少量数据是零散的,因为不同的利益相关者(包括医院、付款人、国家医疗保健服务和制药公司)各自只拥有患者临床病史的一部分。换言之,这具有巨大潜力,但让所有玩家都合作起来是很困难的。

第二大扰乱医疗保健的领域是药物研发。这种情况下,引起混乱的主要原因是发现一种新药的价格呈指数增长。从 1950 年到 2010 年,制药行业的研发成本飙升了近百倍。

此外,DNA 测序的成本呈指数级下降。第一次全人类基因组测序在 2003 年花费了大约 27 亿美元。到 2006 年,费用降到 30 万美元。2016 年的成本约为 1000 美元,但仍没有任何迹象表明它会停止下跌。这意味着现在可以廉价地生成大量基因组数据。

生物数据的广泛可用性是使人工智能能够窥探人类基因组并帮助设计新药的第一步。无论是小型初创企业还是大型企业,都会踏上这趟列车。2018 年,辉瑞与腾讯和谷歌等科技巨头支持的人工智能初创企业 XtalPi 达成了战略合作伙伴关系。其目标是预测小分子的药物特征并开发"基于计算的合理药物设计"。辉瑞并非孤军奋战,诺华、葛兰素史克、赛诺菲、安进和默克等大型医药企业也宣布了与人工智能初创公司的合作伙伴关系。目的是将领域知识、数据和资源与小型初创公司的人工智能技能相结合，以发现一系列疾病的候选新药。

人工智能辅助的药物发现仍处于早期阶段，但回报非常有前景。它的准确性和可扩展性都非常高，因为能以更低价格和更快速度开发出更有效药物将对公众健康产生巨大影响。DNA 测序成本的不断下降表明，技术准备水平也在迅速提高。

最后，人工智能还可解决医疗健康的商业方面，而不仅是医药方面。众所周知，医疗健康是一个效率低下的部门，许多利益相关者有着不同的动机和做法，但并不总是符合患者的最佳利益。

随着人口老龄化和成本的不断增加，政府正努力转向以价值为基础的服务模式：一个以病人为中心的系统，激励医疗服务提供者以最低成本提供最好的护理。这与"按服务付费"模式形成鲜明对比，即服务提供者根据所提供服务的数量按比例支付报酬，从而产生了导致浪费的激励措施，而不是总是为患者带来最佳结果。

想一想，当你去看医生的时候，大多数时候他们会给你做一大堆检查，你、保险公司、国家医疗保健服务机构都会为此买单。通常，这些检查的结果只会让你进行更多检查。

现在，每次你去看医生，描述症状，很可能世界上其他人有着非常相似的临床病史和非常相似的症状，并经历一系列检查。如果你还记得第 6 章讨论的推荐系统，它看起来像是人工智能的一个潜在应用，可以帮助医生找到最好的诊断或检查路径，节省资金、时间，并可提高病人的护理质量。

显然，在我们走上这条路之前，必须对整个系统进行一些深入改革。这种转变很可能遥遥无期，与其说是因为技术限制，不如说是因为整个系统尚未准备就绪。然而，这种潜力如此之大，我们相信这种转变无论如何都会发生。

10.3.3 能源

在技术、经济和环境因素的共同作用下,能源生产和分配正在经历一场实质性变革。随着规模经济在不需要补贴的情况下降低价格,可持续能源终于开始有商业意义了。与此同时,电动汽车在许多国家越来越普及,智能传感器越来越便宜,越来越多地用于建筑物和工厂。

表 10-2 列出人工智能在能源领域的两个关键应用:负载平衡和能耗优化的精确性、可扩展性和技术准备系数。

表 10-2　人工智能潜力和人工智能在能源领域的技术准备度分析

	可再生能源生产预测		
	精确性	可扩展性	技术准备
负载平衡	高	高	高
能耗优化	高	高	高

如果你不熟悉能源市场的运作方式,这里有一个简短的入门课程。储存电能以备日后使用仍然困难且昂贵(尽管新的电池技术已经开始改变这一点)。这意味着能源公司必须在一天中的每一刻都生产出电网所需的能源。如果你打开房间里的交流电,某处的发电厂就会开始燃烧更多气体来满足你家额外的能源需求。如果能源公司的产量不够,可能会出现停电。过量生产也会破坏电网。"负载平衡"是社会正常运行的关键活动;在任何时候,能源的供需都需要平衡。

能源公司已经相当擅长预测能源需求,模拟家庭在晚上如何使用电视机和微波炉,或者在夏天打开空调。从历史上看,控制生产并不是一个问题,因为基于化石燃料的发电厂可以根据需要进行上下调整。然而,可再生能源更难控制,甚至更难预测,因为它依赖于变化无常的因素,如风或太阳。与此同时,市场放松管制促使能源公司在不投资额外基础设施的情况下解决这些挑战。

伴随着挑战，人工智能等新技术也带来了机遇。过去几年，能源公司对数字技术的投资大幅增长，自 2014 年以来，全球数字电力基础设施和软件投资每年增长 20%，2016 年达到 470 亿美元。这一推动使我们能够构建驱动任何人工智能所需的基础资产——数据。

请注意，前面讨论的所有内容都可看作一个预测/优化挑战，而不是工程问题。例如，我们可利用天气数据来预测可再生资源将产生的能源。由于我们能够从风力涡轮机、太阳能电池板等获得数据以及天气数据，因此可以利用这些信息更准确地预测可再生能源的产量，并使公用事业的生活更轻松。

优化能耗是另一个通常非常适合人工智能功能的用例。第 2 章介绍了谷歌如何实现其数据中心操作的自动化以节省电能。这在很大程度上是因为谷歌已经安装了许多传感器，并投资于数据收集和自动化。随着这些支持技术扩展到其他建筑、工厂和基础设施，人工智能优化也将变得更普遍。类似技术也可应用于住宅，在那里它们可以帮助家庭减少能源消耗。

能源优化领域并不局限于减少能源的使用总量。当每天根据可再生能源的生产模式分配负荷时，能源公司以及环境也会受益。例如，这可能意味着可设置在太阳能充足的白天为电动汽车充电。

在当今世界，气候变化给公众带来越来越多担忧，人工智能可以而且必须成为能源公司武器库中的武器之一。有了正确的思维方式，这项技术就可以作为控制发电的一个层面，达到新的效率水平，并有助于我们应对气候变化。

10.3.4　制造业

自 20 世纪 80 年代的精益制造革命以来，制造业一直被大量数据驱动。资本世界要求不断改进和优化，你不能改进你不能衡量的东西。因此，工厂是最早开始收集数字格式数据供计算机分析的地点之一。

正如你在书中了解到的，只要有一个数据宝库，人工智能项目的潜力就随之而来，因为准备度高，进入门槛低。最常见的例子是围绕提高生产效率展开的，正如你在谷歌数据中心案例研究中所见。一台生产线机器可能有几十个或几百个温度、压力和振动传感器，这些传感器产生恒定的数据流。

机器学习在制造业中最古老和最成熟的应用之一是故障预测(fault prediction)，即当一件设备即将发生故障时，使用传感器数据来获得预警。更先进的技术帮助用户了解能否建模，来描述关键生产参数(如压力或循环速度)对生产质量的影响。就像谷歌数据中心案例研究一样，这种数字孪生体使工程师能以数字化方式调整和优化工业过程，在他们对结果充满信心后，将积累的经验转移到实际工厂中。

到目前为止，我们讨论的所有这些应用都使用结构化数据，如传感器时间序列。然而，第 4 章中讨论过的基于图像的人工智能模型有可能将工厂车间自动化提升到一个新水平。正如第 4 章黄瓜分类案例研究中所述，这一演变的主要候选是质量控制。基于深度网络的目标分类和检测模型具有通用性，只需要在生产线上添加摄像头，就可发现成品中的缺陷。

更强大的人工智能算法也将提高机器人技术和工厂自动化水平。阻碍机器人技术在制造业中广泛使用的因素是需要大量时间和精力对机器人进行编程，从而制造新产品。如果你回忆起第 7 章中的讨论，就会认识到，像这样重复的、狭窄的任务是基于机器学习的解决方案的理想候选。

很明显，制造业迫切需要可扩展的技术，使其能够以更低的成本、更快的速度生产产品。人工智能是实现这一目的的最终工具，无论我们是试图预测故障还是自动化质量控制。在准确性方面，我们知道人工智能非常狭窄，不可能在不久的将来达到人类处理异常的能力。

10.3.5 金融

谈到人工智能在金融领域的应用，我们需要区分两个不同的领域：商业银行和基金公司。商业银行是我们日常生活中都要打交道的场所，如现金支票、住房抵押贷款等。基金公司在金融市场买卖股票和债券，试图胜过其他聪明的投资者来赚钱。因为银行业和金融业在很大程度上依赖于数据和数字，它们都是机器学习技术的早期使用者。第 2 章在讨论 Square 的商业贷款时列举了一个例子。

商业银行已经大量使用人工智能工具来实现其几个核心能力，例如欺诈预防和风险评估。在未来几年，对这些模型的改进将从人工智能的其他领域过滤出来，以创造更健康的金融市场，降低借款人和公司的成本。在银行业的许多核心活动中，利润与决策的准确性直接相关，因此与人工智能的契合度是非常明显的。

此外，利用人工智能的规模，以全新方式使用人工智能也具有很大潜力。用人工智能工具(如视觉识别和 NLP)实现内部流程的自动化，并不是一个奇思妙想，但对于降低整个组织的成本非常重要。与其他面向客户的企业一样，人工智能在拓展和改善客服关系方面具有巨大潜力，而这些关系目前主要由人类来处理。通过推荐系统等工具创建的策划和个性化营销产品也是如此。

同样的考虑也适用于相关的保险行业。人工智能模型提高了保险公司理解和构建世界信息的能力，可更好地了解为客户投保的风险，从而提供更加充分和个性化的费率。想一想对健康数据进行自动分析，以提供个性化的医疗保险，或者是关于你通常驾驶的道路类型的实时智能。虽然所有这些想法在今天都是可能的，但人工智能将提供一种可拓展的秘密武器，使保险公司能更广泛地将其扩展到客户群。

最后，金融交易有点奇怪，我们不会花太多时间谈论它。华尔街是一个神秘而专业的世界，在这个世界里，一些头脑最迟钝的人会尽力提取专有信息，用于指导交易决策，并以优异的投资回报"击败市场"。这意味着本书中描述的许多人工智能工具都可以某种方式在金融市场上赚钱。一个常见例子是利用卫星数据上的视觉对象分类模型来统计福特工厂的汽车数量,从而预测福特汽车在发布报告之前的表现。然后,这些专有信息就可用来押注股票价格的涨跌,将利润收入囊中。同样的想法也适用于本书中提出的许多其他模式;例如,在社交媒体上进行情感分析,以了解客户对公司的看法,了解其未来前景是否良好。

华尔街已经使用这些工具长达十年或更长时间,那么未来几年会发生什么呢?我们不知道!有如此多的资金处于危险之中,以至于这些基金公司对于所有的人工智能进展寸步不离。有两件事是肯定的:做决定的准确性越高,做决定的速度越快,赚的钱就越多。基于这些原因,人工智能和基金公司永远是最好的朋友。

10.3.6 教育

在本节所分析的所有行业中,教育行业可能是人工智能应用最落后的行业。在我们看来,教育与人工智能的交集最令人兴奋的潜力在于个性化:根据每个学生的优缺点定制学习路线的能力。一些大型在线开放课程(MOOC)已经在这一领域开创了先河,只是因为用有限的预算对成千上万的学生进行评分和指导面临着巨大挑战。

结果表明,持续的个性化反馈是有效学习策略的最重要组成部分。本书中讨论的许多人工智能模型实际上非常擅长将输入分类为"好"或"坏"。除了经典的自动评分系统,我们可以想象,基于视觉的模型可根据与过去伟大艺术家的作品的相似性自动对绘画技术进行分级。甚至可以基于 NLP 的模型,通过比较年轻作家的作品和伟大的文学名著来评估其文字水平。

当然,在基于人工智能的模型能提供如今所知的学校系统的主干之前,还有很多工作要做。然而,一些特定的教育领域已经在利用人工智能。我们已经有了自动音乐老师,可以在学生演奏走调的时候提醒他们,也有了能帮助消除口音的语言学习工具。这些利基领域发挥了特别先进的人工智能算法(如媒体中的算法)的优势，并推动教育对"试错"学习者更友好。也就是说，最终的个性化变成了游戏化，为每个学生提供即时反馈。

人工智能在教育领域最令人兴奋的前景之一是，它将帮助发展中国家为十亿学生提供与发达国家今天一样的教育水平。

10.4 通用人工智能

自从"人工智能"这一术语出现以来，人们就喜欢打赌人工智能需要多长时间才能与人脑的性能匹敌。正如第 1 章所介绍的，这个宏伟目标被称为"通用人工智能"(general AI)，因为它可处理任何任务。不出所料，最近深度学习的一系列成功引发了乐观的猜测，社区中的知名人士表示，我们最快将在 2030 年达到人机均等的水平。

本书都是关于通用人工智能(AGI)的，所以我们不敢详尽地讨论这个话题。我们推荐 Nick Bostrom 编著的《超智》。本节的目标是让你思考通用人工智能最现实、最直接的机会。

读完本书，我们希望你能意识到，我们离人类智能这个多才多艺、学得快的奇迹还很远。现代人工智能建立在机器学习的基础之上，而现代机器学习基本上还是基于类固醇的模式匹配。许多人认为本书中描述的用于构建狭义人工智能应用程序的技术不适合通用人工智能，我们也倾向同意这一点。

这个观点甚至被一些人工智能教父所认同。例如，深度学习之父之一的杰弗里·辛顿(Geoffrey Hinton)在一次采访中坦言，他对目前允许神经网络学习的基本原理"深表怀疑"，不相信它们会扩展到真正的智能。另一位人工智能先驱朱迪亚·珀尔(Judea Pearl)认为，当前的机器学习停留在拟合曲线上，而不了解周围的世界意味着什么。也就是说，我们忙于教计算机"世界上正在发生什么"，但我们甚至还没有开始解决"为什么"的问题。

你从本书中得到的知识可能让你对通用人工智能的未来得出同样的结论。无论如何，我们认为你不应该绝望。我们当然不知道结果。利用机器学习和我们已经知道如何使用的狭义人工智能工具可以构建出数量惊人的现实应用程序。

我们联系了人工智能专家、三本成功著作的作者丹尼斯·罗斯曼(Denis Rothman)，询问他对通用人工智能的看法。我们非常赞同他的说法：

人工智能作为某种超意识不仅是海市蜃楼，就目前而言，更重要的是，通用人工智能毫无用处。

无论是否有人工智能智能体，自动化在未来几年将继续呈指数级增长。专门用于各个领域的智能体将为物联网提供越来越强大的能力。

如果我们现在把这些放在一起，将得到一个由人工智能增强的相互连接的自动化代理网络，它将改变当今的世界。这并不比最初发明的汽车、火车、飞机和电话好或坏。

现在，一些知名人士仍在警告超级智能人工智能的危险。其中之一就是埃隆·马斯克(Elon Musk)，他经常警告超人类人工智能的危险，甚至猜测它有可能终结文明。我们在人工智能的发展中还处于早期阶段，很难预测这种末日的情景是否真的会发生。正如前面讨论的，目前，危险似乎集中在社会结构变化和失业上；你现在可以放松了：终结者仍然不见踪影。

10.5 结语

本书的目标是传播知识和工具，即使没有技术技能，也需要把人工智能的好处融入企业的发展中。我们努力训练你成为一个领导者，开始在企业中使用人工智能，并寻找企业中使用人工智能最有前途的领域。

本书前半部分介绍了有关人工智能工具箱的更多技术信息：处理今天企业中可能遇到的数据类型的各种算法。散布在材料中的行业案例研究和例子展示了技术领袖如何思考和规划其人工智能目标。

本书后半部分介绍了如何开始行动，展示了如何找到并理解在业务中使用人工智能的最有前景的机会，招募合适的团队，并开始实施。

当你们拿起本书的时候，有些人已经想到了一个人工智能项目。对你来说，我们希望本书以一种没有炒作的方式教你当今人工智能的实际能力，从而给你的计划以实质内容。对于那些没有计划的人，希望我们能用工业界和学术界的最新消息来激励你们，使你们的计划更具体。

不管怎样，我们最好的愿望是让读者感到自信和充满活力，重新回到团队、组织或创业公司，并开始为你的第一个人工智能项目而努力。祝你好运！

10.6 本章小结

- 围绕人工智能在社会中的角色，还有一些尚未解决的伦理挑战——最重要的是公平、安全和可靠性。
- 人工智能的独特之处在于，自开发之初，大量的知识、软件和数据都是免费提供的，使得每个人都能更容易地参与其发展。
- 人工智能可将专业技术和知识的可变成本推到接近于零的水平，使创造新的产品和服务成为可能，这些产品和服务可在资本很少的情况下大规模运作。
- 由于其庞大的规模，许多最大的经济部门(如能源和医疗健康)将从人工智能的发展中获益最多。